INSTRUCTIONS

DU

GÉNÉRAL-MAJOR CARL VON SCHMIDT

INSTRUCTIONS DU GÉNÉRAL-MAJOR CARL VON SCHMIDT

Mises en ordre et reproduites conformément au texte original, sur
l'ordre de S. A. R. le général feld-marschall le prince FRÉDÉRIC-
CHARLES DE PRUSSE, inspecteur de la cavalerie, par von VOLLARD-
BOCKELBERG, capitaine au 2ᵉ régiment de dragons de Silésie, n° 8,
et adjudant de la 19ᵉ division, avec un avant-propos par KÆHLER,
major et commandant le 2ᵉ régiment de hussards de Silésie n° 8.

Paris. — Imprimerie de J. DUMAINE, rue Christine, 2.

PUBLICATION DE LA RÉUNION DES OFFICIERS.

INSTRUCTIONS

DU

GÉNÉRAL-MAJOR CARL VON SCHMIDT

CHARGÉ DU COMMANDEMENT DE LA 7ᵉ DIVISION

RELATIVES

à l'instruction, l'éducation, l'emploi et la conduite de la cavalerie

DEPUIS LE CAVALIER ISOLÉ JUSQU'A LA DIVISION DE CAVALERIE

TRADUIT

Par le Capitaine WEIL

ATTACHÉ A L'ÉTAT-MAJOR GÉNÉRAL DU MINISTRE DE LA GUERRE

PREMIER VOLUME

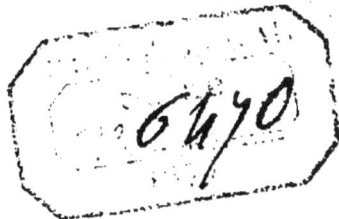

PARIS
LIBRAIRIE MILITAIRE DE J. DUMAINE
LIBRAIRE-ÉDITEUR
Rue et Passage Dauphine, 30

1877

AVANT-PROPOS

L'homme dont nous allons, dans les instructions suivantes, reproduire et présenter les idées sur la cavalerie, a exercé sur son arme une influence considérable. Il a réussi à imprimer une impulsion puissante à l'œuvre de régénération commencée avant lui par les chefs les plus éminents de la cavalerie, parmi lesquels il faut citer en première ligne les feld-maréchaux comte Wrangel et S. A. R. le prince Frédéric-Charles, à participer à l'achèvement de la tâche entreprise avant lui.

Désireux de rendre hommage et justice à la part proéminente prise par feu le général-major von Schmidt, S. A. R. le prince Frédéric-Charles a exprimé le vœu de voir se perpétuer le souvenir de ses Instructions et de les répandre dans les rangs de l'arme. C'est à ce vœu que nous avons cherché à obtempérer en publiant ces Instructions.

Pour mieux comprendre ces Instructions, il est indispensable de retracer avant tout la carrière et les travaux de leur auteur.

Entré au service en 1834, à l'âge de 17 ans,

comme sous-lieutenant au 4ᵉ régiment de uhlans (1), celui qui devait devenir plus tard le général-major von Schmidt avait, dans le cours des deux années qu'il passa à l'escadron d'instruction, années pendant lesquelles il remplit successivement les fonctions d'adjudant de régiment et de division, puis de professeur à l'école de division de Stettin (2), trouvé l'occasion, dont il profita avec un zèle et un empressement tout particuliers, de développer ses connaissances pratiques et théoriques dans toutes les branches de l'art militaire. Animé d'un ardent amour pour son arme, il n'en tomba pas pour cela dans l'absolutisme et la partialité ; il chercha, au contraire, par tous les moyens en son pouvoir, à se familiariser intimement avec les détails de la tactique et de la conduite des autres armes, à se pénétrer complétement des grands principes de la stratégie, surtout avec ceux qui découlent de l'histoire des grands capitaines. Pendant qu'il remplissait les fonctions d'adjudant de régiment, son chef, le colonel von Plehwe, le chargea de faire un rapport détaillé sur la méthode d'équitation de Baucher, autour de laquelle il se faisait alors tant de bruit, puis de constituer simultanément une division d'équitation d'après les principes posés par Baucher, et une autre d'après le système de Sohr, Plehwe, Hirschfeld,

(1) C'est aujourd'hui le 1ᵉʳ régiment de uhlans de Poméranie n° 4.

(2) Les écoles de division correspondent aux écoles de guerre actuelles.

système qui se rapprochait beaucoup de la méthode
réglementaire d'équitation et des principes admis à
l'escadron d'instruction. Von Schmidt arrivait, dans
ce travail, aux conclusions suivantes : « La méthode
Baucher contient assurément une foule de bonnes
choses, mais ne peut s'appliquer qu'à l'équitation
de manége ; c'est une excellente méthode préparatoire, mais elle n'a pas, en réalité, de valeur pratique. » Aux yeux de von Schmidt, il n'y avait
qu'une seule méthode d'équitation qui fût réellement pratique, c'était celle qui mettait le cheval
comme le cavalier en état d'employer le maximum
de ses moyens avec toute la sécurité indispensable
pour le service en temps de guerre.

Ces travaux attirèrent sur le jeune et laborieux
officier l'attention du général von Hirschfeld, qui
était alors général de brigade, qui devint ensuite le
général de division de von Schmidt, et auprès duquel ce dernier remplit ensuite pendant longtemps
les fonctions d'adjudant. Cet officier général voua
dès lors à von Schmidt une bienveillance spéciale,
dont il lui donna maintes preuves par la suite.

Plus tard, lorsque l'équitation de course vint remplacer les artifices et les tours de force du manége,
lorsque l'attention générale se porta presque exclusivement sur cette équitation, lorsqu'on en vint à
croire presque universellement que c'était seulement
dans l'équitation hardie du dehors, dans l'équitation
en avant, grâce à laquelle on peut donner au cheval un maximum de vitesse et une tenue remarquable, que l'on devait chercher les vrais principes de

l'équitation militaire, von Schmidt ne put s'empêcher de prononcer les paroles suivantes : « En vidant
la baignoire, nous jetons en même temps l'enfant.»

C'est alors que, complétement préparé aux multiples fonctions de son métier, il fut, en 1853, nommé
capitaine et appelé au commandement d'un escadron. Il avait, à ce moment, 36 ans accomplis, l'âge
qu'avait Seydlitz alors que, parlant de sa nomination au grade de général-major, nomination qu'il
attendait avec impatience, il disait « qu'il était gran-
dement temps qu'il fût l'objet d'une semblable pro-
motion, si toutefois on voulait qu'il pût servir à
quelque chose. »

Depuis longtemps déjà, cet illustre chef de la cavalerie prussienne était le modèle que le capitaine
von Schmidt s'était proposé. A partir de ce moment,
le capitaine von Schmidt allait être à même d'imiter,
quoique dans des proportions plus restreintes, mais
néanmoins avec cette liberté d'action sur laquelle
Seydlitz avait commencé jadis à édifier sa réputation, le modèle qu'il s'était proposé. Il avait reconnu,
en effet, que, sous bien des rapports, la cavalerie
prussienne était encore loin de répondre aux exigences légitimes fondées sur un passé glorieux, que
cependant elle renfermait dans son sein les germes
et les éléments des qualités qui pouvaient lui permettre de reprendre le rang qu'elle avait occupé ;
enfin, qu'il s'agissait seulement de secouer la tor-
peur dans laquelle s'engourdissaient ses meilleurs
éléments, de les cultiver, de les développer, pour
les faire revenir à leur perfection passée. Telle fut,

d'ailleurs, la tâche à laquelle von Schmidt se consacra dans la limite de ses attributions.

« Ce n'est qu'à l'aide de la plus grande perfection possible dans l'instruction du cheval et du cavalier qu'on peut arriver à résoudre le problème imposé à la cavalerie, et qui consiste à maintenir l'ordre tout en développant la vitesse et la tenue du cheval. » Ces lignes, écrites plus tard par le général von Schmidt, indiquent bien quels étaient le but et les tendances du jeune officier.

Pendant qu'à cette époque on recommençait de nouveau à chercher avec une ardeur toute particulière les moyens d'étendre le rayon d'action de la cavalerie, le capitaine von Schmidt, connu et estimé uniquement par ses chefs immédiats, travaillait avec non moins de zèle, dans le cercle plus restreint de son escadron, à donner à ses hommes, grâce à une instruction plus complète, les moyens d'être à la hauteur de leur rôle et de leur emploi. Les idées nouvelles, émises et propagées surtout par le feld-maréchal von Wrangel, qu'il avait appris à respecter et à vénérer alors que cet officier général était son commandant de corps d'armée, l'avaient passionné ; il suivait avec une ardeur infatigable, comme le prouvent d'ailleurs les notes trouvées après sa mort dans ses papiers, tous les faits relatifs à son arme, toutes les publications ayant trait à la cavalerie ; mais, malgré cela, il ne continuait pas moins à marcher, pour tout ce qui touchait au perfectionnement de son instruction personnelle, dans la voie qu'il s'était tracée. Des incidents de toute sorte, l'excès même

de son zèle, la puissance des vieilles habitudes, de
la routine invétérée, vinrent souvent lui barrer la
route, sans cependant réussir à l'en faire dévier,
sans parvenir à lui faire perdre de vue l'idéal qu'il
poursuivait : « la cavalerie prussienne du temps
du grand Frédéric. »

Un *Journal d'exercices*, qu'il écrivit de sa main
et dans lequel il consigna en détail, et sans chercher à
farder la vérité, de 1853 à 1859, toutes ses critiques,
non pas seulement celles que lui inspirait chaque
séance d'exercices, mais encore celles qu'il croyait
pouvoir adresser à sa troupe comme à lui-même, nous
a conservé le tableau, bien curieux, des progrès qu'il
parvint à réaliser, et nous montre comment il arriva
à poser ces principes qu'il appliqua avec tant de succès lorsqu'il fut promu aux grades supérieurs, ces
principes qui se reflètent dans les instructions adres-
sées par lui aux corps placés sous ses ordres. Ce
journal nous fait voir encore l'activité dévorante qui
l'anime, les exigences personnelles qu'il a pour lui-
même, l'ardeur avec laquelle il poursuit son but, et
qui le pousse à chercher constamment à mieux faire
encore. « Chaque année de travail doit amener des
progrès sur l'année précédente; sans cela on a
travaillé à faux et pour rien; » telles sont les paroles
qu'il ne cesse de redire à ses commandants d'escadron, soit qu'il commande un régiment, soit qu'il
dirige une brigade. Il avait, en effet, constaté par
lui-même, non-seulement qu'on pouvait réaliser ces
progrès, mais qu'il fallait qu'on les réalisât pour que
la cavalerie fût à hauteur de sa mission. C'est d'ail-

leurs de la perfection de l'instruction de l'homme et du cheval, du soin qu'on apporte à l'éducation tactique de l'escadron, que dépend en grande partie la valeur de la cavalerie. Si ces bases font défaut, le chef le mieux doué, le plus ingénieux, est hors d'état de rien faire de grand avec ses troupes ; ce sont là deux facteurs solidaires l'un de l'autre. Dès que l'instruction cesse de faire des progrès, la cavalerie ne tarde pas à tomber dans un degré d'incapacité qui lui enlève bientôt la confiance des autres armes, qui la réduit au rôle effacé d'arme auxiliaire, et qui finit par lui faire perdre jusqu'à la confiance en soi. Il faut donc veiller avec un soin jaloux à tout ce qui a rapport aux bases mêmes de l'instruction et du service, en descendant à ce propos jusqu'aux moindres unités, jusqu'aux détails les plus infimes, sans perdre de vue pour cela le but réel, qui consiste à mettre les troupes en mesure de faire de grandes choses dans les occurrences les plus graves que puisse amener la guerre. Telles étaient les idées qui animaient à ce moment le futur général de cavalerie, alors simple capitaine ; telles étaient les convictions qui lui dictaient tous ses actes au moment où il fut chargé de fonder et d'édifier sur les vieux principes immuables du passé une nouvelle tactique de cavalerie.

Promu major en 1859, devenu titulaire de sa charge dans son régiment en 1860 (1), ce fut en 1862

---

(1) *Etatsmâssiger*. Jusqu'à ce moment, c'est-à-dire pendant un an, il avait été à la suite, attendant une vacance dans son corps.

(Note du traducteur.)

que, poussé par son général de brigade, le général major von Gotsch, il livra à la publicité son premier ouvrage (1). Dans l'avant-propos de cette brochure, il cherche à excuser la publication de cet ouvrage, qui n'était pas destiné à la publicité, et qu'il n'avait écrit que pour lui, en des termes qui donnent une idée exacte de son individualité et de ses pensées.

« L'accueil bienveillant et inespéré que des personnages haut placés firent à ces simples notes, l'unanimité avec laquelle on réclama la publication de ce travail, le fait même que ce n'est pas d'un seul coup qu'on abat un arbre et que ce n'est qu'à la longue que la goutte d'eau parvient à percer la pierre; tels sont, à vrai dire, les motifs qui m'ont poussé à sortir de l'obscurité, afin de contribuer, pour ma faible part, à l'œuvre générale. Je me sentais en effet animé, sous ce rapport, d'une ardeur à nulle autre égale; je sentais que je jugeais les choses et la situation telles qu'elles existaient en réalité; je voyais bien que je ne me laissais pas abuser par un vain espoir, mais que c'était bien la vérité qui apparaissait à mes yeux; je voyais bien que non-seulement mes idées étaient réalisables, mais qu'en réalité elles devraient déjà être appliquées; enfin, que l'unité pratique et scientifique, telle qu'elle existait pour les autres armes, était également indispensable pour la cavalerie. »

---

(1) *Auch ein Wort über die Ausbildgung der Kavallerie von S. von C.*, Stabsoffizier der Kavallerie. Berlin, Schlesier, 1862. — Un mot sur l'instruction de la cavalerie, par S. de C., officier supérieur de cavalerie. Berlin, Schlesier, 1862.

Plus loin, dans les pages qui servent, à vrai dire, d'avant-propos à son travail, le major von Schmidt s'exprimait ainsi :

« Ce qui m'a guidé sur ma route, ce n'est ni un étroit esprit de critique, ni un parti pris de blâmer ce qui existe, mais bien, au contraire, l'amour et l'enthousiasme que m'inspire mon arme, l'ardent désir de participer à son développement et à son perfectionnement, la connaissance approfondie, due à une longue expérience, à de nombreuses observations, des défauts, des abus, des lacunes qui existent actuellement, l'efficacité indéniable des remèdes que de mûres réflexions et des recherches consciencieuses m'avaient permis de constater. Laissant de côté tout ce qui pouvait être spécieux, factice, imaginaire, je me suis efforcé de ne me diriger que par des faits. Mais pour pouvoir remplir une tâche de ce genre, la franchise la plus absolue devient une condition essentielle. Toutes les fois qu'on veut réaliser un progrès, il importe de découvrir, sans réticence, les causes mêmes du mal et de ne pas craindre de les appeler par leur nom. J'ose donc espérer qu'on daignera écouter ma prière et que dans l'appréciation qu'on fera des notes qui suivent, on voudra bien ne pas me taxer d'arrogance et de présomption. S'il arrive que parfois on me trouve trop diffus, trop prolixe, on voudra bien, je l'espère, me pardonner ces défauts en raison même de l'importance d'un sujet qui m'a énormément passionné, en considération de l'étendue et de l'immensité du terrain qu'il embrasse et des aspects si

1.

multiples sous lesquels se présentent les questions qui s'y rattachent. Je suis intimement convaincu de n'avoir demandé rien d'impossible, rien d'idéal ; mais, quoi qu'il en soit, je supplie le lecteur de vouloir bien m'appliquer ce vieux proverbe : *La critique est aisée, mais l'art est difficile.* »

Le titre même qui précède les premières pages de cette brochure donne mieux que tout le reste l'idée de ce qu'elles renferment :

« Est-il possible de donner au cavalier une instruction militaire plus complète, surtout en tout ce qui a trait à l'emploi de l'arme blanche dans le combat individuel, et par quels moyens peut-on arriver à ce résultat ? »

La réponse que le major von Schmidt fait à cette question, ne diffère guère des idées que le général émet dans les Instructions que nous allons reproduire. Quoi qu'il en soit, la lecture de cette brochure n'en présente pas moins un intérêt réel, ne serait-ce que parce qu'elle permet de constater que le major von Schmidt s'était, dès cette époque, arrêté aux idées qu'il devait mettre en pratique plus tard sur une plus grande échelle et avec tant de succès. Afin de compléter le portrait que nous nous sommes proposé de retracer, il ne saurait donc être inutile d'exposer, avec quelques détails, ses idées d'alors, et nous ne saurions mieux faire que de reproduire, à ce propos, ses propres paroles. Voici ce qu'il écrivait :

« En raison des perfectionnements si considérables dont les armes à feu ont été l'objet, tous les

officiers de cavalerie, qui ont l'amour de l'arme et
qui cherchent par suite à lui assurer parmi les autres armes, ses sœurs, le rang qui lui appartient,
la place qu'elle a su se faire, doivent s'efforcer, par
tous les moyens en leur pouvoir, à augmenter son
rayon d'action, son rôle, ses attributions. Telle était
l'impulsion qui venait du dehors; l'impulsion, partie
du sein même de l'arme, n'était ni moins vive, ni
moins réelle : on avait reconnu, en effet, depuis
longtemps, qu'en présence des immenses progrès
de la balistique, il fallait que, malgré le temps
assez court que les hommes passaient sous les drapeaux, malgré le taux peu élevé et trop parcimonieux
de la ration de fourrage, on visât à des résultats
plus sérieux que par le passé, et cela non pas en dé-
tériorant le matériel, mais bien, au contraire, en
l'améliorant. Les causes des résultats insignifiants
obtenus jusque-là résident, en partie, dans l'esprit
de routine qui avait pénétré dans l'arme, dans la
monotonie d'un service, dont on s'acquittait sans y
penser, sans y réfléchir, et sans qu'il fût besoin de
faire aucun effort, dans une sorte de méthode empirique dans laquelle on ne cherchait à se rendre
compte ni des causes, ni des effets, ni des moyens,
ni des motifs, ni du but qu'on doit toujours avoir
devant les yeux, qui doit être présent à l'esprit toutes
les fois qu'on veut éviter de dévier du bon chemin ;
en partie, dans la suffisance et dans la présomption
de beaucoup d'officiers de cavalerie, qui croient posséder une grande expérience des choses de leur métier, qui s'imaginent être au fait de tout ce qui a

rapport à leur arme, qui, par suite, se refusent à tout progrès, surtout quand ce progrès vient d'en bas et repose sur une interprétation nouvelle des instructions ou sur une modification à la méthode usuelle; en partie, dans le travail auquel se livrent la plupart des capitaines commandants qui cherchent à satisfaire les caprices et les manies de leurs supérieurs, au lieu de poursuivre de toutes leurs forces une *sorte d'idéal* dans l'instruction de leurs hommes; mais, surtout, dans *l'absence complète d'un système d'éducation du cheval et du cavalier fortement pensé, logiquement établi, fermement suivi*, qui abrége les chemins aboutissant au but, épargne un temps et un travail qu'on dépense actuellement pour rien, et mène à des résultats qu'on ne saurait atteindre avec le système purement empirique, routinier, qui invoque pour sa défense et comme seule excuse le peu de temps que les hommes passent sous les drapeaux et l'insuffisance des rations de fourrages, toutes les fois qu'on lui reproche les résultats insignifiants et presque négatifs qu'il produit. C'est, en réalité, à l'absence d'un système sérieux, logique, suivi avec fermeté, progressif et tendant constamment et réellement vers le but qu'on ne doit jamais perdre de vue, à *l'absence de ces principes établis*, qu'on peut attribuer les résultats insignifiants obtenus, on peut même le dire, car on ne saurait le cacher, la déchéance, la décadence manifeste de l'arme. Ce qui manque, c'est le sentiment qui vous pousse à aspirer à tendre vers la perfection, c'est par suite la réflexion sérieuse sur tout ce qui intéresse l'arme. Il est vrai qu'il n'est pas donné à chacun de parvenir à envisager les choses sous leur aspect réel. »

Cette brochure causa une vive sensation dans la cavalerie. La franchise sans réserve avec laquelle l'auteur signalait les vices qu'il avait reconnus, le ton souvent acerbe qu'il employait pour les extirper, lui suscitèrent de nombreux adversaires et lui valurent plus d'un ennemi, par cela même qu'on ne tarda à percer le voile de l'anonyme derrière lequel il s'était abrité par modestie ; mais, d'autre part, dès qu'il put appliquer ses principes, mettre en pratique son système, dès qu'on put se rendre compte de l'utilité pratique de ses idées, le major von Schmidt eut autour de lui nombre d'admirateurs et d'imitateurs, qui, et c'est là ce qui lui faisait en cela le plus vif plaisir, se firent les défenseurs et les propagateurs de la cause qu'il cherchait uniquement à servir et à faire triompher. Sa petite brochure était devenue un fait, une réalité ; et bien que les idées émises par von Schmidt ne fussent encore appliquées qu'isolément, dans un cadre restreint, elles n'en exercèrent pas moins, dès lors, une influence salutaire sur l'arme. Dès cette époque, dans les discussions, souvent bien vives, auxquelles donnaient lieu les idées de von Schmidt, on entendait déjà dire : *Cet homme a raison.*

Appelé au mois d'août 1863 au commandement du régiment de cuirassiers de Westphalie n° 4, ses nouvelles fonctions permirent au major von Schmidt d'étendre la zone de son action. Diriger le corps d'officiers, faire des différents membres de ce corps des instructeurs capables, des chefs éclairés, telles étaient les nouvelles occupations auxquelles il se consacrait avec le zèle et l'ardeur qu'il apportait en toute chose, qui pouvaient parfois lui inspirer des exigences quelque peu excessives et exagérées par rapport à l'état même des choses, mais qui lui permettaient, d'autre part, d'obtenir des résultats auxquels on n'était pas habitué. Nulle difficulté, nul obstacle ne surent lui faire perdre de vue *l'idéal* qu'il poursuivait, ne purent lui faire renoncer au *système* qu'il avait adopté. C'est ainsi qu'il arriva, si ce n'est à atteindre à la perfection, du moins à faire réaliser des progrès réels aux troupes placées sous ses ordres et à se perfectionner lui-même. Car si, d'une part, il maintenait avec fermeté et défendait avec opiniâtreté les principes dont il avait reconnu la justesse et l'utilité, il était, d'autre part, toujours prêt à accepter et à admettre les innovations faites par autrui, toutes les fois qu'il avait pu se convaincre de leur efficacité et de leur valeur. « Quelque vieux que l'on puisse être, on a toujours encore quelque chose de nouveau à apprendre », disait-il fréquemment.

Il n'était, en réalité, pas toujours aisé de le convaincre et de le persuader, par cela même que l'exubérance de son ardeur et sa vivacité naturelle rendaient souvent la discussion quelque peu difficile. On voit apparaître, d'une manière claire et précise, dans les indications qu'il donnait à ses commandants d'escadrons, par rapport à l'instruction de leurs hommes, les principes qu'il avait appliqués alors qu'il remplissait lui-même ces fonctions, les principes qu'on devait admettre et consacrer plus tard d'une manière définitive et générale. On trouve, par exemple, les idées suivantes dans un ordre du régiment, du 27 mai 1865, auquel est annexée une instruction qu'il avait adressée jadis à son escadron en 1858 :

« Le terrain d'exercice doit être divisé, tant sur sur les lignes droites que sur les lignes obliques, afin qu'on puisse prendre des points dans ces différentes directions toutes les fois que, ce qui serait assurément préférable, il n'existera aucun objet sur lequel on puisse se guider.

« La direction se prendra *d'abord en avant sur les chefs de peloton*, puis à droite sur le premier peloton.

« Dans les conversions à pivot mouvant, l'aile marchante doit décrire un arc de cercle en avançant, conserver et régler l'allure, et rester liée et alignée du côté du pivot qui, de son côté, arrondira l'arc de cercle qu'il a à décrire, continuera à se porter en avant pendant la conversion en passant sur le même terrain que le peloton précédent, et en ayant soin de conserver sa distance.

« Au galop et surtout dans la charge, le deuxième rang laissera deux pas d'intervalle entre lui et le premier rang, et prendra, en chargeant, l'alignement sur le centre.

« On devra chercher à *s'aligner non pas à l'aide des yeux, mais grâce à l'allure et à la distance qui doit séparer la troupe de son chef de peloton et du pelo-*

ton précédent. L'allure devra toujours être égale et régulière, qu'on soit en bataille ou en colonne. La régularité de l'allure est une condition essentielle. Les flottements, les accélérations, les ralentissements d'allure doivent disparaître tout comme l'alignement inquiet et nerveux, à l'aide des yeux. Ce sont, en effet, là choses fort nuisibles, qui gâtent tout.

« Tout commandement doit être exécuté avec entrain, tel qu'il a été compris, mais simultanément par tout le monde. Au commandement de *Halte !* tout le monde doit s'arrêter, sans chercher à reprendre sa distance.

« Les ruptures et les formations, les conversions à pivot mouvant et la marche directe sont les mouvements essentiels avec lesquels il importe de se familiariser tout d'abord, et qu'il faut pouvoir exécuter avec sûreté. C'est à l'aide de ces mouvements qu'on rend l'escadron maniable, qu'on lui donne la souplesse voulue.

« Toute évolution a un but déterminé. Toutes les fois qu'on se conforme à cette idée, à ce principe, le désordre ne saurait prendre de grosses proportions, et l'évolution ne saurait manquer complétement. Il faut donc poser et faire respecter ces principes. »

Ce fut d'après ces principes que l'on exécuta l'école du régiment. Ces principes, d'ailleurs, sont reproduits tout au long dans les Instructions du général, et si j'en ai cité quelques extraits, je ne l'ai fait que pour faire ressortir l'indépendance et la sûreté de la méthode qui devait amener le futur général à acquérir la merveilleuse habileté qu'il déploya dans la conduite des troupes.

Ni la campagne de 1864, contre le Danemark, à laquelle le lieutenant-colonel von Schmidt prit part avec son régiment, qui faisait partie de la division mixte de cavalerie placée sous les ordres du général-major comte de Münster-Meinhövel, ni la campagne de 1866, dans laquelle son régiment fut attaché à la division von Goeben, de l'armée du Mein, ne lui fournirent l'occasion d'accomplir des faits d'armes éclatants. Quoi qu'il en soit, il put, dans quelques petits combats, faire preuve de ses brillantes qualités militaires, de son aptitude au commandement, d'une manière assez remarquable pour attirer sur lui l'attention de ses chefs. Mais, comme il le dit lui-même, ces campagnes lui permirent de se faire une idée parfaitement exacte des choses de la guerre, de se convaincre que tout ce qu'il avait tenté de faire pour donner à la cavalerie une éducation en rapport avec la mission qui lui incombe était parfaitement logique et pratique, de se persuader que, même dans les conditions toutes nouvelles des guerres modernes, la cavalerie avait un rôle important à jouer, surtout en tout ce qui a trait au service de reconnaissance et de sûreté, mais de constater aussi que la cavalerie avait encore beaucoup à faire et à apprendre pour être à même de répondre aux légitimes exigences qu'on aurait à son égard, de remplir les missions qu'on lui confierait. Pour la première fois aussi, la pratique lui fit apercevoir les lacunes et les défauts de la tactique de combat, surtout des grands corps de cavalerie. Depuis longtemps déjà, l'exemple donné sous ce rapport par le grand Frédéric se mirait devant ses yeux, mais il s'était jusque-là appliqué surtout à faire disparaître les vices qu'il avait trouvés dans les bases de l'instruction. A partir de ce moment, éclairé par ses propres observations, instruit surtout par ce qu'on lui racontait à propos de l'emploi et du rôle de la cavalerie sur les autres théâtres d'opération, il s'adonna, avec un zèle et une ardeur infatigables, à l'étude de ce genre de réformes.

Peu de temps après la campagne, le colonel von Schmidt était appelé au commandement d'un des nouveaux régiments en voie de formation, le régiment de hussards du Schlesvig-Holstein, n° 16. Là surtout il pouvait créer et faire du nouveau, et de plus, il s'agissait de fondre dans un tout homogène les fractions diverses qui servirent à constituer le régiment. Le récit, même rapide, de cette partie de la vie du colonel nous entraînerait par trop loin. C'est d'ailleurs de cette époque que datent une grande partie des instructions reproduites dans cet ouvrage, et surtout celles relatives *aux mouvements du régiment par lignes, à l'emploi des lignes de colonne, à l'importance de la sûreté de la direction et de la régularité des allures, à la sécurité et à l'indépendance de chacun des escadrons, enfin, à l'exécution des charges.*

A propos de la charge, il dit, dans un ordre du régiment du 13 avril 1868 :

« Je reviens donc, encore une fois, sur les

principes essentiels à observer dans une charge.

« L'aile droite et l'aile gauche doivent maintenir l'escadron, afin que *cet escadron reste compact.*

« *Le deuxième rang doit se tenir à la distance voulue* (1). *En chargeant, tout le monde doit chercher à se porter vigoureusement en avant, afin que l'escadron ait le moins de profondeur possible.*

« On devra toujours, en instruction, faire exécuter, au trot ou au galop, *des mouvements latéraux, des changements de direction*, tout en continuant à se porter en avant. »

Le colonel von Schmidt mettait ainsi en pratique les précieuses remarques qu'il avait faites à la guerre, et cherchait ainsi à réaliser, avec le régiment de cavalerie légère qu'on lui avait confié, l'idéal qu'il avait toujours rêvé.

C'est au moment où il se livrait à cette œuvre, à ce travail d'organisation et de création, que parut un ouvrage qui attira tout particulièrement l'attention du colonel von Schmidt. Le colonel *Z. D.* (*Zur Disposition*) von Krane publia, en 1870, son remarquable ouvrage « *Méthode d'instruction et de dressage des remontes de cavalerie* ». De même que le colonel von Schmidt, le colonel von Krane avait, depuis le jour de son entrée au service, cherché, par ses écrits et par ses actes, à relever le niveau général de son arme : il s'était adonné tout particulière-

---

(1) Deux pas de distance. Pour les uhlans, la distance à laisser entre les rangs dans la charge est de trois pas.

(*Note du traducteur.*)

ment à ce qui avait plus directement trait à l'équitation; c'était lui qui, en 1859, avait été chargé
d'organiser un des régiments de dragons de nouvelle formation, le 2° régiment de dragons de Silésie, n° 8, et ses efforts avaient été couronnés de
succès. La journée de Nachod avait démontré d'une
manière éclatante que l'édifice qu'il avait élevé avait
une valeur réelle. La cavalerie prussienne considé-
rait le colonel von Krane comme l'un de ses chefs
les plus remarquables, et c'est avec douleur qu'elle
le vit, peu de temps avant la campagne de 1866,
sortir de ses rangs, lorsque des infirmités corporelles
l'obligèrent à renoncer au métier des armes. Le colonel von Krane n'en continua pas moins à consacrer son talent et sa plume à l'arme chérie qu'il
ne pouvait plus servir de sa personne et de son épée.

Le livre dont nous avons rappelé le titre ci-dessus renfermait la somme de sa longue expérience, de
sa science consommée en tout ce qui a trait à l'équitation et à la connaissance du cheval. Les deux co-
lonels se rencontraient donc sur un terrain qu'ils
avaient, l'un et l'autre, étudié pratiquement et théoriquement avec une ardeur infatigable. Tous deux
étaient d'accord, si ce n'est en tout, du moins sur
les points essentiels, car ils tendaient tous deux au
même but; tous deux cherchaient à assurer à la
cavalerie son maximum d'action, à l'aide de principes basés sur la saine raison; tous deux devaient
donc arriver à des conclusions semblables et identiques.

Interrogé sur ce qu'il pensait de ce livre, le colonel von Schmidt écrivait, à ce propos, les lignes suivantes :

« Le vaste et consciencieux travail contenu dans ces essais représente un progrès réel pour la cavalerie, au milieu de la déchéance générale, de la décadence de la véritable équitation de campagne, qui ne vit et n'existe tout au plus que par la tradition pour certains individus, mais que la masse considère comme une chose surfaite et surannée. Aussi est-ce avec joie que j'ai trouvé dans ce travail un indice nouveau de l'importance qu'il convient d'attacher au dressage du cheval de troupe, à la méthode qu'il faut suivre pour façonner ce cheval d'après les vrais principes, d'après les lois de l'anatomie du cheval et les principes de la mécanique, en un mot, à la véritable équitation de campagne.

« Même en ne faisant subir aucune modification à ce projet, ce travail viendrait combler une grande lacune et amènerait d'excellents résultats, pourvu toutefois qu'on suive franchement et énergiquement dans les régiments la méthode qu'il préconise, et qu'on consente à s'y conformer. A mes yeux, la partie capitale du travail est la deuxième (1), par cela même que, vu le manque d'expérience, la diversité infinie des opinions, les nombreux tâtonnements et les procédés empiriques si fréquemment employés, nous avions besoin de mettre entre les mains d'un

(1) La première partie de l'ouvrage comprend : l'*Elude des mouvements du cheval*, la deuxième, *Une méthode de dressage*.

instructeur de remontes des principes bien nets, une méthode précise, qui mette sous les yeux de cet officier :

« 1° *Des considérations générales*, certains principes et certaines règles qu'on ne saurait omettre ou violer sans s'exposer aux plus graves inconvénients, et qu'on ne doit perdre de vue à aucune période du dressage ;

« 2° *La division exacte du dressage* en différentes périodes ;

« 3° *L'objet de chacune de ses périodes*, le but auquel doit mener chacune d'elles ;

« 4° *Les moyens* qu'il convient d'employer pour arriver au but, c'est-à-dire les diverses leçons ;

« 5° *Les aides dont doit se servir le cavalier*, les conséquences qui résultent de leur emploi ;

« 6° *La progression des leçons*, progression qui peut varier en raison même des intentions de l'instructeur ;

« 7° *L'influence de ces leçons* sur la position, l'équilibre, l'allure du cheval, sur sa conformation en général et sur chacune des parties du corps, sur chacun des membres de l'animal ;

« 8° *L'indication des fautes* qui apparaissent dans les différentes leçons, soit par rapport aux allures du cheval, soit par rapport à l'action des aides, fautes qui se reproduisent, et que l'instruction doit s'efforcer de faire disparaître, en ne les perdant jamais de vue.

« Enfin, les points auxquels l'instructeur doit,

dans chaque leçon, consacrer une attention particulière et sur lesquels il doit veiller d'une manière
toute spéciale.

« Tout cela me paraît absolument indispensable
pour que l'instruction produise des résultats réellement pratiques. Un instructeur même médiocre,
aux vues étroites, manquant d'ardeur, hors d'état de
se mettre en communauté d'idées avec chaque cavalier, de monter à cheval avec lui (si je puis employer cette expression), pour peu qu'il soit animé
d'une bonne volonté réelle, d'un peu de zèle, et qu'il
s'astreigne à quelques efforts, pourra, grâce à la
méthode logique, systématique, fortement raison-
née, qu'on trouve dans ce livre, grâce à cette méthode basée sur l'expérience, qui n'en laisse pas
moins à l'instructeur une certaine latitude sur plus
d'un point, parvenir, comme je l'ai constaté moi-
même à plusieurs reprises, à former chaque année
de bonnes divisions de remonte et arriver à des résultats supérieurs à ceux obtenus par des officiers
mieux doués, plus capables, mais qui procèdent sans
système, sans principe, dont les uns affectent d'i-
gnorer tout ce qui ressemble à une méthode, tandis que les autres professent pour l'enseignement
méthodique un profond mépris, qui font du manége
un établissement d'entraînement, au lieu d'y façonner, d'y assouplir, d'y rassembler les chevaux, d'y
familiariser les cavaliers tout d'abord avec les allures lentes et de leur apprendre à travailler, afin de
les amener progressivement, eux et leurs chevaux,
aux allures vives du dehors, et de leur permettre de

changer de direction à leur gré, tout en entretenant l'allure.

« Pour moi, je préfère dans certains cas la méthode, même rigoureuse, à l'arbitraire, au caprice, à cet empirisme qui gâte tout, qui ruine les membres des chevaux et les rend incapables de tout service. »

Ces lignes, dans lesquelles le colonel von Schmidt se déclare en complète communion d'idées avec le colonel von Krane, renferment également l'exposé des principes qu'il avait appliqués de tout temps au dressage des remontes.

Le colonel von Schmidt consacra une attention toute particulière aux exercices du service en campagne, tant aux exercices des unités tactiques inférieures de son régiment (c'était généralement lui qui déterminait en personne le thème de ces travaux), qu'à ceux plus importants faits avec des troupes des trois armes. Dans ce dernier cas, ainsi que pendant les grandes manœuvres d'automne, il cherchait, toutes les fois que l'occasion s'en présentait, à en profiter pour diriger des corps d'une importance numérique considérable. Ne se bornant pas seulement à adresser aux officiers sous ses ordres des critiques verbales détaillées, le colonel von Schmidt était resté fidèle au système qu'il avait appliqué jadis, lors de ses exercices d'escadron. Il retraçait à grands traits la marche générale de la manœuvre, exposait le rôle joué par chacune des subdivisions, relevait les fautes commises et indiquait « comment on aurait dû procéder pour mieux faire. » Cette critique était d'autant plus frappante, que lui-même prenait part à l'exécution de la manœuvre. C'est ainsi qu'en se critiquant lui-même et sans se ménager, il parvint à se faire une idée bien nette des choses principales ; c'est grâce à cette manière de procéder que ses instructions devinrent de plus en plus instructives, son régiment de plus en plus maniable et souple, que lui-même arriva à commander des troupes de toutes armes avec une sûreté, un jugement qui lui valurent le nom de *second Kutzler*, de cet officier que le feld-maréchal Blücher proclamait le meilleur général d'avant-garde et d'avant-postes de l'armée prussienne.

Son rôle et ses actes pendant la guerre de 1870-71 appartiennent à l'histoire : pour les retracer, il faudrait entreprendre un travail considérable, qui ne saurait être resserré dans les limites forcément étroites d'un simple avant-propos. Ce fut sur les champs de bataille de France qu'il apparut aux yeux de tous, non pas seulement comme un remarquable officier de cavalerie, mais comme un général dans la plus vaste acception de ce mot. Il était, dès lors, unanimement désigné pour exercer une influence capitale, décisive, sur les différentes réformes qu'on fit subir à la cavalerie aussitôt après la guerre. On ne pouvait, en effet, reprocher au général von Schmidt, comme on l'avait fait à tous ses prédécesseurs qui avaient entrepris la même tâche avant lui, de n'être qu'un officier de cavalerie, de n'envisager les choses qu'au point de vue de la cavalerie. Le général connaissait à fond l'armée entière, sa tactique, son organisation, et la guerre lui avait donné l'occasion de se signaler sous tous les rapports, et de mettre en relief ses rares et remarquables qualités.

Il pouvait, par suite, d'autant mieux recueillir la succession des hommes qui s'étaient occupés avant lui de ces graves questions, que, tout en suivant une route qui lui était propre, il était arrivé aux mêmes conclusions qu'eux. Comme eux, il pensait que la cause même des vices existants provenait du peu de solidité des bases de l'instruction, de l'insuffisance des règlements et instructions, de ce fait que l'on ne faisait faire, ni aux troupes, ni à leurs chefs, aucune de ces manœuvres par grandes masses, qui les familiarisent non-seulement avec leur rôle sur le champ de bataille, mais encore avec les exigences du service de reconnaissance et de sûreté. Il ne voyait de remède à ces maux que dans un retour immédiat aux principes de Frédéric le Grand, mis en harmonie avec les conditions nouvelles de la guerre moderne; il pensait enfin qu'il n'était possible de prévenir le retour de ces graves inconvénients qu'en modifiant l'organisation de l'arme, en lui donnant une certaine indépendance, en lui faisant imprimer une direction unique par la main d'un *inspecteur général.*

Occupé tout d'abord à faire de la 7e brigade de cavalerie, dont le commandement lui avait été confié aussitôt après la guerre, grâce aux vieux principes et aux expériences les plus récentes, une brigade modèle à tous égards, il ne tarda pas à être chargé, en outre, par l'Empereur, de fonctions qui

ouvraient à son activité un champ nouveau et plus
vaste à la fois. La part qu'il prit aux travaux de lá
Commission immédiate de cavalerie (*Immediat Kavallerie Kommission*), réunie à Berlin au mois de
mars 1872, le commandement de la division de cavalerie du IV° corps d'armée, qu'il exerça à deux
reprises différentes, la rédaction du *chapitre V*,
sont des faits si universellement connus, qu'il serait
superflu d'entrer, à ce propos, dans plus de détails.
Mais je ne crains pas d'être taxé d'exagération, si
je me permets de dire à ce propos que les différentes
fonctions occupées, les différents travaux exécutés
à ce moment par le général von Schmidt, feront
époque dans l'histoire de la cavalerie prussienne.

Il est, cependant, une autre manifestation de son
action et de son activité que nous ne saurions passer sous silence, par cela même qu'appliquant alors
sur un théâtre plus vaste ce qu'il avait pratiqué jadis sur un rayon plus restreint, il fit de ses inspections un des éléments principaux, essentiels, qui lui
permirent d'exercer son influence sur les régiments
placés sous ses ordres. Les inspections ne lui donnaient pas rien que l'occasion de s'assurer de l'état
et du degré d'instruction des troupes, de reconnaître l'existence de vices et d'imperfections, elles
lui permettaient, en outre, de remédier immédiatement aux inconvénients qu'il avait remarqués, par
des instructions, par des conseils, par l'exemple.
Procédant à ses inspections avec un soin minutieux,
il cherchait à remonter jusqu'aux causes mêmes de
ces imperfections, à instruire, à éclairer le subor-

donné, officier, sous-officier ou soldat qui avait commis la faute ; il ne pensait avoir atteint son but, non pas lorsqu'il avait convaincu cette personne de son erreur et des causes de son erreur, mais alors seulement qu'il lui avait fait comprendre, qu'il avait trouvé les moyens de lui éviter à jamais d'y retomber. La grande expérience qu'il avait acquise lui fournissait d'ailleurs le moyen de parer à toutes les fautes, soit qu'il s'agît d'un seul cavalier ou d'un seul cheval, d'un peloton, d'un escadron, d'un régiment, d'une brigade, de la ferrure, de la manière de brider, de seller, de soigner les chevaux, de la gymnastique, du maniement d'armes, du tir à la cible, du combat à pied ou d'une quelconque des nombreuses branches entre lesquelles se ramifie le service si multiple de la cavalerie. Toujours juste, toujours net, toujours précis dans ses appréciations, le général était au fait des moindres secrets d'un service qu'il avait médité jusque dans ses détails les plus insignifiants, et, non content de le connaître à fond, il savait inculquer ses principes aux autres et leur indiquer les moyens d'arriver comme lui à la perfection.

Il n'y a donc pas lieu de s'étonner si ces inspections lui prenaient pas mal de temps, obligeaient les corps inspectés à une dépense réelle de forces et d'attention, si leur durée et les exigences qui résultaient de la manière scrupuleuse de procéder du général, arrachaient plus d'un soupir. Mais le résultat final obtenu par ces inspections était trop éclatant pour que l'on n'en vînt pas à oublier bientôt ces plaintes mêmes en présence de l'immensité de ces résultats. Parmi les anciens subordonnés du général, il en est bien peu qui ne pensent encore, avec un vif sentiment de gratitude, à ces heures, parfois bien rudes, dans lesquelles le général, non content de les inspecter, s'efforçait de les instruire.

Les instructions mêmes du général montrent, d'ailleurs, le soin merveilleux qu'il apportait à la préparation des exercices qu'il dirigeait en personne.

S. A. R. le prince Frédéric-Charles, qui avait, pendant la campagne, découvert les précieuses qualités qui se cachaient sous cette enveloppe parfois un peu rude, soutint, dans les différentes réformes qu'il s'efforça d'introduire, le général de tout le poids de sa haute influence, lui fit part de ses idées et de ses remarques personnelles relatives à la cavalerie, lui permit de prendre connaissance de ses notes, dans lesquelles le général trouva, au milieu d'appréciations nouvelles, une bonne partie des principes qu'il avait adoptés. Ce fut, enfin, le général von Schmidt que le prince chargea de réaliser les espérances, les aspirations qu'il avait lui-même rêvées jadis de voir se réaliser.

C'est ainsi que, sûr de la confiance de son souverain et de ses supérieurs, soutenu par la réputation qu'il s'était faite pendant la dernière guerre, favorisé de plus par la tournure même des esprits, qui reconnaissaient et sentaient, plus vivement que jamais, l'existence de certaines imperfections, mais fort surtout par ses vastes connaissances et son rare savoir, le général seul mena à bonne fin l'œuvre en-

2.

treprise vainement jusque-là par ses prédécesseurs et par lui-même, parvint à la mettre en harmohie avec les besoins actuels et les expériences faites pendant la guerre, et réussit enfin à faire accomplir à son arme un pas de plus vers la perfection définitive. Il renoua la chaîne interrompue des traditions de la cavalerie prussienne, et procéda, en outre, de manière à ce que le fil qu'il avait retrouvé ne puisse plus être perdu à l'avenir, pourvu qu'on continue l'œuvre qu'il avait commencée et qu'il ne put achever.

Il posa, il est vrai, dans le chapitre V du Règlement d'exercices, des bases solides, sur lesquelles il est aisé d'achever l'érection de l'édifice commencé par lui; il fit comprendre à la cavalerie ce qu'elle devait, ce qu'elle pouvait être; il a, par les manœuvres de cavalerie qu'il dirigea lui-même, montré quelle route il fallait suivre pour préparer les chefs et les soldats à la solution des grands problèmes militaires; enfin, c'est à lui, surtout, que la cavalerie doit d'être en possession d'un règlement qui la met à même de satisfaire aux exigences des guerres modernes. Mais toutes ces réformes n'ont pas encore pénétré complétement l'esprit des troupes, ne se sont pas répandues partout: par ses conseils, par ses exhortations, par son exemple, il n'a pu persuader qu'une faible partie des officiers de l'arme. La mort l'a enlevé trop tôt pour qu'il puisse achever et compléter l'œuvre à laquelle il avait consacré sa vie.

Afin que le précieux trésor de l'expérience pratique du général ne fût pas perdu pour la cavalerie

prussienne, afin de mettre ces instructions à la portée de tous ceux qui veulent s'instruire et travailler,
afin que ses désirs, ses aspirations, ses idées puissent, autant toutefois qu'un livre est capable d'a-
mener de semblables résultats, se répandre de plus
en plus, afin qu'on pût récolter ce qu'il avait semé,
afin de ramener aux hauteurs qu'elle avait occupées
jadis, la réputation et la valeur de la cavalerie prussienne, les instructions principales et les ordres les
plus intéressants du général von Schmidt ont été,
comme l'indique le titre même de ce livre, reproduits,
en exécution du vœu exprimé par S. A. R. le prince
Frédéric-Charles, textuellement dans les pages qui
suivent. Puisse la bénédiction du ciel descendre sur
cet ouvrage !

Comme nous l'avons dit à plusieurs reprises dans
les pages précédentes, comme le prouvent d'ailleurs
les titres mêmes des chapitres suivants, on a repro-
duit jusqu'aux instructions et aux ordres qui datent
du temps où le général von Schmidt, alors capi-
pitaine, commandant un escadron, commençait son
œuvre d'instructeur. On retrouve, dans toutes ces
instructions, les mêmes principes fondamentaux,
qui se développent à mesure que le rayon d'action
de leur auteur s'étend et s'accroît. Parfois, le général s'éloigne d'une progression systématique, qu'il
suit ordinairement, mais c'est alors pour satisfaire
aux besoins du moment, et, dans ce cas même, on
trouve souvent la répétition textuelle de ce qui a
été dit par lui ailleurs et dans une autre circon-
stance.

On devait donc, lorsqu'il s'est agi de publier ces instructions, se demander si on les reproduirait toutes textuellement, en suivant l'ordre chronologique, ou si l'on adopterait un classement systématique, en choisissant celles qui contiennent le résultat des expériences faites par leur auteur, des principes fondamentaux, des leçons essentielles, des indications excellentes, des conseils précieux. Afin que le livre soit plus facile à consulter, afin d'éviter de nombreuses répétitions, on a cru bon d'adopter la deuxième de ces manières, qui permettait de respecter le style du général, de conserver les expressions mêmes dont il s'était servi, et, tout en classant et en mettant en ordre les documents laissés par le général, de reproduire son œuvre telle qu'elle était en réalité. C'était là, d'ailleurs, le but principal qu'il fallait chercher à atteindre ; car le général von Schmidt était, avant tout, une individualité puissante, et c'est dans son caractère, d'une trempe particulière, dans la sincérité de ses convictions, qu'il faut chercher les traits les plus saillants de sa nature et de son œuvre. Pour conserver ses Instructions à l'arme dans laquelle il avait servi avec autant de zèle que d'éclat, et pour laquelle il avait tout fait, il fallait ne rien modifier, ne rien supprimer dans la forme qu'il avait donnée à l'expression de ses idées et de ses convictions. C'est dans ce sens et guidé par ces principes que celui qui fut, pendant de longues années, l'aide de camp et le fidèle compagnon de travail du général, a procédé, avec un soin minutieux, au classement des écrits laissés par le général von Schmidt. L'œuvre qu'on va lire a donc conservé un caractère réel d'originalité.

KÆHLER,

Major et commandant du 2ᵉ régiment
de hussards de Silésie, nº 6.

———

INSTRUCTIONS

DU

GÉNÉRAL-MAJOR CARL VON SCHMIDT

I. — Aperçus préliminaires sur l'instruction, l'éducation, l'emploi et la conduite de la cavalerie en général.

Tirés des circulaires des 18 juillet 1871, 21 nov. 1871, 14 juin 1872, 17 mars 1873, 10 janvier 1874, 5 juillet 1874.

Ce n'est qu'en cherchant de toutes nos forces à faire réaliser à notre arme des progrès réels et sérieux, que nous réussirons à nous maintenir au niveau des autres armes, auxquelles les découvertes des temps modernes ont, tant au point de vue technique qu'au point de vue intellectuel, créé une vie nouvelle. Ces progrès indispensables sont possibles et réalisables, pourvu toutefois que nous adoptions des principes rationnels, que nous nous y conformions constamment, que nous n'agissions pas à tort et à travers, d'une manière empirique, que nous appliquions à toutes les branches du service un système logique, raisonné, immuable. Il nous faut reconnaître avec clairvoyance les vices qui nous enserrent encore, voir ce qui nous manque, éviter de nous croire parfaits, ne pas nous laisser aveugler par les succès que notre arme a remportés pendant la dernière campagne, et rejeter surtout l'idée que, puisque nous avons été vainqueurs une fois, nous sommes devenus invincibles. Des idées semblables amèneraient un mouvement rétrograde, une réaction qui étoufferait dans son germe toute tentative d'amélioration. Ce sont, au contraire, les événements mêmes de la dernière guerre qui ont dû nous faire apercevoir nombre de défauts et d'inconvénients, qui doivent nous exciter à les faire disparaître le plus tôt possible, afin que nous soyons plus forts, plus redoutables lors de la prochaine campagne; afin que, mieux préparés et la conscience parfaitement en repos, nous puissions envisager l'avenir sans crainte. Le progrès, pour nous, consiste moins dans les améliorations et les inventions techniques, que dans les réformes spirituelles, intellectuelles. Ces progrès sont, à nos yeux, caractérisés par les mots suivants : *adresse, mobilité et aptitudes manœuvrières, rapidité, indépendance et légèreté.* Que chaque cavalier possède, à cheval, la plus grande adresse à manier son cheval et ses armes; que toute troupe possède toute la mobilité désirable et de grandes qualités manœuvrières, qu'elle puisse se porter aisément dans toutes les directions, quel que soit d'ailleurs l'ordre dans lequel elle est formée; que la cavalerie soit capable de se mouvoir avec la plus grande rapidité, qu'elle jouisse d'une indépendance absolue; que, dans toutes les missions qui lui incombent, elle puisse se passer du concours des autres armes; enfin, qu'elle soit aussi légère que possible, et, par suite, qu'on diminue la charge que le cheval a à porter.

La première de ces conditions, l'adresse du cavalier à manier son cheval et ses armes, ne saurait être atteinte que par une méthode d'équitation sérieuse et pratique, par le dressage de l'homme et du cheval, par un accord complet entre le cavalier et sa monture.

Quant à la deuxième de ces conditions, la mobilité et l'existence de qualités manœuvrières qui permettent à une troupe de se porter dans toutes les directions, quel que soit l'ordre dans lequel elle est formée, elle est la conséquence même des principes bien définis qui régissent les mouvements de notre arme, de la correction de l'équitation, des évolutions en ligne et en colonne, qui reposent sur le maintien d'une allure régulière, la même à l'aile droite comme à l'aile gauche, quand on marche en bataille, à la tête comme à la queue, quand on marche en colonne ; du savoir théorique et pratique des chefs de peloton et des sous-officiers des ailes ; de l'emploi fréquent des directions diagonales ; de la résistance victorieuse qu'on oppose à la tendance naturelle qui consiste à chercher toujours à revenir à la formation normale. On ne saurait jamais parvenir à faire un usage excessif des inversions, et un officier ne doit jamais craindre de faire prendre cet ordre à sa troupe. Les chemins les plus courts, les évolutions les plus simples et les plus faciles, sont les meilleurs pour notre arme, par cela même qu'ils la font arriver plus rapidement sur les points où elle doit se trouver. Ces mouvements seuls conviennent à la cavalerie. Nous n'avons pas de temps à perdre, et le mot *trop tard* est le plus grand reproche qu'on puisse nous adresser. Ce mot implique à lui seul l'idée de grandes pertes et d'un *échec*. Quiconque arrive trop tard sur le terrain d'exercices, quiconque ne sait y trouver la place qui lui appartient, commettra les mêmes fautes sur le champ de bataille ; il faut que cette idée, ce désir d'arriver toujours à temps, passe dans l'âme, dans le sang de chacun ; c'est là un résultat qu'on n'atteint

qu'en faisant sur le terrain d'exercices des commandements précis, rapides, vifs, qu'en prenant des décisions
instantanées. Il arrivera toujours trop tard, l'officier
qui ne voudra suivre que des directions perpendiculaires, qui redoutera les marches obliques, qui cherchera toujours à revenir à la formation normale, qui
fera exécuter par suite à sa troupe une foule d'évolutions inutiles, qu'il aurait pu éviter en faisant ses
ruptures, ses formations, ses conversions par pelotons,
en se servant d'inversions, en habituant sa troupe aux
mouvements nécessaires pour se former dans cet ordre. Sous ce rapport, nous avons grand besoin de faire
des progrès.

La troisième condition, le maximum de rapidité, est
basée sur les rhythmes réglementaires des différentes
allures. Si, dans la charge, on prescrivait jadis de prendre le galop à 200 ou 250 pas, c'est que cette distance
avait été fixée en raison de la valeur balistique des
armes à feu alors en usage. Aujourd'hui, avec les fusils à longue portée et à tir rapide, on entre, à 800 ou
1,000 pas de la ligne ennemie, dans une zone de feux
si intenses, qu'il est indispensable de prendre le galop
allongé, si l'on ne veut pas arriver sur l'ennemi dans
un état d'épuisement physique et moral tel, qu'il aurait
pour conséquence forcée l'insuccès de la charge.

Nos chevaux et nos cavaliers doivent, par suite, être
habitués au galop allongé, pouvoir tenir cette allure
avec aisance et facilité. Les distances que la cavalerie
a à franchir avant d'arriver sur l'ennemi et de le sabrer, sont aujourd'hui plus considérables qu'autrefois,
par cela même qu'en raison de la grande portée des
armes à feu, on est obligé de tenir la cavalerie plus en
arrière, afin d'éviter qu'elle ne subisse des pertes sensibles avant d'entrer en action ; de plus, comme elle est
chargée de manœuvrer sur les flancs de l'ennemi, elle

doit être, pour pouvoir remplir la tâche qui lui incombe, plus mobile et plus rapide que jamais.

La quatrième condition, celle en vertu de laquelle la cavalerie, devenue absolument indépendante des autres armes, doit pouvoir accomplir par elle-même toutes les missions qui lui sont confiées, celle en vertu de laquelle la cavalerie doit désormais se passer de l'appui trop fréquent de l'infanterie, appui qui la reléguait au rang d'arme secondaire, incapable d'agir et d'opérer par elle seule, repose principalement sur le fait qu'on a donné à la cavalerie des armes à feu excellentes, et sur l'instruction complète du cavalier sous ce rapport, instruction qui, en familiarisant le cavalier avec le tir, ne saurait nuire en rien au développement et au parachèvement de son instruction professionnelle proprement dite. Le cavalier ne saurait être, ne saurait devenir un fantassin monté ; mais il est indispensable que, dans le cas où il se trouverait dans l'impossibilité d'atteindre à cheval le but qui lui a été indiqué, il puisse y parvenir en combattant à pied et en se servant de sa carabine ; il doit savoir attaquer et défendre un village, une ferme, un défilé, des lieux habités ; il doit pouvoir assurer par lui-même la sécurité de ses cantonnements ; il doit pouvoir se maintenir momentanément sur des points importants et les défendre contre les attaques de l'ennemi jusqu'à l'arrivée de l'infanterie. Pour cela, il faut qu'il ait reçu une instruction complète sous le rapport du tir, qu'on lui ait appris à viser, qu'on lui ait donné sur le terrain certaines leçons, afin que, comme cela s'est présenté pendant la dernière guerre, il n'arrive pas sur le champ de bataille dans un état d'ignorance presque absolue à cet égard. On doit poser en principe qu'on ne fera feu à cheval que pour donner un signal, et que l'arme que le cavalier doit avoir à la main, même quand on l'en-

voie en éclaireurs, c'est le sabre, tandis que pour combattre à pied, soit pour attaquer, soit pour se défendre,
il se servira de sa carabine. De la sorte, loin d'étouffer
le véritable esprit qui doit animer la cavalerie, l'esprit
d'entreprise et d'initiative, on ne fera que le ranimer ;
on augmentera, on stimulera sa confiance, son amour-
propre, on assurera à la cavalerie un avenir qui n'aura
rien à envier à celui des autres armes, auxquelles les
inventions et les découvertes de la science ont fait une
part si belle.

La cinquième condition, le maximum de légèreté,
c'est-à-dire la diminution du poids que le cheval a à
porter, ne peut être réalisée qu'à l'aide de la simplifi-
cation, de l'allégement du matériel, de la selle, du paquetage et de l'armement. En lui enlevant quelques
livres, on rend le cheval meilleur, plus résistant et
c'est là, en présence de la tactique nouvelle, de l'emploi actuel de la cavalerie, des exigences si dures qu'on
a pour la cavalerie, un résultat d'une incomparable
importance.

On n'arrivera à ce *desideratum* que par une méthode
pratique suivie dans l'instruction, par un dressage plus
sérieux, qui permettra de rétablir l'équilibre entre
des facteurs dont la valeur a varié, par la diminution
du poids, par un accroissement progressif des exigences, par l'habitude à un travail plus long et plus rude.

Pour ce qui est de la première de ces conditions
fondamentales, qui tend à développer le plus possible
l'adresse de chaque cavalier à manier son cheval et ses
armes, on ne saurait trop insister sur le point suivant :
Inculquer à chaque cavalier, grâce à l'instruction individuelle, l'habitude de l'indépendance, et ne pas se
contenter de l'instruction superficielle de la masse,
qui ne donne à la troupe qu'une teinte fort pâle de ces
principes essentiels, qui ne lui procure que des con-

naissances passagères instables, cachant mal l'ignorance et l'incapacité, qui ne tardent pas à se faire jour
à la première occasion.

Ce principe unique ne saurait être mieux rendu que
par l'expression de *gymnastique* corporelle et intellectuelle. Le développement intellectuel du cavalier est,
en effet, solidaire de son développement corporel; et
quant à la gymnastique corporelle, à laquelle on doit
soumettre le cheval, elle consiste dans sa position régulière, les assouplissements et le rassemblement. En
même temps que l'on développe de la sorte les qualités
et les moyens de l'animal, on arrive à assurer sa conservation, à prolonger sa durée. On ne saurait jamais
développer outre mesure l'habileté, la souplesse corporelle du soldat, non pas seulement parce qu'on
forme ainsi des cavaliers plus complets, plus adroits à
manier leurs armes, plus aptes à remplir les fonctions
si multiples que comporte leur service (ce sont là des
résultats directs, matériels), mais surtout parce qu'on
les familiarise de la sorte avec la persévérance, avec
l'audace, avec la hardiesse : on leur apprend à vouloir, c'est-à-dire qu'on leur apprend à pouvoir. Ils deviennent de la sorte maîtres d'eux-mêmes, et à mesure
que leur instruction se complète et s'achève, on développe en eux les sentiments d'amour-propre, de confiance
individuelle, qu'il est indispensable d'inculquer au cavalier pour le mettre en mesure de faire de grandes
choses. Ce sont là des avantages moraux dont le prix
est inestimable !

Si nous envisageons tout d'abord les résultats directs, matériels de ce principe, la gymnastique corporelle, on verra que pour établir un équilibre réel, pour
obtenir le plus d'aisance possible dans tous les mouvements, pour diminuer le danger en cas d'accident,
il faut tendre à développer l'agilité du corps, et qu'on

atteint ce but à l'aide des moyens prescrits : **assou-plissement**, voltige avec le tremplin et sur le cheval de bois, sur le cheval en mouvement, exercices avec la corde à sauter, sur le cheval, sur la barre, sur la corde lisse, escrime à l'épée et au sabre. La façon, la manière dont on dirige et dont on fait exécuter ces exercices, a tout naturellement une importance capitale : le but qu'on se propose ne consiste pas à donner des représentations, à briller lors des inspections, grâce aux tours de force accomplis par quelques individus, comme on en trouve toujours dans la masse et qui possèdent des aptitudes naturelles toutes spéciales. Le but réel, le but unique consiste :

« A agir directement, individuellement sur chaque soldat, à développer son agilité, à établir un équilibre stable entre les différentes parties de son corps, à lui apprendre à employer ses forces à propos, par suite, à relever le niveau général de la masse et non pas seulement de quelques individus doués d'une façon particulière. »

Les individus qui possèdent des aptitudes spéciales pourront rendre des services dans les fonctions de moniteurs de saut, de voltige, de gymnastique. Chaque professeur doit former un certain nombre de ces moniteurs, qui contribuent énormément au progrès des autres élèves, en leur montrant comment doivent s'exécuter les exercices. C'est grâce à eux qu'on réussit à encourager les autres, et il serait peu pratique d'essayer de se passer d'eux.

Si l'instructeur peut lui-même exécuter les exercices avec adresse, avec aisance, avec sûreté, ce sera préférable encore, et ses leçons et son cours n'en auront que plus de succès. On ne saurait, d'ailleurs, apporter trop de soins au choix judicieux des instructeurs. Toutes les **fois qu'on voudra obtenir des résultats sérieux et réels,** il importera, surtout quand il s'agira des sous-officiers, de former des instructeurs pour les différentes spécialités. Il va de soi que tous les sous-officiers doivent pouvoir servir de conducteurs de reprises, savoir encadrer une aile, connaître à fond l'école à pied ; mais pour les autres services spéciaux, tels que la voltige, l'escrime, l'instruction théorique, les leçons d'équitation, la conduite des pelotons, on devra désigner et instruire par suite, d'une manière plus approfondie, les plus capables et les mieux doués sous ce rapport.

A côté de l'instructeur doit se trouver un adjoint, qui, assistant constamment aux leçons, connaissant exactement le degré d'instruction acquis par la classe, puisse continuer l'enseignement, en se conformant aux idées mêmes de l'instructeur, lorsque celui-ci se trouvera empêché ; enfin, cet instructeur suppléant se perfectionne lui-même grâce aux leçons des titulaires, et c'est là encore chose fort importante. En agissant de la sorte, on procédera toujours logiquement et systématiquement, et, à ce propos, il est bon de remarquer qu'en instruction des individus même peu énergiques, relativement peu doués, aux vues quelque peu étroites, mais observant fidèlement les principes consacrés et suivant strictement un système déterminé, devront être préférés à des gens plus énergiques, plus capables, mais procédant sans suite et sans logique, n'adoptant aucune méthode, n'écoutant que leurs caprices et leurs manies. C'est là, d'ailleurs, un fait qui se produit fréquemment : et nombre d'officiers qui croient pouvoir forcer les résultats à l'aide d'énergie et d'aptitude, se trompent étrangement.

Je le répète donc encore une fois : « Il faut choisir judicieusement et former avec soin les instructeurs, introduire et maintenir l'institution des instructeurs adjoints, procéder en instruction d'une manière absolument systématique, et élever un édifice qui repose sur des bases solides et stables. » Il importe donc, avant tout, d'édifier sur des fondations stables, et c'est ce qu'on n'obtient qu'à l'aide de la simplicité et de la clarté. Les instructeurs ne doivent pas connaître rien que le but à atteindre, les moyens à employer et les chemins à suivre; ils doivent être pénétrés intimement de l'ensemble de leur sujet, avoir découvert les causes, les effets, le *pourquoi* des choses, et c'est alors seulement que l'instruction qu'ils donnent pourra être profitable, rationnelle, réellement conforme au système adopté. Ce n'est que quand l'instructeur aura pénétré la raison de chacune des leçons, de chacun des exercices, qu'il pourra établir une progression judicieuse, intercaler des exercices intermédiaires et des explications qui faciliteront la tâche de l'élève, et lui donner, par suite, une éducation plus complète. Les hommes ont, en effet, le droit de vouloir que leurs instructeurs connaissent à fond les matières de leurs cours, soient préparés au cours qu'ils vont professer, sachent, par suite, ce qu'ils veulent faire faire à leurs élèves, aient fixé une progression logique et systématique de l'enseignement, et trouvent les moyens de nature à faire progresser les écoliers qu'on leur a confiés. Ce n'est que quand ils sont bien préparés, que les professeurs peuvent rendre des services; ce n'est que quand ils ont rendu des services, que quand ils sentent qu'ils sont à la hauteur de leur mission, qu'ils y prennent intérêt et que l'enseignement cesse d'être pour eux une corvée.

Le grand Frédéric avait déjà dit de son temps : « *Soignez les détails, ils ne sont pas sans gloire; c'est le premier pas qui mène à la victoire.* » Méditons constamment cette phrase : Rien ne doit nous paraître tellement insignifiant au point de négliger d'en tenir compte; et jamais celui auquel les petites choses paraissent par trop petites ne sera capable d'en faire de grandes.

Quant au deuxième point, à la gymnastique intellectuelle, les temps sont heureusement passés où l'on pouvait encore dire, où l'on ne se privait pas de dire, « que le meilleur soldat était fourni par les nations bornées, étroites, incapables d'avoir une idée, parce que ce soldat obéissait aveuglément ». En admettant que cette sorte de proverbe ait jamais été fondée, il n'a jamais pu s'appliquer à la cavalerie, dont le service exige tant de réflexion, fait constamment appel à l'intelligence, tant pendant l'instruction (surtout alors sous le rapport de l'équitation) qu'à propos de l'exécution du service d'éclaireurs, de patrouilles, d'avant-garde. Comment le cavalier, cet œil du général en chef, pourrait-il voir juste, envoyer des renseignements précis, arriver à des conclusions rationnelles, s'il est incapable de penser? Comment arriverait-il à tirer parti de son cheval, s'il n'y apporte un peu de réflexion?

Il nous faut donc, en raison de considérations directes et indirectes, nous efforcer, avant tout, de développer les facultés intellectuelles de nos hommes, de les rendre intelligents et agiles, de les habituer à réfléchir, de les familiariser avec tous les sujets qui ont un rapport immédiat ou lointain avec notre métier, d'étendre l'horizon de leur esprit, de leur expliquer les causes et les effets des choses, de redresser leurs appréciations, d'éclairer et de guider leur jugement. On les rendra, de la sorte, non-seulement plus aptes sous tous les rapports à satisfaire aux exigences de leur métier, non-seulement on les familiarisera davantage avec le service en campagne, non-seulement on en fera des cavaliers plus complets, par cela même qu'on leur apprendra à nous comprendre, que nous les élèverons jusqu'à nous, qu'on les mettra à même de mieux saisir toute chose,

3.

de pénétrer plus complétement le sens des instructions et des ordres qu'on leur donnera, chose si importante en campagne; mais, d'autre part, une pareille éducation exercera une influence des plus salutaires sur leur vie entière, et c'est de la sorte qu'on justifiera pleinement cette idée : *L'armée est la grande école de la nation ;* c'est elle qui complète et parachève, sous tous les rapports, l'instruction de la nation. De même qu'il importe de se pénétrer de ce fait, que toutes les branches du même service ont un lien commun et tendent au même but, de même aussi il importe de ne jamais perdre de vue le côté intellectuel de chacune de ces branches de service, et d'en tenir largement compte, non-seulement pendant l'instruction théorique, qui s'adresse directement à l'intelligence, mais pendant les écoles à pied, les services d'assouplissement, de voltige, d'escrime, d'équitation. Il faut assurément apporter, à ces divers exercices, de l'entrain, de la réflexion, de l'ardeur, du zèle, y introduire une variété, qui intéresse les élèves, et fait disparaître l'indifférence causée par la monotonie, l'alanguissement qui résulte de ce que l'on cherche uniquement à tuer le temps en fatiguant les hommes. Quand il s'agira de régler le service, on devra chercher un mode grâce auquel on puisse à la fois intéresser, stimuler et instruire les hommes. C'est là une chose qui dépend entièrement de la personnalité de l'instructeur, du fait qu'il se dévouera corps et âme à son enseignement, qu'il y déploiera une ardeur véritable, un zèle réel, ou bien qu'il se contentera de faire strictement son devoir, de tuer le temps sans se soucier de voir s'il arrive à un résultat quelconque. C'est à l'instructeur surtout qu'on peut appliquer ces paroles d'un de nos poëtes : « Ce que vous ne sentirez pas, vous ne l'inspirerez pas à autrui, et rien de ce qui ne vient pas de l'âme ne saurait ni émou-

voir le cœur, ni s'inculquer dans l'esprit de vos audi-
teurs. »

L'attitude et la manière de faire de l'instructeur se
refléteront sur ses subordonnés, tout comme s'il existait entre eux et lui une communication électrique. Il
faut bannir absolument et complétement cette manière
de faire, qui consiste à s'acquitter mollement et presque inconsciemment de son service, à s'en acquitter
plutôt en parole qu'en réalité, et la remplacer par une
certaine fraîcheur intellectuelle, par un désir ardent de
vrai progrès. Quand on aura obtenu ce résultat, on
sera réellement sur le bon chemin, et tout le reste se
fera presque tout seul.

A mesure que ces idées réussiront à prendre racine
et à se propager, que l'on réussira à faire suivre sans
détour, sans arrière-pensée, les chemins directs qui
mènent droit au but, le service se simplifiera, le temps
qu'il absorbera deviendra de moins en moins long, les
résultats obtenus seront plus sérieux, et la satisfaction
des instructeurs, encouragés par ces résultats mêmes,
s'accroîtra de plus en plus. A cause même de l'ardeur
qui anime chacun, il est indispensable de pousser plus
loin les études, de pénétrer jusqu'au cœur même des
choses, d'arriver à déduire sûrement, à défendre bravement les principes dont on a constaté la vérité et
éprouvé l'efficacité. En procédant de la sorte, les résultats obtenus grandiront d'année en année.

Il faudra toujours veiller à ce que l'homme comprenne avec son intelligence, réponde et parle à sa
manière, mais après réflexion. On doit donc tout d'a-
bord le familiariser avec nos expressions, notre manière de parler. On évitera de la sorte l'écueil si dangereux de la récitation littérale. C'est là une condition
essentielle de succès. S'il en est autrement, tout l'enseignement sera stérile. L'homme qui répète une chose,

fût-elle excellente, sans la comprendre, ne saurait rien faire de bon.

Loin de s'attacher à l'éducation superficielle, à l'éducation des masses, à cette éducation qui étouffe l'intelligence, il faut avant tout s'attacher au développement de l'instruction individuelle. C'est seulement grâce à cette instruction individuelle qu'on pourra arriver à des résultats profitables au service du roi et à chacun de ses soldats ; c'est uniquement grâce à elle que nous recueillerons le fruit de nos travaux, parce qu'elle ne s'adresse pas rien qu'au soldat, qu'au cavalier, mais à l'homme, et qu'elle tend réellement à l'instruire et à le relever. C'est d'ailleurs aussi sous ce rapport que nous avons encore le plus à faire, parce que c'est là précisément que nous rencontrons la principale, la plus grosse difficulté, parce que c'est à ce propos que nous avons le plus besoin d'expérience et de savoir. Toute idée étroite, tout ce qui n'est pas clairement perceptible, tout ce qui est dénué d'intérêt, doit disparaître ; le cavalier, plus qu'aucun autre, ne saurait en tirer le moindre parti. Imbu de préceptes de ce genre, le cavalier n'est bon à rien ; plus qu'à tout autre soldat, il faut lui donner l'entrain, la vitalité, l'ardeur et la vivacité intellectuelles. Ce n'est que quand on travaillera partout et avec suite dans ce sens et dans cette voie, qu'on parviendra à exercer une heureuse influence sur la vie intellectuelle des hommes, et de même que l'on peut juger du degré de son instruction corporelle à la façon dont un cavalier marchera dans la rue et se présentera devant son chef, de même aussi, au point de vue intellectuel, son air éveillé, sa mine intelligente, son langage, en un mot l'ensemble de ses manières, permettront de se rendre compte des progrès que l'éducation militaire lui a fait faire au moral. Avec de semblables soldats, on pourra tenter des entreprises

sérieuses ; ils comprennent leur chef, ils entrent dans
ses idées et ses intentions, ils s'assimilent rapidement
toutes choses : on ne saurait leur demander trop ; ils
osent tout et sont prêts à tout. On trouve chez eux un
bon vouloir, un dévouement sans limite, et c'est là
surtout le sentiment qu'on doit chercher à développer
en eux ; car, le soldat, quel que soit son grade, ne saurait avoir d'arrière-pensée ; il doit donner tout ce dont
il est capable, et ne rien garder en réserve.

On aurait tort de croire que l'excitation naturelle
qui résulte du danger suffit pour développer ces qualités dans les circonstances graves. L'expérience a surabondamment démontré que l'on ne saurait élever un
édifice sans qu'il repose sur des bases solides ; que, si
l'on n'a pas semé en temps de paix, on ne récolte rien
en temps de guerre, et qu'on se prépare, au contraire,
de cruelles désillusions.

Il faut donc, avant tout, qu'instructeurs et cavaliers
travaillent de toutes leurs forces, de tous leurs moyens,
avec le plus grand zèle, le plus grand soin, la plus
grande intelligence, au dressage des chevaux ; il faut
donc qu'on amène ces chevaux à un degré de préparation qui, en développant leurs moyens, augmente et
assure leur durée. Moins on aura de vieux professeurs
d'équitation, qui, instruits par l'expérience, se dévoue-
ront pleinement à l'enseignement, et pour lesquels il
n'est pas de joie supérieure à celle qu'ils éprouvent
lorsqu'ils peuvent présenter une division de cavaliers
dont l'instruction est complète, plus la tâche deviendra
difficile.

Il faut cependant absolument, pour que nous soyons
toujours en état de faire campagne, pour que notre
matériel en chevaux ne pâtisse pas, pour que nous ne
ruinions pas prématurément nos chevaux, que ces animaux reçoivent un dressage complet, une préparation
parfaite.

Il importe donc de donner une attention toute particulière au dressage des chevaux, de veiller à ce qu'on
leur place judicieusement la tête et l'encolure, d'éviter
qu'ils s'encapuchonnent ou qu'ils portent au vent, ou
qu'ils marchent avec l'encolure tendue, avec la mâchoire contractée et raidie. Il faut, pour cela, procéder
à un assouplissement progressif et complet de l'encolure, travailler les flexions, obtenir la légèreté, grâce
à laquelle seule on arrive à donner au cheval la position de tête qui convient à sa structure, à établir l'é-
quilibre, à obtenir la sûreté dans les allures, à développer la vitesse et l'endurance, en un mot, à assurer
la résistance et la conservation de l'animal. On ne saurait, par suite, consacrer trop de soin et d'attention à
l'assouplissement de l'encolure, à la position de la tête,
qui en est la conséquence forcée. Il existe un vieux
dicton qui dit : « Quand on est maître de la tête, on
est maître du cheval. » Le vieux proverbe a raison.
L'encolure et la tête sont le gouvernail, le timon, dont
tout dépend. Ce n'est que grâce à la position qu'il aura
su donner à la tête et à l'encolure que le cavalier
pourra agir sur l'arrière-train, sur cette partie du cheval si importante au point de vue des allures. Mais il
faut, néanmoins, que le cheval se gouverne, pour ainsi
dire, avec sa tête et son encolure ; qu'il ne soit ni lourd,
ni pesant à la main de son cavalier ; il faut, au contraire, qu'il soit léger. Pour arriver à ce résultat, il
faut que, pendant toute la durée du dressage, aux allures allongées, comme aux allures raccourcies, on
s'occupe sans cesse du mouvement, de l'impulsion
en avant, que, pendant tout le dressage, on doit constamment chercher à développer et à provoquer.

Tout le travail, même celui de l'assouplissement de
l'encolure, doit se faire de l'arrière-main sur l'avant-
main, et jamais inversement. Les pas de côté sont

également un des principaux moyens de dressage, d'assouplissement, de pondération du cheval. C'est en eux que consiste, pour ainsi dire, la gymnastique du cheval ; mais il faut, quand il s'agit des pas de côté, s'attacher plutôt à leur mode d'exécution qu'à leur nombre. On aurait tort de les faire exécuter pendant longtemps ; il faut, au contraire, leur appliquer le système des reprises de peu de durée, et se contenter de les faire exécuter sur un des grands côtés du manége, en passant devant l'instructeur. Plus la reprise sera longue, moins les pas de côté seront bien faits, moins les chevaux se livreront, et les cavaliers eux-mêmes deviendront alors de plus en plus maladroits, de plus en plus raides, de plus en plus durs. Il faudra encore attacher une grande valeur aux ruptures individuelles, soit de pied ferme, soit au pas, soit au petit trot. Ces ruptures augmentent l'habileté du cavalier et ont une influence des plus salutaires sur le dressage du cheval. Il est hors de doute que le cavalier qui exécute ces divers exercices aux différentes allures, avec une correction telle que la leçon aura une influence sérieuse sur le dressage du cheval, est, dès lors, un homme sachant monter à cheval, pouvant travailler un cheval.

Tous, nous cherchons à étendre les allures de nos chevaux, à leur donner aux allures vives le plus de tenue possible, à nous assurer le moyen de pouvoir toujours les faire changer de direction, c'est-à-dire à les avoir en main. C'est là un résultat qu'on n'obtient que par les allures lentes, par le rassembler, par les allures réglées, équilibrées ; c'est là d'ailleurs un principe qu'on néglige ou qu'on interprète fréquemment à faux. — Le manége n'est pas un hippodrome ; loin de là, il doit servir à équilibrer, à rassembler, à travailler le cheval ; ce n'est que par le travail au manége qu'on réussit à avoir le cheval en main sur le terrain,

et à toutes les allures, à rester constamment maître
de lui ; ce n'est que par le travail du manége qu'on
apprend au cheval à se servir de ses forces et de ses
membres, à se mouvoir aisément dans des terrains
inégaux et difficiles, grâce à l'équilibre dans lequel il se
trouve, sous son cavalier, enfin à franchir les obstacles.

Il faut donc se garder de confondre l'objectif, le but
final, avec les moyens qui y mènent. Celui qui monte
un cheval en dressage, aux allures vives, qui ne s'occupe que de la vitesse, celui-là même sera hors d'état
de se mouvoir rapidement sur le terrain. Son cheval
tirera à la main, se couchera sur son avant-main, tour-
nera mal et sera fini, ruiné prématurément. Le cheval
de cavalerie, quand il est réellement bien dressé, doit
pouvoir être rassemblé à chaque instant, doit pouvoir
employer toutes ses forces au moment où son cavalier
le sollicite, tout comme il doit pouvoir, à tout instant,
sortir du rassembler sans sortir pour cela de la main,
sans devenir désobéissant. Les progrès considérables
faits par les armes nouvelles de précision et à longue
portée sont, pour la cavalerie, la source et la cause
d'exigences plus grandes que par le passé ; c'est là un
fait que nous devons considérer sans cesse dès le début
de l'instruction, pour peu que nous tenions à arriver à
satisfaire à ces exigences. Aujourd'hui que l'escadron
doit parcourir en bataille 2,000 pas à un bon galop
allongé, aujourd'hui que cet escadron doit encore
posséder, après avoir franchi ces 2,000 pas, l'ordre, la
cohésion et la respiration nécessaires pour charger, il
faut que les chevaux subissent un dressage tout différent, qu'ils soient bien autrement en équilibre et dans
la main de leurs cavaliers qu'au temps où, pour charger, on prenait le galop à 200 pas de l'ennemi. Or,
l'expérience a démontré que l'ordre, que la cohésion
disparaissaient dès que les chevaux cessaient de tenir

tranquillement et régulièrement le galop allongé de chasse, dès qu'ils se mettaient à changer violemment de pied, à dévier de leur ligne, à se presser, à déranger les chevaux placés à côté d'eux, toutes les fois que les cavaliers n'étaient pas habitués à conserver une position fixe normale à cette allure, toutes les fois qu'ils étaient déplacés par des chevaux galopant avec le rein raide et tendu, avec l'arrière-main surélevée. Quant aux chevaux, ils s'essoufflent quand l'allure est gênante pour eux, quand ils déploient de la violence, quand ils changent de pied à tout instant, quand ils prennent une allure désordonnée ; dans tous ces différents cas, la respiration ne tarde pas à leur manquer. C'est commettre une profonde erreur que de penser que les fatigues, qui sont les conséquences inévitables de toute campagne, rendent les chevaux calmes dans les charges. Il n'en est rien, et plus d'une fois on a vu se reproduire en campagne, dans une charge, des faits absolument identiques à ceux remarqués sur le terrain de manœuvres : le désordre dans les rangs, l'absence totale de cohésion, qui, en enlevant à la charge une partie de ses effets, ont pour conséquence une augmentation sensible des pertes.

Une troupe ne saurait exécuter devant l'ennemi que ce qu'elle a été habituée à faire en temps de paix. De bonnes habitudes, logiques, pratiques, engendrent la sûreté d'exécution et donnent les meilleurs résultats ; une éducation incomplète, de mauvaises habitudes, engendrent l'incertitude et l'hésitation, amènent de grosses pertes et aboutissent généralement à un échec.

Le galop allongé doit, par suite, être le but, l'objectif final de l'instruction ; mais, pour l'obtenir, il faut avant tout que le cheval soit rassemblé, placé, assoupli, équilibré, que son encolure soit ramenée, que sa

tête soit baissée. L'emploi plus fréquent que jadis, et
surtout en ligne, de ce galop allongé, est, en présence
de l'état actuel de la tactique et des armes à longue
portée, devenu un des points les plus importants, une
condition essentielle pour la cavalerie. Ce n'est qu'à
l'aide de cette allure qu'elle peut continuer à jouer le
rôle qu'elle a rempli avec tant d'éclat dans les guerres
passées, le rôle qu'elle doit encore chercher à remplir
dans les batailles d'aujourd'hui ; ce n'est qu'à l'aide
de ce galop allongé qu'elle réussira à paralyser l'effet
du fusil à tir rapide, à franchir de grandes distances
dans une formation de combat quelconque, à une allure
vive, aussi rapidement que possible, dans un ordre
parfait et sans essouffler ses chevaux.

L'effet meurtrier du tir rapide, à une distance de
800 à 1,000 pas, doit nécessairement mettre en question le résultat de la charge, si la rapidité de l'exécution ne venait, d'autre part, diminuer les pertes et
augmenter l'effet moral. Toute troupe de cavalerie exécutant une charge en ligne contre de l'infanterie devra
donc nécessairement, comme l'ont démontré de nombreuses expériences faites pendant la dernière guerre,
prendre le galop de bonne heure, mais en veillant désormais au maintien de l'ordre et de la cohésion, qui,
pendant cette campagne, disparaissaient dans toutes
les charges en ligne, par suite même du manque
d'habitude et d'une éducation incomplète. C'est là un
grave inconvénient auquel on ne peut remédier que
par une instruction préparatoire des plus sérieuses :
le galop en ligne, à une allure vive, et soutenu pendant
un certain temps, a besoin d'être travaillé pendant
longtemps; car sans cela la ligne s'éclaircit rapidement,
à mesure que les balles font plus de vides, et c'est cependant de l'ordre et de la cohésion que dépendent
des résultats qui peuvent devenir historiques. Il me pa-

raît inutile de démontrer que l'exécution d'un travail de ce genre ne saurait comporter des exigences trop grandes pour nos chevaux, et au bout de six semaines d'exercices progressifs, un galop en ligne de 600 pas ne saurait être, à mes yeux, un effort exagéré.

Il ne s'agit donc pas, à ce propos, d'efforts nouveaux, d'un surcroît de travail; j'ai voulu seulement insister sur l'urgence de l'exécution fréquente du galop en ligne, parce que c'est précisément dans la formation la plus incommode, en ligne, que se fera toujours le mouvement le plus vif, que chevaux et cavaliers doivent savoir l'exécuter avec la plus grande sûreté, avec calme, en possédant la respiration nécessaire. Pour ce qui est de la possibilité d'arriver au but désiré, elle est surabondamment démontrée par de nombreuses preuves; le résultat indiqué a été obtenu rien que par le dressage complet du cheval pendant les mois d'hiver, par l'emploi judicieux du travail au galop, par l'habitude donnée au cheval et au cavalier de l'allure longue et étendue, et dans laquelle tous deux doivent également se sentir à l'aise, par le développement professif des moyens du cheval et par l'accroissement successif des exigences. Il faut, d'ailleurs, qu'on se livre forcément à ce travail au galop, si l'on ne veut pas voir la cavalerie disparaître du champ de bataille. Aucun mouvement n'est plus important, mais n'est aussi plus difficile et, par suite, aucun exercice n'est plus nécessaire, aucun progrès n'est plus indispensable.

Un vieux proverbe dit : « On doit soigner le cheval à l'écurie comme la prunelle de ses yeux, comme s'il coûtait un million; en revanche, on doit le monter et se servir de lui comme s'il ne valait pas un centime! »

A l'appui de ce dicton, il suffit d'exposer les exigences que le grand **Frédéric** avait pour sa cavalerie.

Dans son instruction sur les manœuvres de printemps des cuirassiers et des dragons, en date du 14 décembre 1754, c'est-à-dire à la suite des expériences faites pendant la guerre de Silésie et peu d'années avant les grands faits d'armes de la guerre de Sept ans, au moment même où il se préparait pour cette guerre, le roi s'exprimait comme suit :

« Au printemps, et principalement pendant les quatorze derniers jours avant la revue, on devra mettre les chevaux en haleine ; je ne veux pas ménager les chevaux au camp, mais au contraire les employer comme je le ferai en campagne ou le jour d'une bataille. Par suite, le régiment, tous les jours où il ne manœuvrera pas, fera faire à tous ses chevaux, excepté aux chevaux de remonte, d'abord 1,000 pas, puis 2,000, 3,000 et 4,000 pas au trot. Quand on aura de la sorte mis les chevaux en haleine, ils ne souffleront plus quand on chargera, ils ne s'abattront plus ou ne tomberont plus malades à la suite de fatigues. Il faut absolument qu'un cheval de dragons ou de cuirassiers puisse supporter certaines fatigues ; car, le jour de l'action, on prendra le galop à 1,200 ou 1,500 pas de l'ennemi, on aura à charger pendant 400 ou 800 pas ; il ne suffit pas de renverser la première ligne, il faut encore poursuivre l'ennemi, de façon à rejeter la première ligne sur la seconde, de manière à y porter le trouble.

« Quand on aura semé le désordre dans les rangs de l'ennemi, et que rien ne nous arrêtera plus et ne tiendra plus devant nous, on devra détacher des escadrons, que la première ligne suivra en bon ordre et au trot, jusqu'à ce que la cavalerie ennemie soit complétement séparée de son infanterie, si bien qu'elle ne puisse désormais parvenir à se relier avec elle. Il peut donc arriver que la cavalerie ait à opérer alors contre l'infanterie ennemie, à prendre l'ennemi de flanc ou à

revers; il faut donc que les chevaux soient en haleine :
« chez le cheval comme chez l'homme, tout est, en effet,
affaire d'habitude. »

Telles sont les paroles textuelles du grand Frédéric.
Mais on sait que, dans les revues, on exécutait des
charges de 2,000 à 3,000 pas, et que souvent on or-
donnait aux escadrons de charger de nouveau aussitôt
après la première charge. Ces revues commençaient à
la fin du mois de mai. C'est à l'aide d'exercices de ce
genre que Frédéric préparait sa cavalerie en vue de la
guerre de Sept ans. Qu'on songe aux exigences plus
grandes que le roi aurait eues, s'il avait possédé nos
incomparables chevaux de cavalerie, et s'il avait eu à
compter avec le tir rapide et la trajectoire rasante de
nos fusils!

En nous conformant aux expériences de cette grande
époque, expériences qui ont encore de nos jours toute
leur valeur, nous ne ferons assurément pas fausse route
si nous avons pour notre cavalerie les mêmes exigences,
si nous lui prescrivons les mêmes exercices.

Quoi qu'il en soit, il est des gens qui prétendent
qu'il faut avoir de nos jours des exigences différentes,
que tout doit être nouveau, et qu'on doit rompre complétement avec les traditions et les errements d'autrefois. La meilleure réponse à faire à ces allégations
fausses et spécieuses consiste à dire qu'il s'agit simplement de s'entendre sur l'époque dont on parle. Tout
ou presque tout paraîtra neuf à quiconque ne considé-
rera que les dernières années. Tout, au contraire, ou
presque tout, semblera vieux si, comme nous l'avons
montré ci-dessus, on remonte jusqu'au temps du grand
Frédéric. A ce propos, on pourra répéter encore que,
si la cavalerie tient à reprendre la place et le rang
qu'elle occupait au temps de Frédéric le Grand, elle
devra se conformer à la méthode, aux principes en

usage à cette époque, s'y conformer strictement et fidèlement sous tous les rapports, en tout ce qui a trait à
son éducation, au travail individuel, à son instruction,
à son organisation, à la mobilité, à la rapidité, aux
manœuvres, à la tactique, à son indépendance, à son
emploi.

Tout officier qui aimera réellement son arme, qui
désirera la voir reprendre le rang qu'elle occupait au
temps du grand Frédéric, devra, pour qu'il lui soit
possible d'atteindre à ce but, chercher pour sa part et
dans son rayon d'action, à faire revivre ces principes,
à les faire pénétrer dans l'esprit et le cœur de chacun.
Ce ne sont pas, en effet, les progrès que la science a
fait faire aux autres armes, ni les conditions tactiques
dans lesquelles nous nous trouvons par rapport à elles,
qui s'opposent à ce que nous arrivions à ce résultat ;
nous seuls, en nous écartant peu à peu de ces principes, en nous imaginant qu'ils sont devenus inapplicables de nos jours, nous seuls nous avons créé l'obstacle qui se dresse entre nous et le progrès.

Je ne citerai, comme preuves à l'appui de mon dire,
que les extraits suivants, tirés du règlement pour les
régiments de hussards, du 1er décembre 1743 :

« TITRE VI. — Article II. — Pour arriver plus facilement à ce but (pour faire de bons hussards), les officiers devront faire monter leurs hommes tous les jours
à cheval, leur inculquer de bons principes, leur faire
faire des progrès. Les officiers devront faire monter
fréquemment les recrues à poil et en bridon, afin de
leur donner de l'assiette et de la solidité à cheval ; ils
veilleront à ce que les hussards aient toujours leurs
rênes assez courtes, afin d'être maîtres de leurs chevaux. Quand les jeunes soldats auront monté pendant
quelque temps à poil, les officiers les feront monter en
selle, avec des étriers et un mors de bride, et leur ap-

prendront à changer de direction, à exécuter des demi-tours. S. M. veut qu'un hussard soit assez *adroit* pour pouvoir, sur un cheval lancé à toute vitesse, ramasser avec la main un objet placé à terre, et enlever, à la même allure, la casquette d'un camarade. Le cheval de hussards doit être habitué à se porter sur son avant-main; l'arrière-main doit être assouplie, afin que le hussard puisse faire tourner son cheval sur un espace grand comme une pièce d'un thaler. »

« Article VI. — Les officiers donneront tous leurs soins au maniement du sabre, afin d'assurer à leurs hommes tous les avantages qui en résultent, et devront veiller à ce qu'au moment où il s'agira de sabrer, leurs hussards se dressent sur leur selle, afin de porter le coup de haut en bas, et debout sur leurs étriers. Un coup porté de la sorte est bien plus redoutable que celui que porterait un homme qui resterait assis dans sa selle. »

« Article VII. — On apprendra aux hussards à combattre à pied, afin qu'ils puissent se défendre tout seuls, dans le cas où, pendant l'hiver, alors qu'ils sont cantonnés dans les villages, ils viendraient à être attaqués, ou enlever, en combattant à pied, un parti ennemi embusqué dans un cimetière, ou occupant une bonne position défensive. »

« TITRE XVIII. — Article I. — S. M. le roi donne l'ordre formel de faire monter les hussards tous les jours à cheval, de les faire trotter et galoper tous les jours. Des exercices de ce genre contribuent plus qu'ils ne nuisent à la conservation des chevaux. »

Article VII. — Les trois officiers de chaque escadron doivent visiter tous les jours leur *district*, pour se rendre compte de la façon dont les hussards pansent leurs chevaux. Les officiers font ensuite au capitaine leur rapport sur l'état des chevaux, et lui font connaître s'ils ont des chevaux malades.....

« N. B.— On ne devra pas donner aux chevaux une nourriture qui les épaississe ; les chevaux ne doivent pas avoir de ventre, mais de la moelle dans les os. »

« Article xv. — Tous les matins, à 8 heures et demie, qu'il pleuve ou non, une moitié de l'escadron sera réunie et montera en couverture ; l'autre moitié fera le même travail à 3 ou 4 heures de l'après-midi.

« Le capitaine ne se tiendra pas toujours en tête de l'escadron, il se placera tantôt en avant, tantôt en arrière, tantôt sur les flancs. Le dimanche, après le prêche, on fera monter à cheval ; Sa Majesté croit, en effet, que, dans l'intérêt de la conservation des chevaux, il importe qu'ils soient montés tous les jours. Les chevaux restent alors en haleine, ne deviennent pas raides et n'engraissent pas outre mesure. C'est ce que Sa Majesté a d'ailleurs expérimenté sur ses propres chevaux. — Sa Majesté veut avoir des chevaux en plein travail, elle ne tient pas tant à ce que ses chevaux soient gros, elle désire les voir en condition, en état de marcher et de supporter des fatigues. »

« Titre ii. — Article xviii. — On aura le soin d'appeler l'attention des hussards sur la sonnerie de ralliement, afin que chaque cavalier, au moment même où l'on exécute cette sonnerie, rejoigne au plus vite son escadron et y reprenne sa place. Comme nous l'avons déjà dit précédemment, il n'est pas nécessaire, dans ce cas, qu'il se place ni derrière l'homme du premier rang, ni à côté des voisins qu'il avait précédemment.

« N.B.— S. M. le roi tient d'une manière toute spéciale à ce que ses escadrons sachent se rallier au plus vite. »

« IIe Partie. — Titre i. — Article i. — Quand un

régiment de hussards mettra pied à terre, aura mis les chevaux à la corde, et aura le fusil sur l'épaule, les hommes devront sortir du milieu des chevaux le plus vite possible. »

On rencontre, à tout instant, dans cette Instruction, les mots : « le plus rapidement, le plus vite possible. » Il faut donc en conclure que tous ces mouvements s'exécutaient jadis plus lestement qu'aujourd'hui ; car, il y avait alors une volonté énergique, constante, toute-puissante, qui veillait à l'exécution ponctuelle de ces instructions. D'ailleurs, celui des deux adversaires qui sera prêt le premier l'emportera toujours sur l'autre. Nous aurions donc le plus grand intérêt, le plus grand avantage à nous conformer en tous points à cette instruction : jamais, en effet, on ne sera prêt trop vite, jamais on n'arrivera à s'acquitter trop vite de sa tâche. Il résulte donc, de tout ce qui précède, que tout ce que l'on croit être neuf aujourd'hui est déjà bien vieux, qu'il nous faut faire un retour vers les anciens procédés, reprendre et appliquer à nouveau les vieux principes et les animer d'une vie nouvelle dans l'intérêt du service du roi. Si l'on se résout à agir de la sorte, on ne tardera pas à en ressentir les effets salutaires, tant dans toutes les branches du service de la cavalerie que dans le mode même de leur exécution, à constater les résultats éclatants auxquels on arrivera. On aura dès lors fait un progrès énorme, car « *le succès est un soleil qui vivifie tout* ».

C'est surtout sur l'instruction de nos officiers que cette manière de faire et que ces principes exerceront une heureuse influence : nos officiers doivent être mis complétement au fait de toute la méthode d'éducation du cheval et du cavalier, de la gymnastique corporelle et intellectuelle, de la composition, de l'instruction des escadrons, de leur tactique, etc., alors seulement

I.   4

ils seront à hauteur de leur situation, alors seulement ils pourront embrasser l'ensemble du service, agir chacun pour leur part, avec logique et à propos, et quand ils se seront bien pénétrés de ces principes, quand ils seront forts de l'expérience acquise, ils pourront contribuer, eux aussi, à l'achèvement et au perfectionnement de l'œuvre.

Nous devons donc tendre, par-dessus tout, à proscrire l'oisiveté, l'indécision, l'incertitude. Après avoir réfléchi mûrement et consciencieusement, il faut passer à une exécution résolue, sans plus chercher si le principe que l'on met en pratique est le meilleur. Pour peu qu'on déploie dans l'exécution une grande énergie, une décision réelle, on arrivera souvent, même en commettant une erreur, en appliquant des principes imparfaits, à des résultats supérieurs à ceux qu'on aurait obtenus en mettant en pratique ce qui est absolument et intrinsèquement bon, mais en apportant de la tiédeur et de l'incertitude dans l'exécution. Il s'agit bien moins de la perfection absolue que du mode même d'exécution et de la mise en pratique. Les hommes n'ont, avec raison, aucune confiance dans un chef incertain, indécis, parce qu'un tel chef sera toujours malheureux et les mettra toujours dans des situations critiques.

Le salut de notre arme est tout entier dans l'initiative résolue, dans l'offensive décidée : c'est là, d'ailleurs, ce qui doit se manifester dans tout son être. Le cheval, c'est-à-dire la vitesse et la mobilité, voilà notre arme principale. Le sabre ne vient qu'après le cheval. Les armes à feu ne doivent servir à cheval que pour donner des signaux : elles ne doivent pas être employées dans un combat d'éclaireurs. Il est un vieux dicton de cavalerie qui dit : Celui qui possède la dernière fraction en bon ordre reste maître du champ de bataille. Le vieux proverbe doit nous exciter à développer, le plus possible, l'individualité de nos hommes, à augmenter leurs aptitudes intellectuelles et corporelles ; le cavalier doit être constamment maître de sa monture, il doit toujours pouvoir se rendre sur le point qui lui a été désigné, il faut qu'il s'y porte rapidement et adroitement : pour cela, il faut que son corps possède une certaine souplesse, une certaine agilité, que ses mollets soient bien descendus et agissent sur son cheval. Au point de vue intellectuel, il faut qu'il pense assez vite, que les exercices l'aient habitué à prendre assez rapidement une résolution, à la mettre assez lestement en exécution, pour être toujours à même et de reconnaître les points sur lesquels il doit se trouver, et de les occuper de suite.

L'adresse corporelle et le développement intellectuel sont, à ce propos, l'expérience l'a démontré, solidaires l'une de l'autre. Mais jamais, plus que de nos jours, ces qualités n'ont été plus indispensables. La nouvelle tactique de l'infanterie est basée sur des principes qui cherchent à donner à l'individu une indépendance considérable, à développer ses facultés intellectuelles, afin que même au milieu du désordre le plus grand, de la dispersion, chaque soldat puisse travailler pour sa part à la réalisation du but général et possède le moyen de passer rapidement du désarroi et de la confusion à l'ordre le plus parfait.

La nouvelle tactique nous impose des exigences analogues, mais plus grandes encore. Il est universellement reconnu qu'une cavalerie, dont l'instruction individuelle n'est ni complète, ni parfaite, qu'une cavalerie qui n'a pas de bons officiers, est incapable de remplir sa tâche, devient absolument inutile, et ne saurait servir à rien. C'est là chose absolument vraie, pour la cavalerie plus que pour toute autre arme.

II. — L'Escadron.

1. — Conditions nécessaires pour le passage à l'escadron au moment où commence la période des exercices du printemps, en tenant un compte tout particulier de la manière dont les hommes montent à cheval.

Tiré des circulaires des 21 nov. 1871, 2 mars 1872, 14 juin 1872, 17 mars 1873, 9 juill. 1873, 10 janv. 1874, 24 janv. 1875, 23 mars 1875.

Chacun des capitaines commandants ne devra jamais perdre de vue le but qu'il lui faut atteindre, et qui consiste à donner à tous ses chevaux, sans exception, la position et la condition indispensables à tout cheval d'armes, la position et la condition qui, en permettant à l'animal de se conserver pendant de longues années, lui donnent seules la docilité, la souplesse, le fonds, l'endurance, la sûreté et l'ampleur d'allures. La position que doit avoir *tout* cheval bien dressé doit être la conséquence non pas d'un dressage factice, à l'aide de moyens accessoires de toutes sortes, à l'aide d'un enrênement qui renferme l'animal, mais bien le résultat du développement constant de l'impulsion, provoqué par l'effet des jambes du cavalier, par l'expansion de la force motrice de l'arrière-main, par une main légère, qui sollicite le cheval sans se pendre aux rênes, qui, par les ruptures aux différentes allures, fait disparaître toute contraction de l'encolure et des muscles du cou, obtient la légèreté de la tête, ramène la ganache, la rapproche du poitrail, permet, de la sorte, d'agir sur l'arrière-main, de déterminer le jeu, la souplesse et la cession des hanches. On ne saurait jamais craindre de faire trop sous ce rapport. Il faut aussi réformer les chevaux à conformation bizarre, anormale, sur lesquels la nature n'a aucune action, et que l'on arrive à dresser seulement au moyen de tours de force. De semblables chevaux sont la ruine d'un escadron. Ce n'est pas sur un cheval qui tend le cou et la tête de telle manière que ces deux parties de son corps semblent être le prolongement de la colonne vertébrale, sur des chevaux qu'il est presque impossible de rassembler, qu'un jeune soldat peut apprendre à monter à cheval, peut acquérir le tact et le sentiment du cheval. Des chevaux ainsi conformés s'abattent dès qu'ils font la moindre faute. Monté sur un semblable cheval, il n'est pas de cavalier qui puisse, dans une mêlée, se servir utilement de son arme; enfin, ces animaux s'usent rapidement et ne peuvent durer que peu de temps. Les chevaux qui mettent le nez en l'air et dont la tête prend une position presque perpendiculaire, par rapport à leur corps, les chevaux qui tendent le cou et mettent la tête entre leurs jambes, qui, par suite, sont hors d'état de détacher leurs pieds de terre, qui marchent tout d'une pièce, qui butent sur le moindre caillou, sont dangereux et ne tardent pas à se perdre dans leur avant-main. Leurs reins et les paturons des membres postérieurs ne sauraient résister au service, par cela même que tout mouvement présente pour ces animaux des difficultés plus grandes que pour tous les autres. D'autres enfin, qui baissent et tendent la tête, qui s'appuient sur le mors, qui se font porter par leur cavalier, qui marchent, par suite, sur leur tête et, pour ainsi dire, sur une cinquième jambe, ne durent également que peu de temps, ne sauraient être employés au

4.

service du roi, et n'ont rien de ce qu'il faut pour **permettre** à leur cavalier de combattre dans la mêlée.

Plus on réformera de chevaux d'une conformation anormale, plus on tiendra la main à n'avoir que des chevaux dont l'encolure se ramène contre le poitrail, dont la bouche soit légère, qui portent bien et naturellement leur tête et leur encolure, qui cherchent l'effet des rênes, sans tirer pour cela; plus on développera l'action des jambes des cavaliers, plus on assouplira les hanches, et plus on ramènera l'arrière-main, plus on aura de chevaux résistants, bons pour le service et doués de moyens réels. On pourra alors exécuter, en jouant le *jeu de barre* et les exercices du combat individuel, sans qu'il y ait danger de blesser les chevaux, et le cavalier pourra se servir désormais de ses armes sans peine, sans effort. De semblables animaux ne s'abattent pas à tout propos, parce qu'ils sont en équilibre, parce que l'arrière-main vient au secours de l'avant-main dès que l'animal fait une faute. Le travail ne fera pas partir les tendons, comme cela se produit constamment pour les chevaux qui, ne se servant pas de leur arrière-main, font refluer tout leur poids sur l'avant-main. Des chevaux ainsi conformés resteront jusqu'à un âge fort avancé capables de faire un excellent service. C'est également sur de semblables chevaux que les jeunes soldats apppprendront rapidement à monter, acquerront une position régulière, tranquille, bien descendue; c'est en procédant de la sorte qu'on mettra ces jeunes cavaliers plus rapidement à même de débourrer, d'après ces mêmes principes, des jeunes chevaux de remonte, de les placer, de les dresser. Quand on aura obtenu un pareil résultat, on aura développé considérablement les aptitudes de la cavalerie, on aura relevé son niveau moral, on aura amélioré **sensiblement l'état** général des chevaux des escadrons.

Des résultats semblables sont assez significatifs pour que les officiers leur consacrent tous leurs soins, toute leur attention. Pour peu que l'on se résolve à marcher dans cette voie, il arrivera forcément que le capitaine commandant, au moment où il procédera à l'inspection annuelle des chevaux, qu'il doit proposer pour la réforme, sera fort embarrassé, par cela même que tous ou presque tous ses chevaux seraient encore susceptibles de fournir, pendant plusieurs années, un excellent service, tant ceux mêmes qu'on lui présentera pour la réforme seront encore bien conservés. Mais, pour arriver à ce résultat, il faut que l'on commence à travailler dans ce sens dès l'arrivée des remontes, que l'on s'occupe dès le principe à placer, à dresser avec soin les jeunes chevaux, On ne dressera jamais trop complétement un jeune cheval, on ne l'assouplira jamais outre mesure, enfin, on ne dépensera jamais trop de peines, trop de soins à ce propos, puisque c'est précisément de ce travail que dépendent l'avenir et le sort de l'escadron. Plus le dressage des remontes aura été complet, plus les chevaux dureront longtemps, plus l'escadron possédera de bons chevaux, plus il sera facile de transformer en peu de temps les jeunes soldats en bons cavaliers. Il existe, d'ailleurs, lorsque le dressage est terminé, un moyen infaillible de se rendre compte de ses résultats : « Tous les chevaux devront être disponibles, aucun d'eux ne sera boiteux, leurs membres seront nets, ils n'auront pas de tares ; tous seront bien placés, l'encolure ployée, la mâchoire souple ; l'allure sera régulière, légère, dégagée ; les foulées ne seront ni lourdes, ni trop étendues. » C'est là, d'ailleurs, un résultat qu'il est assez aisé d'obtenir, et ce n'est qu'en procédant de la sorte que l'on pourra accroître les qualités des chevaux et les aptitudes individuelles des cavaliers d'un escadron : il est donc tout naturel qu'on consacre tous ses soins à une œuvre aussi capitale. La manière de marcher d'un cheval dépend entièrement de la position donnée à sa tête et à son encolure, et les chevaux, dont la mâchoire est contractée, dont on n'a pas su assouplir l'encolure par l'action des jambes, sont hors d'état de résister aux exigences du service.

Il faut, de plus, que l'on continue d'année en année le dressage des chevaux plus âgés. Le cavalier ne doit plus au printemps, alors que le cheval a passé par tout le travail d'hiver, descendre de son cheval en laissant ce cheval dans l'état où il se trouvait à l'automne, au moment où on le lui a donné. Le cheval, pendant ce temps, a dû changer d'aspect, de forme, d'allures, et c'est alors seulement quand on a obtenu ce résultat, que l'instructeur et le cavalier peuvent se dire qu'ils ont fait leur devoir. Le cheval qui a profité, qui est devenu plus libre, plus dégagé dans ses allures, est devenu à la fois plus résistant et meilleur. Ce sont là des faits corrélatifs, solidaires.

C'est par le travail d'hiver qu'on pose les premiers jalons de ce dressage : c'est en hiver qu'on sème ce que l'on récolte en été. Quand ce travail d'hiver aura été fait d'une manière consciencieuse et rationnelle, les résultats se manifesteront d'eux-mêmes en été, et l'instructeur comme les élèves éprouveront alors un plaisir réel à recueillir ces fruits dus au travail pénible auquel ils se sont livrés en commun pendant l'hiver. Mais, en revanche, on paiera cruellement et on ne réparera jamais les fautes commises pendant l'hiver, l'insouciance, l'indifférence dont on aura fait preuve alors.

Il importe donc, pour la cavalerie, de consacrer une attention toute spéciale, un soin tout particulier à l'exécution du travail d'hiver, au dressage, à la préparation du cheval, à l'éducation individuelle de l'homme et du cheval, éducation dans laquelle on ne saurait trop s'occuper de chacun en particulier, tout en ne perdant pas de vue l'ensemble et le but de l'instruction, tout en procédant d'après les principes d'un système logique et rationnel.

Le travail d'hiver doit tendre « à donner aux chevaux la position normale, à les rassembler, à les équilibrer, à les assouplir, à les rendre légers, calmes et adroits. » C'est là un résultat qu'on ne peut atteindre que par des reprises de peu de durée, par des leçons de rassemblement (et non par la théorie de l'éreintement), parce qu'en procédant autrement, les cavaliers se raidissent, se contractent, transmettent par suite leur contraction et leur raideur à leurs chevaux, et qu'on aboutit de la sorte à un résultat exactement opposé à celui vers lequel on tend, « la disparition absolue de toute raideur ». C'est au printemps que commence la deuxième période dans laquelle on se propose de rectifier la position du cheval, en reprenant et en continuant le travail d'hiver.

C'est pendant cette période que s'exécute le travail, sur des lignes droites, à l'aide duquel on développe les moyens du cheval, que l'on commence à mettre le cheval en haleine, et c'est pour cela que la durée des reprises augmente d'une manière progressive et systématique. Puis vient la troisième période, dans laquelle on cherche à mettre en pratique, pendant les exercices, les résultats obtenus précédemment. Pendant toute cette période on tend, en se conformant, d'ailleurs, aux sages prescriptions du Règlement, grâce au travail individuel en carré, et au travail individuel en plein air, à achever de placer, de rassembler, d'assouplir les chevaux. Chaque séance d'exercice devra toujours s'ouvrir par des exercices de travail individuel, ne serait-ce que pendant une demi-heure, parce que c'est uniquement grâce à ce travail qu'on maintient et qu'on rétablit la communication, l'entente nécessaires entre le cheval et le cavalier, qu'on peut arriver à rectifier et à perfectionner la position du cheval. Rien, ni au point de vue moral, ni au point de vue matériel, ne saurait nous être plus utile qu'un travail individuel méthodique. Toute heure passée au manége, et pendant laquelle on n'a pas fait exécuter à chacun des cavaliers quelques exercices de travail individuel, tandis que les autres cavaliers sont arrêtés, est une heure perdue.

En procédant de la sorte, il deviendra désormais inutile de reprendre, *ab ovo*, chaque automne, toute la série des leçons d'équitation ; on pourra, au contraire, tirer parti des résultats obtenus par le travail individuel et par le travail des mois d'été, et se montrer plus exigeant pour le travail d'hiver. On réalisera ainsi des progrès continuels, on arrivera non-seulement à faire de meilleurs cavaliers, mais on pourra, de plus, se rendre compte des moyens et de la position des chevaux, et on obtiendra, par suite, des résultats qui récompenseront amplement de la peine, qu'il se sera donné, un capitaine commandant actif, intelligent, laborieux.

Là encore, il s'agit d'apporter une certaine clairvoyance, un jugement droit, au redressement des incorrections qui ont une action si pernicieuse sur l'équitation. — Parmi les défauts les plus dangereux, qui se présentent le plus fréquemment et qui exercent en même temps une influence désastreuse sur les moyens, les aptitudes et la conservation même du cheval, il importe avant tout de signaler le suivant : La plupart des cavaliers ont une tendance assez prononcée à donner aux hanches une position anormale, oblique, à porter en arrière l'épaule gauche, la hanche gauche, le coude gauche, la cuisse et le mollet gauches, tandis qu'ils poussent en avant le côté droit, et qu'ils laissent pendre, comme un corps mort et inerte, le mollet droit le long des flancs du cheval. Les cavaliers sont encore généralement enclins à porter la main gauche vers la droite, par suite, à exercer plus d'action sur la rêne gauche de bride, et à placer le nez du cheval à gauche. En négligeant d'obvier à ces incorrections, on aura des cavaliers qui ne se serviront que de la rêne et de la jambe gauches, dont les chevaux seront complétement ployés à gauche. Il en résulte que les chevaux deviennent rétifs, appuient toujours à gauche, refusent de tourner à droite, et se jettent et bondissent vers la gauche, quand on veut les pousser vers la droite, se dérobent à gauche, quand on les amène devant un obstacle. Parmi les inconvénients principaux qui sont la conséquence de ces déplorables habitudes et de cette position incorrecte, nous signalerons les suivants :

1º Position défectueuse de la tête, encolure renversée, mâchoire contractée, raideur et tension de l'encolure, chevaux qui portent le nez par terre, chevaux qui portent le nez au vent ;

2º Allures déréglées, désunies ; la marche désunie, dans les pas de côté, est surtout nuisible et pernicieuse ;

3º Exagération de la position de tête à gauche ; résistance qu'on rencontre surtout en se servant du mors de bride pour amener la tête à droite ;

4º Les chevaux prennent facilement le galop à droite, mais ils galopent alors en deux temps (*travers-galop*), ce qui est très-mauvais ; les chevaux ne marchent pas dans une position normale et ont le nez complétement à gauche.

5º Les chevaux galopent désunis et de travers quand on les met à main droite, portent tout le poids sur l'épaule gauche, la ganache vient s'appuyer au poitrail ;

6° Ils trottent mal à main droite ; l'allure est irrégulière, la démarche incertaine, et les chevaux prennent facilement le galop ;

7° Les chevaux ont une grande difficulté à céder à l'action de la jambe droite dans le travail de deux pistes à droite ;

8° A main gauche, ils trottent mieux qu'à main droite, sans cependant s'appuyer franchement sur la rène gauche ;

9° A main gauche, la croupe a une tendance constante à s'échapper latéralement. Le bipède latéral gauche ne marque pas l'allure d'une manière correcte ; on a, par suite, une certaine peine à obtenir le galop à gauche, qui, dans ce cas, est pénible pour le cheval ; la jambe droite qui, dans le travail à main droite n'a rien fait, agit encore moins quand on marche à main gauche, et ne maintient pas la croupe (c'est là un des défauts les plus généralement répandus) ;

10° Dans le rang, les chevaux occupent une position légèrement oblique vers la gauche, au lieu d'être placés tout à fait perpendiculairement au front, comme il le faudrait ;

11° Les cavaliers sont, par suite, dans l'impossibilité absolue de marcher droit devant eux, de travailler sur des lignes droites, de décrire des angles droits. C'est cependant là un travail bien utile, mais qu'on n'arrive que rarement à faire exécuter correctement ;

12° Quand on appuie à droite pour serrer, les hanches précèdent toujours les épaules ;

13° Quand on travaille sur le carré, les chevaux, avant de tourner à droite, se jettent toujours en dehors, vers la gauche. Au lieu de suivre une ligne droite, on décrit une ligne brisée, une serpentine, et le carré cesse d'être régulier ;

14º Des chevaux montés de cette façon se dérobent à gauche dès qu'ils font un écart, dès qu'on les présente devant un obstacle, et il est alors difficile de les ramener.

Le trot à main droite doit être aussi régulier qu'à main gauche ; le galop à main gauche doit s'obtenir aussi facilement qu'à main droite ; à main droite, la croupe ne doit pas se jeter à l'intérieur, et les chevaux ne doivent pas galoper en deux temps. Les mouvements d'épaule en dedans à main droite, les pirouettes ordinaires et renversées à gauche, doivent être exécutés avec sûreté. Les chevaux doivent trotter correctement à main gauche, en s'appuyant bien sur la rêne gauche, et bien pousser en avant, sans le retenir, le pied gauche de derrière ; les voltes à droite au galop ne doivent pas être trop grandes, les voltes à gauche ne doivent pas être trop étroites. On devra éviter de se former trop souvent à gauche, et répéter, au contraire, ce mouvement fréquemment à droite ; la rêne gauche, quand elle sera la rêne extérieure, ne doit pas être tenue trop courte ; la rêne droite, quand elle sert de rêne extérieure, doit agir efficacement. Quand on aura réussi à équilibrer et à placer les hanches, quand on aura fait disparaître, pendant le travail en bridon, les dangers si graves de l'équitation sur une seule rêne et sur une seule jambe, on aura réalisé un grand progrès et on aura supprimé du coup les chevaux qui refusent de se porter en avant sur l'action des jambes, les chevaux rétifs, les chevaux qui collent au rang, qui ruent et qui se cabrent. Ces chevaux, en effet, ne ruent que sur l'attaque d'une jambe dont ils ne sont pas habitués à sentir l'action, d'une jambe qui leur a permis de prendre toutes sortes de libertés, de jeter leurs hanches de côté, d'une jambe qu'ils n'ont appris ni à respecter, ni à craindre.

L'instructeur devra toujours insister sur les mouvements et exercices pour lesquels le cheval comme le cavalier n'a aucune tendance naturelle. Les efforts que fera alors le cavalier pour se conformer aux avis de l'instructeur lui permettent d'atteindre le résultat désiré. L'instructeur devra donc insister sur l'emploi de la jambe droite, sur la position du cheval à droite, et fera, par suite, exécuter plus fréquemment les mouvements qui fortifient le mollet gauche, qui sollicitent son action, tels que l'épaule en dedans à droite, les pirouettes ordinaires et renversées à gauche. En procédant de la sorte, on réussira à atteindre le but qu'on s'est proposé, et on habituera l'œil à reconnaître rapidement l'existence de ces défauts. La première de toutes les conditions nécessaires pour faire des progrès en équitation, c'est de monter à cheval non pas seulement avec une jambe et sur une rêne, mais bien avec les deux jambes et sur les deux rênes. L'une des jambes, celle du dehors, a une action passive, elle tombe naturellement, elle contribue à placer le cheval; l'autre, celle du dedans, a un rôle actif : c'est elle qui vit, qui agit, qui pousse le cheval en avant. La jambe morte ne sert à rien; mais il faut que le genou soit bien descendu et que le mollet ait toute son action. Quand les cavaliers auront cessé de se pendre aux rênes pour éviter de tomber, quand ils sauront se servir de l'action de leurs jambes (et c'est là une condition essentielle de toute équitation), on ne trouvera plus ni chevaux rétifs, ni chevaux désobéissants, ni chevaux refusant de se porter en avant, ni chevaux auxquels on n'aura pas pu apprendre à se servir de leur arrière-main, et qui manquent d'impulsion, ni chevaux collant au rang, parce que toutes ces défenses prennent naissance dans l'acculement dans lequel on renferme le cheval, dans le manque d'impulsion. C'est cette impulsion, sur laquelle tout l'édifice repose, qu'il faut et entretenir et développer pendant tout le dressage individuel, non-seulement pendant le travail aux allures lentes et rassemblées, mais encore pendant les leçons où l'on fait marcher les cavaliers aux grandes allures. Il faut donc monter à cheval le moins possible avec la main, mais faire le plus grand usage possible des mollets, qui doivent être actifs et placés près du cheval, veiller sur l'équilibre, arriver à bien répartir le poids dans tous les mouvements, dans tous les changements de direction. L'instructeur ne saurait prêter à cela une trop minutieuse attention; il doit veiller constamment à ce que les hommes aient la main légère, à ce qu'une position régulière et l'action des jambes déterminent l'impulsion.

Alors aussi, on ne verra plus, quand on sera formé sur une seule ligne, les chevaux reculer, comme ils le font maintenant, après chaque mouvement du maniement du sabre. Quand, pendant les leçons sur le carré et au manége, les instructeurs auront eu le soin de veiller à ce que, pour rompre de pied ferme, les cavaliers poussent d'abord leurs chevaux en avant, ils réussiront à faire disparaître ce grave inconvénient; les chevaux craindront moins la main, viendront plus franchement sur le mors, et les cavaliers sauront, eux aussi, mieux se servir de leurs jambes, dont l'action exerce une influence si considérable plus tard, quand on passe au travail d'ensemble dans le rang.

Pour arriver au dressage rationnel du cheval, il est absolument indispensable de sauvegarder les principes fondamentaux suivants, sans lesquels tout le travail auquel on se livre ne saurait amener de résultat, sans lesquels on n'obtient rien ou du moins rien de significatif.

1º Chaque cavalier reçoit un cheval au moment de l'arrivée de la classe ; il soigne, panse et monte ce cheval pendant une année, jusqu'au moment de l'incorporation de la classe suivante ; il ne change donc plus de cheval à la fin du travail d'hiver, mais il continue à monter, pendant le printemps et l'été, l'animal qu'il a dressé pendant l'hiver (c'est là surtout chose importante pour les remontes nouvelles) ; il ne soigne et ne panse que son propre cheval ;

2º Chaque cavalier et chaque cheval restent dans la division d'équitation dans laquelle ils ont été placés au commencement de l'hiver, et sous les ordres du même instructeur, afin que cet instructeur puisse et s'intéresser à leurs progrès et être responsable du résultat final ;

3º Aucun des jeunes soldats ne doit rester en arrière sur ses camarades, tous doivent arriver à un certain degré déterminé d'instruction ;

4º Toutes les remontes, sans exception, doivent subir un dressage complet, sans qu'il en résulte des tares à leurs membres, et doivent pouvoir passer à l'escadron au printemps, avec les cavaliers qui les ont montées pendant l'hiver. On interdira tout changement de cheval de remonte entre les cavaliers, au moment où s'ouvre la période des exercices du printemps. Changer un jeune cheval de cavalier est une des choses les plus nuisibles ; comment veut-on, en effet, qu'un jeune cheval, qui n'est qu'incomplétement confirmé dans ses allures, dans sa position, qui n'a travaillé qu'au manége, fasse un bon service, se place bien, acquière de bonnes allures, quand il est monté, en plein air, dans des circonstances par suite plus difficiles, par un cavalier moins habile. En tolérant des changements de ce genre, on causera un grave préjudice au service du

Roi et aux intérêts de l'escadron. En agissant de la sorte, l'insuccès est inévitable et fatal ;

5° *Il est également nuisible d'exécuter des manœuvres avec un nombre insuffisant de files.* On remarque alors ceux des chevaux des hommes qui sont moins avancés, et ce fait a pour conséquence de jeter un jour défavorable sur la troupe. Enfin, procéder de la sorte, c'est donner de mauvaises habitudes, causer un grave préjudice à la troupe, qu'on n'arrive jamais alors à instruire complétement. On ne saurait donc tolérer cette manière de faire.

Dans l'intérêt même des escadrons, il est indispensable de poser et d'affirmer ce principe, bien qu'il cause en hiver un surcroît de travail, par cela même qu'il importe que l'éducation des cavaliers soit plus complète. On sera d'ailleurs amplement récompensé de ce travail par les résultats que donneront plus tard les exercices de l'été. Dès le moment, au contraire, où l'on cessera d'appliquer strictement ces principes, on compromettra le résultat final. On ne saurait donc s'en écarter sur aucun point ; car c'est sous ces concessions, minimes en apparence, que se cachent fréquemment l'indifférence et l'imprévoyance. Les seules excuses admissibles sont celles qui résultent d'une maladie d'une durée prolongée ou d'un détachement soudain.

Il faut, à ce propos, toucher encore une autre question également importante. Le tableau présenté par le cheval et le cavalier doit laisser à chacun l'impression de leur union intime. On doit, après les avoir vus, penser qu'ils sont faits l'un pour l'autre, qu'ils ne font réellement qu'un seul tout. Tout cavalier expérimenté, dont le coup d'œil est exercé, doit ressentir cette impression ; c'est là le meilleur criterium de l'entente parfaite du cheval et du cavalier, le symptôme qui permet de constater que le commandant de l'escadron a su désigner à chacun le cheval qui lui convenait, désignation à laquelle cet officier ne saurait apporter trop de soins à l'automne, au moment où il répartit les chevaux entre ses hommes. C'est là, assurément, un art peu aisé, sur lequel reposent mille choses importantes, et dans lequel un officier ne saurait trop se perfectionner, mais qui est basé sur des principes certains, et auquel on peut arriver par la méthode.

Les principes à suivre, dans ce cas, sont les suivants :

On doit tout d'abord prendre en considération le poids de l'homme et la force du cheval (dos, reins, croupe), puis la longueur du buste, des jambes du cavalier, en tenant compte de ce fait, que les têtes des cavaliers doivent, autant que possible, se trouver, quand ils sont à cheval, à la même hauteur, et qu'en couverture, les jambes doivent arriver au même point sous le ventre du cheval. Ainsi, par exemple, un cavalier haut de buste ne doit pas être monté sur un cheval à encolure courte, au dos droit ou à dos de carpe, pas plus qu'un cavalier au buste court ne saurait être placé sur un cheval à garrot sortant, au dos creux, ensellé, pas plus qu'un cavalier aux jambes longues sur un cheval à côte plate et enlevé, ou qu'un cavalier à jambes courtes sur un cheval à côte ronde, à dos large. En procédant de la sorte, non-seulement on offusque les yeux, mais on cause un préjudice réel à des intérêts majeurs, on diminue l'action si importante du cavalier sur sa monture. Les exemples que nous venons de donner sont peut-être empreints de quelque exagération ; mais c'est par les extrêmes qu'on fait le mieux saisir les principes auxquels il faut se conformer. Enfin, à côté de la conformation, de la structure, de la nature du cheval et de l'homme, il importe encore, lors de la désignation des chevaux, de tenir compte des tempéraments et des caractères. En principe, on devra mettre des cavaliers tranquilles sur des chevaux violents, des cavaliers énergiques sur des chevaux froids. Enfin, il faut encore, lors de la répartition des chevaux, tenir compte de la manière de monter des hommes. On doit également tenir quelque peu compte de l'âge du cheval ; un vieux cheval a besoin de plus de ménagements, doit porter moins de poids qu'un jeune, et cela quand bien même le vieux cheval serait mieux fait dans son dos. L'état général des chevaux ne pourra que gagner grâce à un semblable mode de procéder. En se conformant à ces principes, le capitaine commandant un escadron ne peut manquer d'acquérir avec le temps le tact et le coup d'œil nécessaires pour attribuer à chacun de ses cavaliers le cheval qui lui convient ; c'est là chose fort importante, et il importe de se bien pénétrer et de l'influence que cette répartition judicieuse des chevaux exerce sur l'ensemble de l'instruction, sur le résultat définitif, et de l'attention qu'il convient d'apporter sans cesse à cette opération, pour se former le coup d'œil et arriver à procéder avec justesse et à propos.

Si, comme nous l'avons dit, l'hiver est le véritable moment de l'éducation et du dressage, les leçons en couverture et en bridon sont la base même de l'équitation, parce qu'elles seules donnent une assiette fixe, stable, parce que l'action du bridon est une action directe, légère, enfin, parce que le cavalier qui monte en couverte acquiert plus complétement le sentiment du cheval que si on le mettait sur une selle à piquet, la plus mauvaise de toutes les selles de travail, tant parce qu'avec son siége élevé elle éloigne le cavalier de son cheval, que parce qu'elle l'oblige à exagérer la position de ses mains, et que, en raison de la longueur, de la rigidité de l'arçon, elle peut blesser le cheval dans le travail en cercle et provoquer par suite des défenses. On ne saurait donc trop faire monter les hommes en couverture et en bridon, et c'est à l'aide de ce genre de travail qu'on fera faire de grands progrès au dressage du cheval. Tout le travail de rassemblement, d'assouplissement, y compris le galop ralenti, doit se faire et s'obtenir en couverture et en bridon : aucun instructeur ne devra se fier à l'effet plus rigoureux du mors de bride pour obtenir, par exemple, le galop raccourci et rassemblé, qui n'est cependant qu'un des moyens employés pour atteindre ce but, pour obtenir la souplesse des hanches, pour achever de rassembler le cheval.

Dans des circonstances normales, on devra donc adopter pour la période hivernale les subdivisions suivantes :

Jusqu'au 1er janvier, faire monter en couverture et en bridon ;

Jusqu'au 1er février, faire monter en selle et en bridon ;

Jusqu'au 1er mars, faire monter en selle et en mors de bride.

A partir du 1er mars, en armes; mais se garder de faire monter en armes avant cette époque.

On pourra parfois faire monter pendant ce mois de mars les cavaliers avec le paquetage, et même sans sabre, pendant quelques leçons.

Bien que j'aie déjà insisté sur ce point, je répète encore que le travail en simple bridon est le travail le plus important, le plus utile de tout le dressage : car l'effet direct que produit le bridon, dont l'action est plus douce et moins sévère que celle du mors de bride, permet au cavalier de travailler plus complétement et plus sûrement à l'assouplissement de la mâchoire et de l'encolure, sans que l'on risque alors de renfermer outre mesure, d'encapuchonner, de gêner le cheval, sans qu'on ait à craindre des coups de mains, en un mot, sans qu'on ait à redouter les résultats si dangereux, quand on agit à faux, du mors de bride qui ne saurait jamais être trop léger.

On ne saurait, par suite, consacrer trop d'attention à cette période du dressage : car c'est des résultats obtenus pendant cette période, c'est-à-dire de la position générale du cheval, de la façon dont il portera sa tête, de la souplesse de son arrière-main, de son équilibre général, de la plus ou moins grande perfection de son rassemblement, que dépend entièrement le parti qu'on pourra tirer de ses moyens et de son emploi pendant l'été. Par conséquent, et comme il suffit de certaines maladresses pour faire disparaître les avantages résultant de l'emploi du bridon, il sera utile et sage, pendant les premiers temps où l'on embouchera les chevaux avec le mors de bride, de se servir alternativement, un jour sur deux, exclusivement du bridon, surtout pour les chevaux de la remonte de l'année précédente, afin de faire disparaître de la sorte les contractions et les résistances provenant de l'emploi maladroit du mors de bride ; enfin on fera bien, même pendant les périodes ultérieures et pendant l'été, de faire une fois par semaine exécuter le travail rien qu'avec le bridon d'abreuvoir ; parce qu'on exercera de la sorte un effet réparateur et bienfaisant sur la bouche et les barres des chevaux. Disons encore que ce sera une fort bonne note pour un escadron que de pouvoir exécuter en bridon et en couverture tout le travail qui se fait également en bride et avec les chevaux sellés. C'est là d'ailleurs ce que pourra faire sans peine un escadron qui adopte ce principe, qui aura travaillé longtemps et consciencieusement avec le bri-

5.

don d'abreuvoir et dont les chevaux auront été complétement dressés en bridon.

Pour réussir à faire accepter complètement ce principe, pour réussir à faire réaliser de la sorte un progrès réel, on ne saurait apporter trop de soin au travail en bridon et il faut, par suite, continuer pour ceux des chevaux et dans celles des divisions qui n'ont pas obtenu fin janvier les résultats désirés, le travail en bridon jusqu'à ce qu'on soit réellement arrivé au but. On aurait tort de craindre de n'avoir pas achevé l'instruction au printemps. Quand les chevaux seront complétement et réellement dressés au bridon, on pourra passer plus rapidement, et sans inconvénient, sur les périodes subséquentes de l'instruction. Il conviendra de ranger dans la catégorie des chevaux auxquels je viens de faire allusion tous ceux dont la position de tête et d'encolure n'est pas encore bien confirmée, dont la mâchoire n'est pas encore complétement souple et légère, qui mettent le nez au vent ou portent la tête trop basse ; tous les chevaux qui ne prennent pas tout à fait la position à droite, qui cèdent à droite de la mâchoire sans plier de l'encolure, qui font les flexions à droite avec la tête sans ployer l'encolure, les chevaux qui sont hors d'état de galoper sans effort et rassemblés sur les deux pieds avec l'arrière-main souple et droite dans la direction du mouvement, ceux donc qui ne peuvent donner qu'un galop à demi-train ou qui ne galopent ralentis qu'en roidissant l'arrière-main et en faisant refluer tout le poids sur l'avant-main (ce sont là de graves défauts, et le galop raccourci sur le mors n'a donc, on le voit, que peu de valeur réelle), enfin les chevaux qui ne peuvent pas exécuter aisément et aux deux mains la volte individuelle au galop.

Si nous procédons de la sorte, si nous nous efforçons

sérieusement d'arriver à ce but par le travail en bridon, nous ferons faire à l'équitation, au dressage du cheval, à l'action que le dressage doit exercer sur l'équitation de guerre, des progrès indéniables, et nous obtiendrons, sous ce rapport, des résultats analogues à ceux obtenus dans la gymnastique, dans les manœuvres, dans l'instruction tactique de l'escadron, résultats, il est vrai, moins difficiles à atteindre, parce que leur réalisation n'exige pas tant d'expérience. Ces progrès ne se sont manifestés que fort rarement dans la branche, cependant la plus importante du service, le dressage du cheval, parce que c'est à ce propos, surtout, qu'on a le plus de peine à en faire comprendre toute l'utilité pratique, parce que l'anglomanie et l'équitation exclusivement du dehors ont fait bien du mal, parce que les bons professeurs d'équitation, même ceux qui en faisaient métier, et qui donnaient dans le régiment d'excellents exemples aux autres officiers, sont devenus et deviennent toujours de plus en plus rares. C'est en cela, cependant, que nous avons le plus grand besoin de faire des progrès; car c'est précisément ce dressage qui a une influence capitale sur les aptitudes, les moyens, l'endurance, la conservation, l'adresse, l'obéissance de nos chevaux, sur la sûreté et l'ampleur des allures, sur l'instruction générale de nos soldats sous le rapport de l'équitation. On se tromperait étrangement en pensant que l'on donne aux chevaux la vitesse et le fond en les faisant marcher fréquemment, presque exclusivement aux allures allongées, que l'on n'obtient la vitesse au trot que par le travail au trot allongé, la vitesse au galop que par l'usage fréquent du galop allongé, et que, par suite, il faut faire, souvent et longtemps, prendre ces allures aux chevaux pendant la première période du dressage, dans le manége, dans le carré et lors du travail indi-

viduel. On ne saurait trop lutter contre des tendances
semblables, contre la mise en pratique d'une pareille
théorie condamnée par l'expérience. En procédant de
la sorte, on arrive à déprécier la cavalerie, à ruiner
prématurément ses chevaux ; en procédant de la sorte,
on a des chevaux qui pèsent sur le mors, qui tirent à
la main, qui marchent avec la mâchoire contractée,
avec l'encolure tendue, dont l'arrière-main est haute et
roide, dont tout le poids reflue sur les membres antérieurs qui, par suite, ne peuvent durer longtemps : ce
n'est pas en faisant marcher fréquemment, pendant
cette première période du dressage, les chevaux aux
allures vives, qu'on arrive à leur donner la sûreté, l'ampleur d'allures voulue, le fonds, l'endurance désirables.
On arrivera bien plus sûrement, et c'est là ce qu'on ne
saurait jamais répéter assez, à avoir des chevaux vites
et résistants en été, quand en hiver on aura procédé à
un travail rassemblé pendant la période du dressage,
travail dans lequel on n'aura pas cherché, ce qui serait
évidemment fort nuisible et fort dangereux, à ménager
les jambes et les poumons des chevaux, mais par lequel on se sera efforcé de former, pour ainsi dire, le
cheval, de le rassembler, de l'assouplir, de l'équilibrer, de faire disparaître toute trace de contraction et
de roideur dans ses mouvements et ses allures, de donner de la légèreté à sa mâchoire et à son encolure, en
un mot, de le régler. Les chevaux ne doivent pas se
reposer et ne rien faire pendant cette période ; mais on
doit, au contraire, chercher à en faire des chevaux de
selle, à améliorer leur position, à les mettre plus à
même de supporter facilement, bravement, sans danger pour leurs membres et leurs organes respiratoires,
les fatigues qu'ils peuvent être appelés à endurer.

L'opinion émise par ceux qui prétendent que le travail rassemblé de l'hiver prive le cheval de ses moyens,

lui enlève l'initiative du mouvement, l'impulsion en avant, cette chose qui est et qui sera toujours essentielle, cette chose qu'on doit chercher, non-seulement à conserver, mais encore à développer par le dressage, est insoutenable et mal fondée, pourvu toutefois que les cavaliers sachent se servir de l'action du mollet et ne fassent pas un mauvais usage de leur main, pourvu qu'on veille à ce que l'on emploie aux allures raccourcies les aides destinées à provoquer l'impulsion, c'est-à-dire à ce que l'on pousse le cheval en avant à l'aide d'une pression de mollet, à ce que les cavaliers ne se pendent pas aux rênes, n'écrasent pas, n'acculent pas le cheval, à ce que l'impulsion vienne toujours d'arrière en avant et ne reflue jamais d'avant en arrière. En procédant comme nous venons de le dire, on pourra, pendant des mois entiers, et toujours en bridon, ne travailler qu'aux allures rassemblées, ne faire exécuter que des pas de côté, et ce travail amènera, au contraire, des résultats des plus avantageux, qui se manifesteront quand on passera à l'exécution du trot moyen. Les chevaux se serviront alors de leurs épaules et plieront le genou tout autrement, ils relèveront davantage les pieds, leurs foulées seront plus dégagées, plus libres, plus élastiques; ils couvriront plus de terrain dès qu'on leur donnera la liberté de tête voulue, par cela même qu'ils seront en équilibre, qu'ils ne se coucheront plus sur les rênes, qu'ils ne marcheront plus sur la cinquième jambe, qu'ils se pousseront avec leur arrière-main qui, plus rapprochée désormais du centre de gravité, chassera en avant l'avant-main et provoquera un mouvement plus libre des épaules. C'est là malheureusement ce que l'on n'a pas assez compris, ce que l'on méconnaît trop souvent. Un instructeur intelligent et attentif devra, assurément, dès qu'il s'aperçoit qu'en dépit de ses efforts et de ses conseils, certains de ses élèves commencent à se servir mal à propos et outre mesure de leur main, à acculer le cheval, à se pendre aux rênes, à s'y cramponner, à prendre une position défectueuse, leur faire faire de temps à autre des temps de trot moyen et de trot allongé, afin de rendre aux chevaux le mouvement, l'impulsion que les fautes des cavaliers avaient momentanément étouffés. Mais cette éventualité ne saurait porter atteinte au principe même; car des erreurs et des fautes dans l'exécution peuvent toujours se manifester dans l'application de la méthode même la plus parfaite, et l'instructeur n'est là que pour apercevoir à temps le danger et pour y remédier énergiquement.

Le défaut dont nous venons de parler se traduit, d'ailleurs, d'une manière assez apparente par la démarche molle et languissante des chevaux, qui traînent alors leurs pieds à terre, par l'excès d'élévation de l'arrière-main, par l'absence de toute action. On doit aussi renoncer à l'habitude pernicieuse, selon moi, de baisser les chevaux dès le début de la leçon par un temps de trot destiné à leur faire oublier l'écurie.

La leçon est malheureusement fort courte et le temps n'en est que plus précieux : l'instructeur doit donc de suite commencer le travail, le dressage, s'efforcer de faire descendre de plus en plus les cavaliers dans leur selle, les animer, les déraidir, les empêcher de se pendre sur leurs chevaux, de se laisser porter sans exercer aucune action sur leurs montures; il doit, au contraire, les pousser à consacrer tout leur temps, tous leurs efforts à assouplir et à rassembler leurs chevaux. Chaque cavalier doit travailler, doit dresser son cheval; l'instructeur, dès qu'il aura réussi à faire faire à ces cavaliers quelque chose à cheval, parviendra dès lors, bientôt et sans grands efforts, à leur faire produire des effets justes et rationnels. La raideur, l'indifférence,

l'insouciance, le manque de sentiment et de tact, si
fréquents d'ailleurs, sont des défauts capitaux qu'il
importe de faire disparaître et contre lesquels l'instructeur ne saurait trop réagir. Il n'est rien, en effet, qui
exerce sur l'ensemble du dressage une influence plus
désastreuse que l'impassibilité d'un cavalier, qui se
laisse ballotter pendant des heures par un cheval trot-
tant à son gré; or, on n'arrive à rien par cette soi-
disant théorie de l'éreintement; au contraire, on réussira toujours, quand on voudra procéder conformément
au principe ci-dessus énoncé, à ce principe basé sur l'action des aides, sur l'effet produit par les mollets, sur les
reprises de courte durée, sur les allures rassemblées et
sur la proscription du trot, que j'appellerai naturel. On
ne devra faire marcher à ce trot naturel que les jeunes
chevaux, tout nouvellement arrivés, tant qu'ils sont
hors d'état de prendre le trot moyen, c'est-à-dire pendant trois ou quatre semaines. Cette allure ne saurait
amener, d'ailleurs, aucun résultat profitable, par cela
même qu'elle pousse le cavalier dans la voie de la mol-
lesse, de l'indifférence, de l'assoupissement, qu'elle
ne provoque et ne développe aucunement ni l'impulsion du cheval, ni le jeu de l'arrière-main, qu'elle ne
saurait servir de travail préparatoire au dressage proprement dit, pour la bonne raison que les chevaux ne
se décident jamais à se livrer à cette allure. Le trot
moyen, bien accentué, paraît bien plus l'allure qui
pourrait servir, sous ce rapport, de travail préparatoire, parce que cette allure sollicite au moins l'action
de l'arrière-main et jette les chevaux sur la main. Il
vaut mieux, cependant, que le trot moyen soit la conséquence, la résultante des allures rassemblées, parce
qu'il est alors plus réglé, plus développé, plus libre,
plus dégagé.

Les théories, qui sont basées sur la condition que la

tactique moderne a faite à la cavalerie, sur la nécessité pour elle de développer au suprême degré sa vitesse et sa mobilité, les théories qui prétendent arriver
à ce but par un travail fréquent et prolongé au galop
allongé dans le manége, qui tendent par suite à transformer le manége en hippodrome, au lieu de laisser
au manége son ancienne affectation, qui consiste à servir
à placer, à rassembler, à assouplir les chevaux, à régler leurs allures, ces théories, dis-je, sont les vérita-
bles causes des chutes, aujourd'hui si fréquentes, des
chevaux sur le terrain. Les chiffres ont d'ailleurs, ici
comme en toute chose, une éloquence indéniable. —
Une troupe, dans les rangs de laquelle on constate des
chutes nombreuses, est une troupe qui monte mal à
cheval, dont les chevaux ont été mal dressés, travaillés
en vertu de faux principes; c'est là la conséquence logique à déduire des faits qui se produisent. Quand les
chevaux tirent à la main, s'appuient sur leurs mors,
quand la mâchoire est raide et contractée, quand, par
suite, l'arrière-main est rigide, quand elle ne peut se
rapprocher du centre de gravité, en un mot, quand les
chevaux ne sont pas équilibrés, la moindre faute, commise par un de ces chevaux, surtout aux allures vives,
et l'impossibilité dans laquelle se trouve l'animal de
soulager son avant-main par l'intervention immédiate
de son arrière-main, occasionne une chute. C'est également pour la même raison que le cavalier est hors
d'état de remédier à cet état de choses, de relever son
cheval à l'aide d'un arrêt court. Le cheval est donc
obligé, par cela même que sa position défectueuse lui
fait aussitôt perdre l'équilibre, de tomber sur le nez et
de s'abattre; c'est là un fait qui se produira fréquemment dans une troupe dont les chevaux ont été mal
dressés, quand elle aura à traverser, à un bon galop,
des terrains lourds et défoncés; les chevaux qui ne

sont pas équilibrés manqueront à chaque pas de faire
panache, ne tiendront pas debout et finiront par rou-
ler, comme on l'a d'ailleurs remarqué plus d'une fois,
conséquence fatale d'une méthode défectueuse. Tous
ceux donc qui aiment leur arme d'un amour véritable
ne sauraient réagir avec trop d'énergie contre des
principes faux, spécieux et funestes.

Le cheval d'armes doit pouvoir être rassemblé, doit
pouvoir s'étendre sans sortir pour cela de la main ; il
doit donc pouvoir faire refluer le poids aussi bien sur
l'avant que sur l'arrière-main ; c'est pour cela qu'il importe de faire en bridon le travail aux allures rassemblées et le travail de deux pistes, de faire exécuter aux
chevaux le galop rassemblé et de deux pistes en rame-
nant l'arrière-main ; c'est par ce travail qu'on arrivera
à donner aux chevaux une sûreté réelle, une souplesse
constante, une position normale au galop ordinaire et
au galop allongé. On doit attacher une attention toute
particulière à l'exécution, au développement, à la con-
firmation de ce dernier mode d'allure, d'une importance capitale pour le cheval comme pour le cavalier.
Il faut, avant tout, qu'on soit parvenu à ramener l'arrière-main, à assouplir les hanches, il faut que le cavalier soit bien assis et bien solide dans sa selle, que
ses genoux soient fixes; il faut absolument que rien ne
le déplace, parce que tout déplacement dérange et in-
quiète le cheval. Le galop, même lorsque le commandement de : *Au galop !* est fait à une troupe qui marche,
doit toujours ne se prendre qu'après avoir passé, ne
fût-ce que pendant quelques foulées, par le trot raccourci : on devra toujours maintenir une distinction
bien nette entre les trois espèces de galop : les hommes devront connaître et savoir saisir ces temps. On
attachera une importance capitale au développement
des muscles dorsaux du cheval, développement qui ré-

sulte du travail au galop. Il va de soi qu'on n'exécutera le galop allongé que quand les chevaux, qui doivent avoir avant tout la mâchoire légère et être placés correctement, seront alors tout à fait en état de travailler à cette allure. Alors, aussi, on n'aura pas besoin de faire de longues reprises à cette allure : ce n'est que sur le terrain, en travaillant sur des lignes droites, en laissant des intervalles entre les cavaliers, qu'on pourra peu à peu avoir à cet égard des exigences qui s'accroîtront de plus en plus.

Le profit et les avantages qu'on retirera de ce travail rationnel et systématique des chevaux pendant l'hiver, basé presque exclusivement sur le travail en bridon, qui joue dans ce dressage un rôle prééminent et qui exerce une si heureuse influence sur toute l'économie animale, sont immenses, tant par rapport aux moyens du cheval qu'aux services qu'il peut rendre, qu'à la conservation de ses membres. C'est là un résultat dont on ne saurait faire trop de cas, et qui doit primer même l'augmentation du taux des rations, qu'on nous a accordée dernièrement, quelque indispensable qu'elle soit d'ailleurs, surtout si l'on veut continuer l'espèce d'entraînement auquel on soumet les chevaux, et reléguer en deuxième ligne le travail et le dressage aux allures rassemblées.

Ce n'est que lorsqu'on agira, lorsqu'on procédera comme nous le désirons, que l'hiver sera le temps des semailles et l'été l'époque de la moisson. Celui-là seul qui aura travaillé en hiver aux allures lentes et rassemblées, qui aura brisé et assoupli son cheval, pourra, en été, lui demander beaucoup, le garder en main, le conserver léger, l'embarquer librement et franchement aux grandes allures.

Pour ce qui a plus particulièrement trait à la dernière partie du travail hivernal, au travail du mois de

mars, au travail en armes, on ne saurait trop recommander aux instructeurs de veiller à ce que, pendant
cette période, on maintienne et on confirme les chevaux dans la position normale, qui seule permet d'a-
voir des chevaux dociles, adroits, sûrs et résistants, à
ce que les hommes cherchent à devenir de plus en plus
des cavaliers pensants, intelligents, s'efforçant d'agir
avec justesse sur leurs chevaux. Le temps dont on dispose doit donc être consacré principalement à compléter, à parachever l'assouplissement, la légèreté, la position, le rassemblement du cheval ; le travail avec les
rênes tenues dans une seule main et en faisant haut
l'arme ne doit venir qu'en deuxième ligne et n'absor-
ber qu'un temps relativement assez court. C'est de la
sorte qu'il faudra procéder, surtout avec les uhlans,
par cela même que le maniement de la lance constitue
une difficulté de plus, que l'on ne saurait surmonter
qu'en parachevant plus complétement le dressage. Le
temps qu'on aura employé de la sorte, loin d'être
perdu, portera des fruits précieux, parce qu'on arrivera, de la sorte, à rendre les hommes complétement
maîtres de leurs chevaux, parce qu'on les mettra à
même de maintenir leurs chevaux placés, et que ce
n'est que dans ces conditions que le cavalier peut faire
pleinement et complétement usage de ses armes. Il
faut donc, avant tout, s'occuper de développer au plus
haut degré l'habileté des hommes, sous le rapport de
l'équitation, et ne passer qu'ensuite au maniement
d'armes, qu'on ne saurait exécuter correctement tant
qu'il restera encore quelque chose à faire sous le rapport de l'équitation ; on ne saurait donc attacher trop
d'importance, consacrer trop de soins et d'attention
aux leçons d'équitation pure, à la position à donner au
cheval. En voulant du même coup rectifier la manière
de monter à cheval et perfectionner le maniement

d'armes, on n'obtient rien ; ce qui arrive d'ailleurs toutes les fois qu'on procède sans ordre, sans méthode et à l'aventure.

En dehors du travail de placement et d'assouplissement du cheval, cette période devra également être consacrée au travail individuel, auquel on pourra alors affecter plus de temps. Il sera toujours sage de faire travailler les chevaux alternativement un jour au manége et un jour au dehors ; en procédant de la sorte, on remédiera à l'amour exagéré de certains chevaux pour leur écurie, amour qui, lorsque les chevaux sont montés par des cavaliers encore inhabiles, peut devenir la source d'habitudes funestes et de défenses sérieuses, qu'on remarque si fréquemment au printemps, quand on commence le travail en plein air. De plus, en alternant ainsi le travail, on arrive à rassembler les chevaux plus complétement et plus rapidement. C'est ainsi que cette période de transition contribuera à préparer d'une manière réellement efficace le travail de l'été, pendant lequel on conserve, pour compléter leur éducation, les anciennes divisions d'équitation ; ce n'est que de la sorte qu'on parviendra à maintenir la condition des chevaux, à faire faire à l'équitation des progrès qui deviennent alors plus significatifs et plus apparents l'année suivante.

Lorsqu'on aura terminé le travail d'hiver, c'est-à-dire vers le 1er avril, on passera au travail individuel en plein air, sur des rectangles, travail qui aura dû être précédé par quelques exercices de travail sur le carré. On devra accorder une attention toute spéciale à ces leçons, par cela même qu'elles ont une haute valeur pratique, qu'elles servent à montrer si les chevaux obéissent également bien aux deux rênes et aux deux jambes, ou si l'action de la rêne gauche et du mollet gauche continue à être dominante. Ces leçons sont donc une sorte de critérium du travail d'hiver ; elles montrent que l'instructeur a été attentif, a suivi constamment une méthode logique, qui lui a permis d'atteindre le but, ou bien qu'il lui manque certaines des qualités nécessaires pour l'enseignement.

Après avoir consacré environ quatorze jours à ce travail, on pourra passer à l'escadron, en ayant soin de faire précéder ces exercices par une répétition du travail sur le carré et du travail individuel, en reconstituant les petites divisions d'équitation du travail d'hiver. On arrive de la sorte non-seulement à s'assurer la conservation des qualités acquises, sous le rapport de l'équitation, mais à réaliser de nouveaux progrès, condition essentielle pour que le travail d'été soit profitable. Les hommes conserveront une position régulière bien descendue, deviendront de plus en plus adroits, et ne flotteront plus dans le rang ; la position et l'allure des chevaux s'amélioreront et se confirmeront ; la relation constante qui doit exister entre le cheval et le cavalier subsistera et ne sera altérée en rien par le maniement d'armes. D'autre part, l'exécution même du maniement d'armes y gagnera infiniment, en ce sens que rien n'est plus simple et plus facile que ce maniement, pour peu que le cheval et le cavalier soient dressés et placés, l'un par rapport à l'autre, dans une position normale. En continuant le travail individuel et le travail sur le carré, on facilite le travail de l'escadron, loin d'y porter atteinte ou d'empiéter sur lui. En un mot, il faut qu'il n'y ait pas de solution de continuité lors du passage du travail d'hiver au travail d'été. Ce dernier doit n'être que la continuation, que la consécration du premier. Ce n'est qu'en procédant de la sorte qu'on réussira à n'avoir dans un escadron que des chevaux utiles, réellement en état. Le fonds, l'endurance, la conservation, sont trois qualités indispen-

sables chez le cheval, et les progrès que réalisera un
escadron, ces progrès vers lesquels doit tendre tout
capitaine commandant, sont caractérisés tout particulièrement par le bon aspect, la bonne condition et les
aptitudes de ses chevaux, preuves manifestes de la
manière dont les hommes de cet escadron montent à
cheval, de la méthode qu'on a suivie pour leur apprendre l'équitation, de l'aptitude, du zèle, de l'instruction
des sous-officiers, à l'éducation desquels on ne saurait
consacrer ni trop de temps, ni trop de soin. C'est là
seulement ce qui est réellement stable, durable, immuable, tandis que tout le reste est sujet à de fréquentes modifications. Mais, en consacrant à ce qui est
stable et durable tous nos soins et toute notre attention, en développant ces principes par l'instruction,
nous ferons naturellement faire des progrès sensibles
même à ce qui est changeant, et nous contribuerons
de la sorte au bien général du service.

A côté d'une foule d'autres avantages que présente
cette méthode, il sera désormais, grâce à elle, inutile
de reprendre chaque automne l'instruction dans ses
bases mêmes, mais on pourra, au contraire, continuer
à étendre, à développer les connaissances acquises,
faire réaliser, par suite, à la cavalerie, des progrès
réels, tant sous le rapport de l'éducation des hommes
que sous celui des moyens des chevaux, de leur position, de la régularité de leurs allures, des progrès qui
exerceront une influence des plus salutaires sur la conservation des chevaux, et, par suite, sur l'une des
questions les plus graves et les plus importantes pour
l'arme. Il faut, avant tout, comme nous l'avons déjà
répété à plusieurs reprises, que l'on ne change *aucun
cheval* à la fin du travail d'hiver, mais que chaque cavalier conserve le cheval qu'il a monté et travaillé pendant l'hiver; en laissant aux cavaliers les chevaux

qu'ils ont l'habitude de monter, on réalisera de grands progrès, non-seulement avec les remontes, mais aussi avec les autres chevaux. Les changements perpétuels de chevaux nuisent au bien du service, rendent plus pénible la réalisation des progrès qu'il importe de faire, tant sous le rapport de l'équitation, de la position du cheval, que de l'instruction tactique des escadrons et des manœuvres, et allongent, au lieu de les raccourcir, les chemins qui mènent au but final. Il va de soi qu'un capitaine commandant ne doit pas, quand un cavalier ne peut plus venir à bout de son cheval, consentir immédiatement à un changement qui aurait pour conséquence forcée une foule d'autres changements; il doit, au contraire, suivre une route un peu plus ardue, indiquer aux cavaliers les moyens de remedier à ces défenses, faire disparaître les mauvaises habitudes qui ont exercé une action nuisible sur le cheval, et chercher enfin à rendre le cavalier plus adroit.

Il est, d'ailleurs, aussi facile d'arriver à ce résultat par la voie que nous venons d'indiquer, qu'utile de laisser à chaque cavalier le cheval qu'il a monté pendant l'hiver, et de faire exécuter des reprises de travail individuel pendant les six mois d'été, avant le commencement de chaque séance d'exercice. Tout capitaine commandant qui procédera d'après ces principes en tirera, pourvu qu'il ait quelque peu d'intelligence, un profil réel, en ce qu'il arrivera à se rendre plus parfaitement compte de la manière dont on monte à cheval dans son escadron, en ce qu'il développera sensiblement et considérablement les aptitudes de ses hommes, les moyens et les qualités de ses chevaux, qu'il améliorera d'année en année la condition et le niveau moyen de ses chevaux. Même avec le service de trois ans, qui augmente assurément les difficultés que présente notre tâche, il sera possible, pourvu qu'on procède avec logique et méthode, d'arriver encore plus loin, de faire réaliser des progrès plus sensibles encore à l'instruction, de ces progrès qui seuls peuvent intéresser un capitaine commandant actif et intelligent, et qui viendront prendre utilement la place du 'dressage mécanique, incessant, qu'on recommence tous les ans, dont on connaît d'avance et le terme et les limites, qu'on ne dépasse jamais.

2. — Principes relatifs aux allures, aux rhythmes de ces allures et à la direction.

Tiré des circulaires des 18 juillet 1871, 14 juin 1872, 31 juillet 1872, 17 mars 1873, 9 juillet 1873, 10 janvier 1874, 24 avril 1874, 19 juin 1875, 14 juillet 1875.

Le rhythme est la base de tout, tant sous le rapport du travail des chevaux pendant le dressage que sous celui du maintien de l'ordre dans les subdivisions, pelotons et unités plus considérables. C'est grâce au rhythme seul qu'on peut marcher à sa distance et rester aligné dans le rang.

Les différents rhythmes que le règlement a reconnus et établis pour chaque allure doivent être scrupuleusement observés et maintenus dans les diverses évolutions qu'on exécute à ces allures. Une troupe en mouvement ne doit pas s'aligner par les yeux; cet alignement doit résulter au contraire du rhythme, c'est-à-dire du sentiment. Toutes les fois que tous les cavaliers marcheront à une même allure ainsi réglée, on n'apercevra que des rangs bien alignés. Toutes les fois qu'une troupe cherchera à s'aligner par les yeux, l'alignement disparaîtra et les cavaliers passeront leur temps à se porter en avant ou à s'arrêter brusquement, ce qui ruine et détruit les chevaux. Ce n'est que de pied ferme qu'on peut s'aligner par les yeux; bien que même dans ce cas il vaille mieux prendre l'alignement en avant, en se réglant, pour les distances qu'il convient de laisser, plutôt par la position perpendiculaire au front qu'on donne aux chevaux, que latéralement sur les ailes. Ce qui prouve surtout qu'une troupe monte mal à cheval, c'est quand elle change fréquemment le temps de l'allure uniquement pour remédier à des fautes qui, lorsqu'on procède de la sorte, prennent des dimensions de plus en plus considérables. En bataille, se garder de ralentir le rhythme; en colonne, se garder de l'augmenter, comme on le fait souvent; car il n'y a qu'un seul rhythme, celui dans lequel on parcourt 300 pas à la minute; au galop, il n'y a également qu'un seul rhythme, celui de 500 pas à la minute. On ne saurait jamais permettre à deux unités tactiques un peu considérables de se gagner réciproquement d'allures, et il faut, sur le terrain d'exercices, s'astreindre à régler exactement le rhythme en se servant à ce propos d'une montre à secondes et des poteaux indicateurs qu'on a fait placer à cet effet. De même encore, on ne devra jamais ni changer, ni ralentir, ni allonger le rhythme sous le prétexte fallacieux de redresser des fautes commises. En changeant le rhythme, on n'arriverait qu'à augmenter la gravité de ces fautes, qu'à les propager et à leur faire prendre racine. C'est au contraire en observant strictement le rhythme qu'on prévient la propagation de ces défauts, qu'on les empêche de se répandre et de se vulgariser. Le rhythme seul est une base stable pour l'exécution des évolutions.

Il ne faut pas non plus, surtout quand on marche en colonne, que les hommes portent atteinte à l'observa-

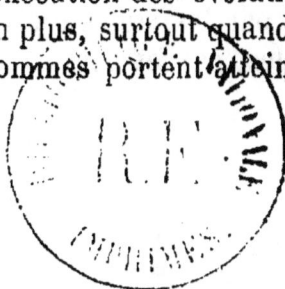

tion du rhythme et de la cadence, à la précision nécessaire dans les mouvements, en exécutant mollement,
lentement, tardivement, les commandements. Les pelotons de queue attendent généralement pour exécuter
leur mouvement que les pelotons de tête l'aient exécuté, au lieu d'exécuter immédiatement le mouvement
pour leur propre compte, dès que le commandement
est fait. Il en résulte que le rhythme de l'allure change,
et qu'il faut constamment allonger l'allure pour reprendre sa place. Il devient alors absolument impossible d'exécuter des évolutions correctes, des mouvements réguliers, nets et rapides, et tous les mouvements
deviennent forcément lourds et traînants. Quand on
aura reconnu la nécessité de relever immédiatement
une faute, on fera la correction au trot, mais jamais
au pas.

Les rhythmes du trot et du galop doivent être parfaitement connus de tous, c'est-à-dire qu'on doit y
exercer tous les hommes avec un soin tout particulier :
rien qu'en regardant un cavalier, on doit alors s'apercevoir qu'il a le sentiment de cette cadence des allures,
qui deviendra alors pour lui comme une seconde nature. Sentir et mener le cheval, c'est là ce que nous
devons nous efforcer d'apprendre à nos cavaliers ; c'est
en cela, en effet, que consiste toute l'*équitation*. C'est
commettre une faute grave, une faute capitale, qu'il est
difficile de déraciner complétement, que de cesser de
régler son allure sur le chef de file, que de prendre sa
distance par les yeux et non à l'aide du rhythme, du
sentiment de la cadence, de la régularité de l'allure.
Ce n'est que quand ils sont parvenus à observer complétement ce grand principe, que les cavaliers deviennent réellement indépendants, ne sont plus sujets à
être contrariés par les fautes du voisin, par les flottements inévitables, par les hésitations qui se produisent

orcément dans les pelotons, dans les escadrons, flottements et hésitations qui ne se propagent pas au loin, qui ne cessent de devenir la source de graves désordres, que lorsque tous les cavaliers savent conserver le rhythme de l'allure.

Afin de pouvoir exécuter sûrement, régulièrement et en bon ordre le mouvement le plus important de notre théorie, la marche directe, mouvement dans lequel il nous reste encore pas mal de progrès à réaliser, il faut avant tout que les cavaliers sachent se porter en avant droit devant eux, à la même allure sans s'aligner par les yeux, qu'ils puissent marcher dans une direction une fois indiquée, changer rapidement de direction en se réglant sur le sabre et le cheval du capitaine commandant ou du chef de peloton, conserver cette régularité de l'allure que doit sentir chacun des cavaliers.

Telles sont les conditions fondamentales, essentielles, de toute marche directe en bataille, conditions à la réalisation desquelles on ne saurait trop travailler. Rien n'est plus nuisible sous ce rapport que l'alignement par les yeux, qu'il importe de proscrire complétement, parce qu'en procédant de la sorte il devient impossible d'obtenir le calme et l'ordre si nécessaires à la bonne exécution de tout mouvement et surtout des marches en bataille sur un front étendu.

Au point de vue de l'équitation et de la conservation des chevaux, il y a un intérêt majeur à ce que les hommes sachent marcher à des allures bien réglées. Des allures déréglées sont fort nuisibles et doivent être sévèrement interdites, parce qu'elles ruinent prématurément les chevaux, qu'elles abîment les cavaliers, qu'elles causent de graves désordres, qu'elles sont la preuve évidente d'une incapacité réelle sous le rapport de l'équitation.

On doit marcher carrément et franchement au pas,

sans trottiner, sans qu'aucun cavalier dévie de sa ligne et soit serré par le voisin. Il est indispensable de faire attention à ces différents points. Il est d'ailleurs assez facile d'obtenir le pas régulier si nécessaire à la conservation du cheval, si utile pour le cavalier, pourvu qu'on y consacre quelque peu de soin. C'est à cette allure, en effet, qu'on devra marcher pour aller au terrain de manœuvres, pour en revenir, pour exécuter les marches au moment des manœuvres d'automne. Jamais on ne devra avoir à restreindre les distances en allongeant le pas ou en trottinant; il faut, par suite, que le capitaine commandant fasse rompre un escadron, de manière à placer alternativement en tête de colonne chacun de ses pelotons, afin d'égaliser le pas de tous ses chevaux.

En colonne par trois, on devra conserver rigoureusement les distances, marcher par suite en ordre compact. Le pas sera régulier et égal; on devra se garder de serrer outre mesure et la queue de la colonne ne devra pas avoir à se presser. Les chevaux se mettent généralement à trottiner, d'abord parce qu'on ne les a pas suffisamment travaillés au pas, ensuite et surtout parce que l'effet des jambes ne les jette pas sur leur mors et que les cavaliers les laissent marcher sans s'occuper d'eux. Au commandement ou à la sonnerie: *Halte!* tout le monde s'arrête, et personne ne doit chercher, comme cela se fait si souvent, à reprendre sa distance; peu importe quelle soit alors la place de chaque cavalier, il importe avant tout qu'il s'arrête.

Dans les marches, ou quand les hommes doivent faire le service d'ordonnance, on peut apprendre et permettre aux hommes de se servir du trot enlevé, du trot à l'anglaise, afin de soulager les chevaux; mais on ne devra jamais employer le trot enlevé pendant les exercices, pendant le dressage du cheval.

Le galop devra être tranquille, calme : on le développera sans à-coup ; c'est le seul moyen pour que les hommes et les chevaux se règlent, pour que les chevaux puissent tenir longtemps cette allure sans changer de pied à chaque instant. Il va de soi que pendant les exercices on ne prendra en colonne par peloton et en bataille que le rhythme du galop qu'on prendrait pour défiler au galop par escadron ; ce rhythme de galop doit être connu des hommes et travaillé fréquemment. En défilant, on devra prendre cette allure non pas à peu de distance de la personne devant laquelle on défile, mais dès qu'on se met en mouvement pour défiler. Non-seulement un défilé exécuté au galop sur une petite distance n'a que peu de valeur, mais de plus il y a de grandes chances pour que l'exécution en soit défectueuse.

Ce n'est pas parce qu'il faudra familiariser les hommes avec ce rhythme, qu'on devra négliger le travail au galop allongé ; bien au contraire, on devra accorder à ce dernier rhythme des soins particuliers. Quand on aura obtenu le résultat voulu, on devra continuer à faire marcher les cavaliers de temps à autre à cette allure. Les hommes pourront alors jeter de temps à autre les yeux à droite et à gauche pour se régler plus parfaitement ; mais il n'y a qu'un seul cas dans lequel ils pourront regarder d'un seul côté, c'est au moment où ils passent à hauteur du supérieur devant lequel ils défilent.

C'est par des exigences progressives et en se conformant à un système bien défini que l'on devra travailler dans chaque escadron à *mettre les chevaux en haleine*, condition indispensable pour leur permettre de parcourir de grandes distances aux allures vives, sans dépenser prématurément les forces qui leur sont nécessaires au moment du choc. On commencera par le

6.

travail au trot, en allongeant journellement la distance parcourue à cette allure, ne fût-ce que de 50 pas. Quand on aura atteint le résultat voulu au trot, on passera au travail au galop, et on procédera à cette allure comme on l'a fait pour le trot. Tout dépend du calme des chevaux, de la régularité de leur foulée; il faut absolument qu'ils ne mettent à ce travail ni brutalité ni violence, qu'ils ne changent pas de pied, qu'ils ne déplacent pas le cavalier. S'il n'en est pas ainsi, non-seulement les rangs se désagrégeront et la ligne perdra sa cohésion, mais les chevaux peineront inutilement, s'épuiseront prématurément, s'essouffleront en raison même de la violence qu'ils déploieront. La foulée du cheval doit presque raser la terre : il ne faut pas d'action relevée. Les cavaliers devront être tranquilles et fixes dans leur selle, s'asseoir bien carrément, les mollets près du cheval, afin que la position du cheval ne soit modifiée ni par les déplacements du corps, ni par le balancement des jambes. Le haut du corps devra se lier au mouvement du cheval, qu'on s'efforcera d'avoir léger à la main, et de maintenir toujours à une allure parfaitement régulière en rendant et reprenant. Il suffira de quelques leçons pour que les cavaliers parviennent à calmer, à régler leurs chevaux, à les équilibrer à cette allure, à les empêcher de tirer à la main. Ce travail doit donner à la fois, au cavalier comme au cheval, de la respiration, du calme, du sang-froid, et une position libre, naturelle, sans roideur; il faut qu'en les voyant passer, on reconnaisse au premier coup d'œil qu'ils sont à leur aise en marchant au galop allongé, qu'ils aiment cette allure, qu'ils s'y sont habitués. Pour cela, il faut avant tout procéder systématiquement : en exagérant le travail, en exigeant tout à coup plus qu'on ne doit, on arrive à un résultat diamétralement opposé à celui qu'on voulait atteindre;

au lieu de développer, d'accroître les forces du cheval, on ne réussit alors qu'à le fatiguer, qu'à l'épuiser, de plus on lui aura fait perdre l'appétit; on aura donc fait un pas en arrière, tandis qu'au contraire on verra les chevaux manger de mieux en mieux, quand on saura graduer sagement et progressivement les exigences; c'est là, d'ailleurs, chose qu'on peut observer chez les mauvais mangeurs, qui se nourrissent mieux quand ils deviennent plus calmes, plus réglés dans leurs allures. Dans le travail au galop en ligne, on devra s'efforcer de maintenir et de développer la sûreté, la régularité de l'allure, le calme et la cohésion; on arrivera à ce résultat en exerçant les hommes à se former par pelotons en bataille au galop pour continuer à marcher à cette allure. Les hommes de deuxième rang ne doivent pas serrer trop sur ceux du premier rang : quand les rangs sont trop rapprochés, les chevaux s'agitent et se désordonnent, on ne saurait donc tenir trop sévèrement la main à ce que le deuxième rang laisse une certaine distance entre lui et le premier rang.

Ce n'est qu'en observant ces principes qu'on réussira à faire exécuter le galop en ligne, avec autant d'ordre, de calme, de sûreté que les mouvements au galop en colonne par peloton : et, comme on le sait bien, c'est ce galop en ligne qui a le plus d'importance et d'utilité. Aucun chef de peloton, aucun capitaine commandant ne doit faire prendre le galop de charge, ne doit commander : *Marche ! Marche !* que lorsqu'il sait que le mouvement à cette allure se fera avec calme et en bon ordre et que la ligne ne se brisera pas. La charge s'exécutera alors avec ordre et cohésion, sera rapide et efficace tandis qu'au contraire elle échouera, manquera de direction, de lien, de vigueur, toutes les fois que le galop sera inégal et désordonné. On devra également se garder de faire charger, toutes les fois que

le galop deviendra allongé et déréglé au point de
faire disparaître tout lien, toutes les fois que l'on
pourra craindre de voir les hommes prendre le galop
de charge malgré eux. Je ne saurai trop recommander,
dans l'intérêt même de nos jeunes cavaliers, de veiller
toujours au maintien de l'ordre, toutes les fois qu'on
travaillera aux grandes allures, galop allongé et galop
de charge, de tenir la main à ce que tous les cavaliers
soient constamment maîtres de leurs chevaux. Il faut,
pour cela, que lorsqu'on fait exécuter individuellement
le galop de charge, les cavaliers ne viennent pas se
précipiter comme une avalanche dans les rangs, mais
qu'arrivés à 100 ou 150 pas en arrière du rang, ils
fassent prendre le trot à leurs chevaux, à hauteur d'un
officier ou d'un sous-officier posté sur ce point à cet
effet, et viennent reprendre à cette allure leur place
dans le rang ; enfin, lorsque dans une journée on a fait
exécuter plusieurs charges, en faisant prendre le galop de charge, mouvement dont le commandement fait
à haute voix par l'officier doit toujours être répété par
les sonneries, on devra faire exécuter encore le même
jour un mouvement semblable au galop, puis, au lieu de
commander : *Chargez!* faire passer les hommes au trot.
En procédant de la sorte, on arrivera à faire exécuter
les mouvements aux grandes allures avec un calme
parfait, avec une entière cohésion, à développer constamment la rapidité des allures, sans que les jeunes
cavaliers cessent d'être maîtres de leurs chevaux, qui
ne deviendront, au contraire, que plus dociles et qui
ne sortiront plus de la main. Négligez ces principes, et
vous n'obtiendrez rien de bon : observez-les, et vous
arriverez aux résultats les plus satisfaisants.

Quand on aura procédé de la sorte, on aura également, quand viendra l'époque des grandes manœuvres,
des chevaux plus prêts, qui supporteront bien mieux

les fatigues, même quand ils auront une longue route
à faire pour se rendre de leurs garnisons jusqu'au terrain choisi, et bien que pendant ces manœuvres la rapidité même avec laquelle doivent s'exécuter ces mouvements, ainsi que la grande étendue de ces mouvements,
nécessitent une dépense sérieuse de forces. On arrivera
également encore à pouvoir, en chargeant, parcourir
au galop allongé des distances de 6 à 800 pas dans
l'ordre le plus parfait, avec le calme le plus absolu,
sans avoir à redouter, ce qui se produit encore fréquemment, que les escadrons prennent le galop de
charge contre la volonté du chef, contre la volonté du
cavalier : c'est là ce qui arrive, quand dans la charge en
ligne le galop est irrégulier, inégal, désordonné, quand
les chevaux s'animent et s'échauffent; il en résulte alors
que les rangs se rompent, que l'alignement disparaît
complétement, qu'on charge alors sur 6, 8 ou même 10
rangs, qu'on enlève par suite au choc toute son efficacité.
C'est là encore un grave inconvénient, qui disparaît quand
chevaux et cavaliers sont habitués à franchir aisément,
naturellement et avec calme, au galop de charge, d'assez grandes distances. Quand on commandera : *Marche! Marche!* on n'aura alors que 2 rangs marchant à
3 pas l'un de l'autre : c'est là une condition essentielle,
fondamentale de la charge, c'est là ce qu'on n'obtient
que par le travail progressif et fréquemment répété au
galop allongé (comme je me suis efforcé de le démontrer dans l'Opuscule que j'ai publié il y a une dizaine
d'années (1). La charge n'est bien faite et on ne l'exécute avec la cohésion voulue, en restant bien correcte-

---

(1) *Auch ein Wort über die Ausbildung der Kavallerie* (Un mot
sur l'instruction de la cavalerie), par S. von C., officier supérieur
de cavalerie (autographie). Berlin, Schlesier, 1862.

ment formé sur deux rangs, que lorsque le mouvement
au galop qui la précède se fait avec calme, avec ordre,
avec régularité. Quand on aura obtenu ce premier résultat, il sera facile de maintenir le lien si nécessaire
dans les rangs, de conserver la formation sur 2 rangs,
d'arriver à ce que le 2e rang reste toujours à 2 et même
de préférence à 3 pas du premier.

Je dois, à ce propos, appeler l'attention sur une faute
qu'on commet bien fréquemment. Au printemps, quand
on va travailler en plein air, sur le terrain, on évite
souvent de consacrer au galop le temps voulu, qui peut
varier de 2 à 3 semaines, dans la crainte de rendre les
chevaux chauds et nerveux : c'est là un grand tort,
qu'on ne saurait tolérer. Quand on aura exécuté consciencieusement en hiver, au manége et sur le terrain,
le galop ralenti et le galop moyen, on pourra commencer au printemps, dès le premier jour, le travail au
galop droit devant soi, pourvu qu'on ait préalablement
marché au trot sur des lignes droites, en laissant un
intervalle d'une longueur de cheval au moins entre
chacun des cavaliers. Ici encore, comme pendant le
travail sur le carré, on ne devra souffrir ni que les cavaliers laissent partir leurs chevaux à leur gré, ni
qu'ils les bousculent et les pressent pour les embarquer
au galop : il faut, au contraire, que sous l'action rai-
sonnée des aides, les chevaux passent du trot rassemblé directement au galop, lorsque les cavaliers le veulent : le galop sera alors régulier et les chevaux s'habitueront bien vite à galoper tranquillement l'un à
côté de l'autre. Il sera toujours bon de faire passer
ensuite du galop au trot et de faire trotter pendant
quelques pas : cet exercice servira à montrer que les
hommes sont bien maîtres de leurs chevaux. Il ne restera plus alors qu'à continuer le travail au galop de
charge, de manière à arriver à la vitesse de 500 pas à

la minute; on fera travailler les hommes d'abord sur un grand carré, puis en ligne droite, d'abord indivi- duellement, puis sur une seule ligne à intervalles, et, enfin, à rangs serrés, quand par le travail préliminaire et progressif, auquel on se sera livré, on aura réussi à régler le galop allongé, à rendre les chevaux légers à la main à cette allure. Le cavalier qui évite et qui craint le galop n'arrivera jamais à avoir un cheval sage et tranquille à cette allure.

La science véritable repose ici, comme en toute chose, sur des principes déterminés, sur des lois éta- blies; ici, comme en toute chose, elle a une utilité réelle; c'est par elle, en effet, qu'on annihile l'influence du hasard sur les manœuvres, qu'on entrave les pro- grès et la propagation des moindres fautes, qu'on rem- place l'incertitude, le hasard, par le savoir et la fer- meté. Des principes, des lois, qui mènent au bon ordre, à la sûreté des évolutions, doivent prendre la place de la théorie de l'éreintement; on doit donc tout d'abord établir, faire connaître et observer ces lois; c'est en tête de ces lois qu'il faut inscrire les principes fonda- mentaux de tout mouvement : *le rhythme et la direc- tion*; principes fondamentaux qui doivent être la base de tout règlement, principes fondamentaux qu'on doit y retrouver partout.

Le rhythme bien régulier, bien cadencé, doit deve- nir la base inébranlable de tout mouvement, soit indi- viduel, soit en rang. C'est du rhythme que doivent dépendre uniquement l'alignement, la distance, le con- tact, c'est du rhythme qu'ils doivent découler tout naturellement. Le rhythme, la cadence consistent à parcourir une même distance dans le même temps, en marchant à une allure régulière, égale, je dirais pres- que en mesure. Mais, avant tout, il s'agit à ce propos de donner une sorte de vie à ce rhythme, de faire passer cette ardeur dans les évolutions, d'éviter toute chose qui puisse lui être préjudiciable en quelque façon que ce soit, de ne pas se borner à plaider par des paroles, consignées dans la théorie, la cause du rhythme, et, surtout, de se garder de l'enfreindre dans la pratique. On entend souvent et beaucoup parler du rhythme, mais, en réalité, on s'en occupe bien rarement dans la pratique. Depuis le premier jusqu'au dernier cavalier de la colonne, depuis le cavalier de l'aile droite jusqu'à celui de l'aile gauche, quand on est en bataille, il faut que chacun observe le rhythme, tout naturellement, tout tranquillement, sans qu'on ait besoin jamais de rejoindre, de se presser. La troupe, dans les rangs de laquelle le rhythme change fréquemment, et varie souvent dans les évolutions, est de toutes celle qui exécutera le plus mal tous les mouvements, celle dont les chevaux seront les plus éprouvés. Dans les évolutions, comme dans le travail individuel, on doit, au premier coup d'œil qu'on jette sur un cavalier, voir qu'on a affaire à un cavalier qui est fait, qui marche à une allure cadencée, sans s'occuper du reste. C'est de la sorte qu'on arrivera à avoir une troupe qui manœuvrera avec sûreté et ensemble.

Nos évolutions consistent en :

    a. Mouvements en bataille,
    b. Mouvements en colonne.

Ad. a. De l'application pratique du rhythme aux mouvements en bataille, aux marches directes, découlent les principes suivants : L'alignement et le rhythme se prennent toujours sur les chefs de peloton, qui sont placés à 2 pas en avant de ce peloton. Il faudrait, par suite, si l'alignement devait se prendre par les yeux, que les chefs des premier et deuxième pelotons s'alignassent à droite, ceux des troisième et quatrième pe-

loton, à gauche. Un telle manière de faire serait absolument impraticable; car si l'on procédait de la sorte,
à cause précisément de la distance considérable qui sé-
pare les extrémités d'une ligne, de la mobilité et de la
rapidité même du cheval, des changements si fréquents
de la nature et de la configuration du sol, tantôt dur,
tantôt lourd, tantôt élevé, tantôt bas, tantôt montagne,
tantôt vallée, etc., l'aile marchante, l'aile extérieure,
qui devrait dans ce cas s'aligner sur le pivot, aurait
sans cesse à marcher : ce serait donc adopter une manière de faire contraire au sens et à l'esprit du Règlement. Dans nos pays, où le sol est si coupé, si accidenté,
il sera impossible d'arriver à avoir deux cavaliers,
dont l'instruction soit assez parfaite pour que toute une
ligne puisse constamment s'aligner sur eux à toutes
les allures. Chercher à arriver à ce résultat, ce serait
perdre son temps, dépenser inutilement ses forces; et
quand bien même on arriverait à ce résultat, quel
pourrait être le profit qu'on tirerait du fait que l'exécution de mouvements, aussi importants que les marches en bataille de tout un régiment, dépendrait uniquement de deux individus? Comment peut-on songer
à tout faire dépendre de deux personnes, et cependant
on cherche souvent encore à placer, à la tête des premier et deuxième pelotons du régiment, des individus
sûrs et sachant bien régler leurs chevaux. A mes yeux,
un pareil travail ne saurait servir à rien : ces deux
chefs de pelotons ne sont pas plus indispensables et
n'ont besoin d'être ni plus sûrs ni meilleurs que les
autres, pour peu qu'on observe strictement les principes. Les individus changent et passent, les principes
restent et sont immuables. Quant à moi, je n'attache
aucune importance à ce que le chef du 2e peloton se
trouve momentanément un peu en avant ou un peu en
arrière du chef du 1er peloton, à ce que le chef de ce

1er peloton change le rhythme de son allure, soit un peu en avant ou en arrière du reste de la ligne; à mes yeux même cela ne saurait constituer une faute, parce qu'il ne saurait en être différemment. Ce qui est réellement défectueux, c'est que le chef du 3e peloton tombe dans ce défaut, qu'il accélère sa marche pour peu que le chef du 2e peloton ait dépassé le premier, ou qu'il ralentisse l'allure dès que le chef du 2e peloton hésite, c'est que le chef du 4e peloton imite l'exemple qui lui est donné par celui du 3e. C'est là un défaut contre lequel il faut s'élever énergiquement : ces chefs de peloton doivent conserver le rhythme, la cadence ; quand on saura marcher à une allure régulière, bien fixe, les chefs du 2e peloton s'apercevront qu'ils sont en avance ou en retard, ils pourront, par suite, régler leur allure, tandis que si les chefs des autres pelotons se règlent immédiatement sur eux, ces derniers ne s'apercevront jamais qu'ils ont changé le rhythme de leur allure. C'est sur l'importance de ces faits qu'il y a un intérêt réel à appeler l'attention des chefs des 3e et 4e pelotons. Il faut leur faire saisir toute la gravité de cette manière de procéder, insister sur les inconvénients qui résultent de l'alignement par les yeux, de l'alignement sur un guide, placé à l'extrémité d'une ligne, de l'obligation de jeter à chaque instant les yeux à droite et à gauche pour maintenir l'alignement. Les commandements : *Coup d'œil à droite!* (*ou à gauche!*) ne signifient pas autre chose que sentir la botte à droite ou à gauche, et c'est là ce qu'il importe d'inculquer aux hommes.

Les hommes doivent constamment avoir l'œil fixé sur leur chef, sans que cependant il soit défendu de jeter de temps à autre un regard sur les deux ailes, regard qui doit servir à conserver le rhythme de l'allure. Il **est, par suite, mauvais qu'un capitaine commandant** se place sur le prolongement de l'aile dite de direction, sous le prétexte de s'assurer par lui-même de l'aligne- ment; agir de la sorte, ce serait encourager l'aligne- ment par les yeux, organiser le désordre, la confusion, provoquer, dans la direction de cette aile, une pression, une poussée continuelle, à laquelle les sous-officiers des ailes sont forcés de céder ; une semblable manière de procéder aurait pour conséquence un resserrement exagéré · du 1er peloton, un flottement considérable dans les rangs du 4e peloton, un de ces flottements malheureusement trop fréquents. Partout où ces flot- tements se produisent, l'alignement disparaît, et les cavaliers manquent de calme. On doit apprendre, dès le principe, aux hommes, à céder à la pression qui vient du côté du pivot ou de l'aile de direction, au lieu de les laisser exercer une poussée sur cette aile, comme cela a lieu si fréquemment. Chaque chef de peloton doit se maintenir dans la direction qui lui est donnée, se porter droit devant lui, continuer à marcher à la même allure. Les chefs des 2e et 1er pelotons jettent fréquemment un regard à gauche, ceux des 3e et 4e, à droite, mais rien que pour conserver plus facilement le rhythme de la marche. Mais, en général, ils regar- dent droit devant eux, et parfois seulement, derrière eux ou latéralement ; c'est sur les chefs des 2e et 3e pe- lotons que les chefs des pelotons des ailes doivent se régler. On obtiendra ainsi le parallélisme de la direc- tion et l'égalité de vitesse des chevaux, le calme, la sû- reté et le bon ordre. Les petits flottements, insignifiants d'ailleurs, qui résultent soit d'un changement de ter- rain, soit de l'inattention, soit de l'insuffisance de l'in- struction des jeunes soldats, soit de l'imperfection de la nature humaine, flottements qu'on ne saurait jamais faire disparaître entièrement, n'ont d'ailleurs aucune influence sur l'ensemble général ; ce sont là des défauts qui ne se propagent pas comme celui de l'alignement latéral, ils se localisent pour ainsi dire dans l'individu, qui peut alors et reconnaître la faute qu'il a commise et s'en corriger. On ne dépendra plus alors du hasard, tout sera, au contraire, sûr et précis, parce que tout reposera sur la méthode, sur des principes. Il faut absolument que personne ne reste en arrière, que personne ne soit en avance ; le 4º peloton ne doit jamais ni se presser, ni s'arrêter, il ne doit se produire dans ce peloton aucun de ces flottements qui ont toujours pour conséquence des poussées vers la droite ou vers la gauche. Le 4º peloton de l'escadron et le 5º escadron du régiment doivent conserver le rhythme, comme le 1er peloton et le 1er escadron. Il faut, pour cela, qu'on s'aligne, non pas sur le chef du 1er ou du 2º peloton, mais qu'on procède au contraire comme on vient de le dire. En procédant d'après la première manière, il résulte forcément que, dans un mouvement en avant, le front décrira un demi-à-droite, dans un mouvement en arrière, un demi-à-gauche, et que les 3º, 4º et 5º escadrons ne pourront jamais arriver à s'aligner, même en allongeant l'allure, devront toujours avoir recours à un demi-à-gauche ou à-droite pour arriver à hauteur, et afin d'éviter qu'il y ait entre les escadrons des intervalles démesurément grands ; il en résultera, d'autre part, que, quand on s'arrêtera après une marche en bataille, le front se trouvera formé dans une direction autre que celle prise au moment où la ligne s'est mise en mouvement ; ces deux lignes ne seront jamais parallèles.

Le même défaut se manifeste déjà dans les mouvements de l'escadron, mais il est moins apparent alors que dans les évolutions de l'école du régiment. Même à l'école de l'escadron, il est rare qu'après une marche en bataille on s'arrête sur une ligne parallèle à la base

qui a servi de point de départ au mouvement ; généralement on aura obliqué à droite en se portant en avant,
à gauche en reculant.

Le principe nouveau consacré par le règlement, le
principe en vertu duquel l'alignement se prend sur le
centre, le principe qui veut que le contact s'établisse
par le centre dans le peloton, dans l'escadron, dans le
régiment, tend assurément à diminuer l'importance des
conséquences fatales qui résultaient de l'alignement
sur les ailes, à les empêcher de se propager et de se répandre comme par le passé, par cela même que le front
est moitié moins étendu qu'autrefois. Quoi qu'il en soit,
elles peuvent encore exercer une influence désastreuse,
surtout à l'école du régiment, alors que des escadrons
entiers s'alignent sur une des ailes ; c'est là ce qui se
traduira surtout par les faits suivants, qui consistent
principalement en ce que les ailes restent en arrière,
et que le centre déborde en avant ; c'est là, d'ailleurs,
un défaut qui se manifestait déjà autrefois dans la
charge, où l'on s'alignait déjà sur le centre. Le plus
important de nos mouvements s'exécute donc, on le
voit, d'après des principes absolument faux. — Si l'on
procède, au contraire, d'après les principes que nous
avons recommandés, si le chef du 3ᵉ peloton ne se
laisse pas entraîner à changer le rhythme de l'allure,
quand le chef du 2ᵉ peloton commet cette faute ; s'il
continue, au contraire, à conserver la cadence ; si, dans
le régiment, le 2ᵉ escadron continue à marcher à son
allure primitive ; s'il ne suit pas le 1ᵉʳ escadron, quand
l'aile gauche de cet escadron vient à déborder ; s'il ne
s'arrête pas lorsque cette aile gauche hésite et s'arrête ; si les hommes ne regardent à droite et à gauche que pour se confirmer dans la régularité de l'allure, il sera alors bien plus facile de régler la marche
de la troupe, on obtiendra un mouvement absolument

parallèle à la base, preuve manifeste du calme, de l'assurance, de la sûreté, de la cohésion, de la confiance générales, on ménagera enfin les chevaux, que rien n'éprouve plus que les changements continuels d'allure. Ce n'est que lorsqu'il s'agira de défiler au trot ou au galop, qu'on pourra tolérer momentanément l'alignement sur la ligne des yeux ; c'est là, d'ailleurs, une exception qui ne saurait avoir de suites néfastes, d'autant plus que, même dans ce cas, tout repose encore essentiellement sur la régularité du rhythme de l'allure, et qu'un escadron qui aura été dressé et stylé de la sorte s'en acquittera d'autant plus aisément que le chef du 2e peloton sera habitué à se régler sur les autres, et particulièrement sur les chefs des 3e et 4e pelotons, à ne pas se croire infaillible parce que personne ne songe à l'imiter. Dans les marches, pour défiler au trot et au galop, on devra également jeter de temps à autre un coup d'œil à gauche, avant d'arriver à hauteur de la personne devant laquelle on défile. Rien n'est plus déplorable que les signes que fait si fréquemment avec son sabre le chef du 1er peloton au chef du 2e, pour l'inviter à augmenter ou à raccourcir l'allure, parce que cet officier est de la sorte privé de toute initiative, et que le chef du 1er peloton, distrait par ce soin, ne peut plus s'occuper d'autres choses plus importantes ; il doit, en effet, conserver, quelle que soit l'allure, un rhythme parfaitement régulier, se diriger constamment droit devant lui, sans s'occuper d'autrui. Le chef du 2e peloton doit jeter de temps à autre un coup d'œil à gauche, rectifier sa distance, s'il s'aperçoit qu'il est en avance ou en retard. C'est ainsi qu'on arrivera à pouvoir exécuter avec sûreté des mouvements en bataille, mouvements dont la réussite n'est généralement due qu'au hasard. C'est ainsi que le rhythme, **que la cadence pourront exercer une heureuse influence** sur les mouvements en bataille, sur les marches directes (1).

Ad. b. Utilité pratique du rhythme, de la cadence, dans les mouvements en colonne. — Ici, comme dans les mouvements en bataille, c'est la perte du rhythme qui amène les fautes les plus graves. La conversion à pivot mouvant est, par-dessus tout, la pierre d'achoppement. On ne cherche jamais à se rejeter à l'intérieur, du côté du pivot, mais il y a une tendance générale à obliquer extérieurement en conversant, avant d'arriver au point de conversion. Les déviations que j'indique ici prennent des proportions assez étendues, et quand il s'agit d'un régiment, elles arrivent parfois jusqu'à atteindre un front de peloton. On dévie généralement à gauche dans les conversions à droite, à droite dans les conversions à gauche. Ce défaut a d'ailleurs pour cause une vieille habitude, fort mauvaise du reste, en vertu de laquelle on oblique toujours à gauche immédiatement avant de tourner à droite, *et vice versâ*, en décrivant une ligne courbe; mais il provient surtout de ce que le sous-officier qui sert de pivot ne se porte jamais en avant pour dégager assez à temps le point de conversion. Il en résulte alors que le peloton suivant qui, sans comprendre le chef de peloton, a une profondeur de sept pas, et qui doit se tenir à une petite distance du peloton précédent, est forcé, afin de n'être pas contraint à s'arrêter, à chercher un peu de place en obliquant vers l'extérieur. Il arrive alors que, dans la conversion à gauche, tous les chevaux se trouvent un moment dans la position de demi-à-droite, et réciproquement, tandis qu'on devrait leur

---

(1) Ces pages ont été écrites en grande partie avant la publication du règlement d'exercices du 9 janvier 1873; elles ont donc aujourd'hui, que l'on a adopté l'alignement sur le centre, une valeur réelle, capitale.

donner une position absolument opposée, et serrer, au contraire, sur le pivot, sur le point marqué pour la conversion. Qu'advient-il de tout cela ? Qu'on perd beaucoup de terrain, que les pelotons ne se trouvent plus à la distance réglementaire au commandement de : *En avant !* par suite qu'il faut changer le rhythme de l'allure, et se presser pour rattraper sa distance. Ce défaut prend souvent des proportions si considérables que les derniers pelotons d'un régiment ou d'une brigade sont souvent obligés de se mettre au grand galop pour reprendre leur place dans une formation. Il arrive alors, quand on exécute de la sorte les évolutions les plus simples, que le calme et l'ordre disparaissent complétement, que l'on abîme les chevaux, qu'après une formation, on ne réussit pas à former, ce qui est cependant le point capital, une ligne bien soudée, bien unie, dans la nouvelle direction ; que la charge, si on est obligé d'en faire une, manque de cohésion, qu'elle s'exécute en désordre, avec une sorte d'impatience de mauvais aloi, autant de causes certaines de son insuccès. On adresse alors généralement des reproches au chef du 1er peloton, sous prétexte qu'il n'a pas su garder la cadence, et cependant il n'est pas coupable, car même les petits flottements, les petits changements d'allure qui ont pu se produire dans ce peloton ne peuvent exercer une semblable influence, ne peuvent avoir de pareilles conséquences. Le désordre qui se produit provient de ce que les escadrons et les régiments n'ont pas appris à exécuter, d'après des principes logiques et rationnels, des conversions à pivot mouvant, mouvement d'une importance capitale, mouvement fondamental, d'un emploi si fréquent et qui sert de base à tant d'autres. C'est là un inconvénient moins grave, quand il ne s'agit que d'un escadron et **de ses quatre pelotons, par cela même que la faute**

que l'on commet ne saurait alors se propager aussi
loin que s'il s'agissait du régiment et de la brigade.
Il ne m'est arrivé que fort rarement de voir cette importante évolution exécutée avec un ordre, une précision telle que le dernier peloton d'un régiment ou d'une
brigade marche à la même allure que le peloton de
tête ; c'est là d'ailleurs ce qu'il est cependant assez facile d'obtenir, ce qu'il est surtout indispensable d'obtenir, pour peu qu'on procède pendant l'instruction
d'après des principes rationnels bien établis. En général, on se presse, on s'agite, on change le rhythme de
l'allure, rien que pour se trouver à sa distance et en
bon ordre, au moment où l'on fera le commandement :
Front ! Si chacun des pelotons avait appris à converser, des mouvements de ce genre seraient pour eux
des bagatelles, des plaisanteries.

On doit consacrer l'attention la plus minutieuse à
chacune des conditions fondamentales sur lesquelles
reposent la correction et l'établissement de l'alignement à l'aide du rhythme, de la régularité du mouvement, des marches directes, des marches perpendiculaires au front, c'est-à-dire à l'aide de la direction, de
cette direction qu'on ne peut être sûr de conserver que
lorsque chacun sait marcher droit devant lui. C'est là
un travail qu'on doit commencer déjà à l'école à pied,
qui a pour but de préparer les évolutions de l'école à
cheval ; c'est dès ce moment qu'il faut chercher à inculquer aux hommes les vrais principes admis. On
peut remarquer, au contraire, de fréquentes déviations
vers la droite, déviations qui ont pour conséquence de
donner de mauvaises habitudes aux jeunes soldats, tandis qu'au contraire les sous-officiers de l'aile droite
doivent être dressés à serrer vers la gauche de la ligne,
afin d'habituer les hommes à céder à la pression qui
vient du côté du guide. Qu'adviendra-t-il quand on

7.

travaillera à cheval? On ne fait, en général, travailler
les subdivisions que sur des lignes droites ou perpendiculaires, tandis qu'il est, au contraire, de principe
d'habituer les hommes aux marches obliques, par cela
même que ce travail exerce une influence réellement
avantageuse sur les marches directes. Il arrive généralement que l'aile gauche est toujours en retard,
même dans le travail à pied, tout comme les cavaliers
de l'aile gauche dans les marches pour défiler, grave
défaut qui est causé uniquement par l'alignement par
les yeux. Tous les hommes, à pied comme à cheval,
doivent savoir tenir le même rhythme, et ce n'est que
quand ils arrivent à peu de distance du chef devant
lequel ils défilent, qu'il est permis aux hommes de
tourner la tête du côté de cet officier, mais non de regarder dans le rang; quand les hommes observeront
ces principes, le défilé ne s'exécutera plus à une allure
contrainte, compassée, retenue, et l'aile gauche ne restera plus en arrière. Mais, comme nous venons de le
dire, toutes les fois qu'on désirera voir ces mêmes
hommes réaliser de rapides et sérieux progrès à cheval,
voir ces évolutions s'exécuter d'une manière sûre et
correcte, il sera indispensable d'inculquer aux hommes
ces principes pendant les écoles à pied. — C'est là
un résultat qu'on n'obtiendra qu'en faisant constamment mettre en pratique les deux grands principes fondamentaux qui sont caractérisés par ces deux mots :
rhythme et *direction*.

3. — Points principaux sur lesquels on doit insister tout
particulièrement en raison de leur influence sur l'école
de l'escadron à cheval.

a. — Travail individuel et travail des subdivisions
pendant la période des exercices de l'été.

Tiré des circulaires du 13 avril 1868, 18 juillet 1871, 21 nov. 1871,
14 juin 1872, 17 mars 1873, 9 juillet 1873, 26 avril 1874, 23 mars
1875.

On doit admettre comme règle générale, comme
principe immuable, que toute séance de manœuvres
sera précédée par quelques exercices de travail individuel et par subdivision, qui permettront de compléter
constamment le dressage des chevaux; il serait en
effet désastreux de cesser de travailler au dressage des
chevaux dès que la saison d'hiver est achevée, de le
laisser dormir pendant ce temps pour ne le reprendre
qu'à l'automne suivant, tandis que c'est en réalité avec
l'été que commence le véritable dressage. Ce qui doit
toujours, et partout primer tout le reste, c'est l'union
du cheval et du cavalier, le développement de leurs
relations mutuelles; c'est là ce qu'il faut chercher à
améliorer sans cesse, c'est là ce qu'on n'obtient que par
le perfectionnement constant et progressif de la position du cheval; les subdivisions, comme chacun des
cavaliers pris individuellement, ne doivent pas rester
stationnaires; loin de là, leurs instructeurs doivent
toujours leur faire faire des progrès, doivent développer
sans cesse leurs aptitudes, leur instruction. C'est pour
cela qu'il faut développer les facultés de chacun grâce
au travail régulier et méthodique dans le carré, qu'on
parachève et qu'on complète le dressage du cheval,
dressage auquel les allures vives ont pu parfois porter

atteinte. Plus le capitaine commandant se servira des allures vives sur le terrain et sur les lignes droites, plus il devra veiller aussi à maintenir, à conserver dans son intégrité, à améliorer, à faire reprendre la position équilibrée que les chevaux doivent avoir sous le cavalier, sous peine de les voir s'abîmer et se tarer bientôt. Le cavalier qui a su bien dresser son cheval, qui a su le conserver ainsi dressé, est aussi le seul qui puisse marcher fort et longtemps aux allures vives, tant sur le terrain, pendant le travail sur des lignes droites, que pendant les exercices.

Le règlement d'exercices du 9 janvier 1873, page 44, prescrivait déjà formellement la continuation du travail individuel pendant l'été, et ce n'est, en effet, que de la sorte, qu'en continuant le travail des chevaux dans les escadrons, qu'on pourra faire faire des progrès à la cavalerie. Il n'y a plus, dès lors, d'interruption, de temps d'arrêt brusque ; au contraire, l'instruction se continuant sans cesse, on peut arriver à un point qui permette d'espérer la réalisation de progrès plus considérables encore pendant l'hiver suivant. Par là encore on arrivera à diminuer de plus en plus le nombre des cavaliers faisant partie de la 1re classe, de ces cavaliers maladroits, inexpérimentés, inhabiles, à développer parmi eux un esprit d'émulation qui poussera chacun d'eux à chercher à passer à la 2e classe. Je ne m'illusionne pas à ce propos ; ce que je demande est parfaitement faisable, pour peu que l'on procède logiquement. Le travail individuel qu'on exécutera à ce moment comprend les trois subdivisions suivantes :

1° Le travail sur le carré aux différentes allures et en bridon, tendant à assouplir, rassembler, équilibrer le cheval, qui servira de travail préparatoire ;

2° Abandonner le bridon, tenir les rênes dans une **seule main, marcher aux allures allongées en exécutant** le maniement d'armes, en sabrant, en pointant contre des mannequins ;

3° Travail individuel en avant du front de la subdivision formée en bataille, travail individuel et saut d'obstacles, la subdivision étant arrêtée.

Le capitaine commandant ne doit jamais passer à l'exécution de mouvements et d'évolutions avant d'avoir fait faire ce travail aux subdivisions d'équitation ; il donne à cet effet ses ordres aux différents instructeurs, qui doivent alors faire exécuter principalement les exercices qui paraissent les plus utiles. Il faut absolument qu'à chaque leçon, chaque cavalier ait été appelé au moins une fois à travailler individuellement, à défiler devant la subdivision quand elle est arrêtée, à se porter au-devant d'elle, à la traverser, ou à passer devant le front quand elle marche en bataille, à exécuter des voltes aux angles des carrés, etc. Il faut toujours s'occuper de l'instruction individuelle de chaque homme ; mais on ferait fausse route en pensant arriver au but par l'instruction en bloc de la masse. On ne devra avoir ni trêve ni repos jusqu'à ce que chaque cavalier sache faire tout ce qu'il veut et tout ce qu'il doit, jusqu'à ce que son cheval et lui restent toujours bien placés, tant individuellement qu'en troupe. Pourvu que l'on ait su provoquer l'impulsion en avant par l'action des jambes, pourvu qu'on ait su développer cette impulsion par le dressage, on arrivera tout naturellement à ce résultat. Former pour ainsi dire le cheval, l'affranchir de toute contraction, développer ses allures, les étendre en faisant disparaître toute raideur, toute résistance, en travaillant à l'établissement de l'équilibre, non pas d'un équilibre qui n'existe que dans la position d'immobilité, tel doit être le but auquel doivent tendre nos efforts. Il est du reste un symptôme bien simple à l'aide duquel on se rendra compte des progrès réalisés : les chevaux deviendront plus beaux, leur conformation et leurs allures gagneront en élégance, ils seront plus libres, plus dégagés.

Il va de soi qu'on doit travailler les chevaux sans rênes d'enrênement, ces rênes ne servent qu'à vous induire en erreur sur le résultat. Le travail sans rênes de cette espèce est le seul qui soit de nature à développer réellement le niveau individuel sous le rapport de l'équitation. L'enrênement n'est bon à quelque chose qu'entre les mains d'un cavalier d'une habileté véritable ; un maladroit, au contraire, se cramponne et obtient précisément le contraire de ce qu'il recherche, il provoque la contraction des muscles du cou et de la mâchoire ; loin de servir à quelque chose, l'effet de l'enrênement devient au contraire nuisible et dangereux.

Afin d'arriver par le travail individuel et le travail par subdivision aux résultats désirés, afin d'avoir des chevaux qui soient toujours bien placés, afin de les confirmer dans cette position, il faut que le cavalier veille avant tout à deux choses :

1o A ce que la main ne se pende pas aux rênes, ne soit pas trop basse ; mais à ce qu'au contraire elle soit calme, fixe, légère, et ne serve jamais à empêcher le cavalier de tomber de cheval ;

2o A ce que le mollet soit rapproché du corps du cheval et agisse sur lui ; à ce que le genou ne soit ni remonté ni contracté.

Ce sont là deux conditions indispensables pour faire progresser l'équitation et les chevaux. Se pendre aux rênes et baisser les poignets en tendant les rênes, sont choses fort dangereuses, parce que, loin de ramener de la sorte la tête du cheval, on arrive au contraire à un résultat diamétralement opposé. Rien ne saurait **réagir** plus efficacement contre ces graves défauts que les exercices d'assouplissement pendant la marche, que ces exercices qui consistent à caresser l'encolure du cheval tantôt avec le dessus, tantôt avec la paume de la main, tantôt enfin avec les deux mains. C'est de la sorte qu'on réussira à combattre et à faire disparaître ces défauts, qu'on donnera aux cavaliers une assiette fixe, qu'on les mettra à même de rester à cheval sans avoir à se cramponner à la bouche de l'animal pour éviter de tomber. En outre, les chevaux céderont de la mâchoire quand l'action des jambes se manifestera d'une manière efficace ; enfin, il ne sera plus nécessaire de parler de l'assouplissement de la mâchoire, par cela même qu'il se produira tout naturellement et spontanément. Il faut également combattre énergiquement un autre défaut, dont les conséquences sont également fâcheuses, et qui consiste à pousser tout le côté droit, épaule droite, hanche droite, cuisse droite et mollet droit, tellement en avant, à retirer le côté gauche tellement en arrière, que l'on se trouve hors d'état de faire agir le mollet droit ; or, comme ce défaut se traduit également dans l'action de la main, il est doublement pernicieux. Quand on aura réussi à combattre, à proscrire ces défauts, on ne tardera pas à constater les progrès étonnants que feront le dressage, l'obéissance, les moyens des chevaux. Les chevaux mieux placés, plus légers de bouche, puisqu'on aura obtenu la cession de la mâchoire droite, cession que l'action excessive et prédominante de la rêne gauche contrecarrait jusqu'à ce jour, trotteront dès lors plus carrément à main droite, auront moins de tendance à s'enlever au galop, parce que la jambe droite pourra produire son effet, galoperont d'aplomb sur le pied gauche en raison même du rôle que jouent désormais la rêne droite et la jambe droite comme aides extérieures ; trotteront réellement à gauche et à main gauche, parce que n'étant plus dérangés par la pression constante, nerveuse du mollet gauche qui venait jadis se placer en arrière des sangles, mais que, maintenus en dedans par la jambe droite, ils ne pourront plus jeter la croupe en dedans, et marcheront bien droit parce qu'ils seront jetés sur leur mors non plus obliquement, mais directement par l'action de la jambe gauche. Il existe d'ailleurs un moyen bien simple et bien certain de constater ces faits : il suffira de regarder si le bridon est bien normalement placé dans la bouche du cheval et ne sort pas plus à gauche qu'à droite. De ce que les chevaux, par suite de l'action fréquente et exagérée de la rêne gauche, se braquent de ce côté, il résulte qu'ils marchent avec la bouche sourde et contractée, qu'ils bondissent, que le sang leur monte à la tête parce que la rêne gauche, rêne intérieure, agit sur eux avec la rigidité d'une barre de fer. Pour placer un cheval, il faut que la rêne du dedans agisse la première ; ce n'est que quand le cheval a cédé à cet effet que l'on commence à agir sur la rêne extérieure, mais toujours avec moins de force que sur celle du dedans. C'est là d'ailleurs un principe absolu ; en l'enfreignant, on a des chevaux à mâchoire contractée, braquée. C'est là aussi ce qui fait que bien souvent les chevaux, ou refusent de marcher l'épaule en dedans à main droite et la croupe en dedans à main gauche, ou n'exécutent ces mouvements que fort mal ; c'est là encore que se trouve la cause réelle de l'exécution incorrecte de ce travail si important de deux pistes. Ce qui y contribue encore, c'est la position défectueuse des cavaliers, et cependant on veut exiger le travail de deux pistes d'un cheval auquel le cavalier indique par la position même de son corps un mouvement absolument opposé à celui qu'il veut obtenir. Rien de plus **naturel alors que de voir le cheval se défendre. Mais si**

l'instructeur commande halte, quand un cheval se défend de la sorte, s'il rectifie la position de ces cavaliers,
s'il place leurs épaules et leurs hanches dans la direction qu'on veut faire prendre aux chevaux, enfin s'il ne
fait marcher de deux pistes que pendant quelques pas,
afin que les cavaliers ne retombent pas dans leur erreur, il finira par avoir des chevaux qui tous exécuteront le mouvement de bon cœur.

En observant ces principes, on agira dans l'intérêt
du service du roi, dans l'intérêt des escadrons, et on
verra disparaître les chevaux rétifs, indociles, marchant avec l'arrière-main haute et roide, avec l'avant-
main déprimée, les chevaux aux jambes de devant
tarées, aux tendons engorgés. C'est là une chose que
ne saurait trop considérer quiconque veut développer
les moyens, augmenter la durée de ses chevaux, et c'est
pour cela que j'insiste et que j'insisterai toujours sur
ce point. Avec des chevaux qu'on aura travaillés de la
sorte, les manœuvres d'escadron, le maniement d'armes, le *jeu de barres* et le combat individuel ne sont
plus que des bagatelles bien simples, bien faciles à
faire exécuter; il suffit pour cela que la base existe;
c'est-à-dire que le rapport nécessaire entre le cheval
et le cavalier ait été réglé en vertu de ces principes.

On aurait tort de croire que c'est à la suite d'un exercice fréquemment répété qu'on réussit à faire sortir successivement chaque cheval du rang, à lui faire exécuter
le travail sur les lignes droites et en avant du front; c'est
là un résultat qu'on obtient quand les hommes montent
bien à cheval, quand ils savent agir à propos sur le cheval,
développer constamment l'impulsion, le mouvement en
avant, que tant de cavaliers ne savent pas provoquer,
qu'ils contrecarrent même en baissant le poignet, en
s'accrochant aux rênes. Les chevaux qui ne veulent
pas sortir du rang, c'est-à-dire ceux qui ne veulent pas

se porter en avant, sont pour la plupart des chevaux auxquels on a donné une mauvaise position de travers à droite; ces chevaux ne prennent pas franchement leur mors, jettent à la moindre exigence l'épaule gauche à gauche et l'arrière-main à droite; l'avant-main et l'arrière-main prennent donc une position oblique par rapport au cavalier; les chevaux deviennent par suite indociles, rétifs, refusent d'aller là où le veut leur cavalier, ruent sur l'attaque de la jambe droite, parce qu'ils ne sont pas habitués à en sentir l'action, et se mettent debout dès qu'on veut leur prendre la tête. Il y a toujours encore un certain nombre de chevaux qui pour cette raison refusent de sortir du rang et de se porter en avant, ce qui est cependant une condition indispensable; des chevaux qui ne savent pas marcher droit quand ils travaillent seuls, parce qu'on n'a pas su les enfermer dans la main et dans les jambes, et parce qu'on a laissé toujours leur arrière-main s'échapper à droite.

C'est là un défaut qu'on voit apparaître clairement dans le travail sur le carré, chez les cavaliers qui laissent pendre le mollet droit, ou qui le portent tellement en avant qu'il ne saurait produire aucune action sur le cheval. Si l'on fait exécuter alors éternellement un travail général sur le carré, on peut arriver à s'imaginer que tout va pour le mieux, que seul le galop à gauche laisse quelque peu à désirer; mais, pour peu que l'on passe au travail individuel, on voit apparaître immédiatement tous les inconvénients qui résultent d'une mauvaise position à cheval; les chevaux refusent d'obéir et se mettent à se défendre.

Le travail sur le carré a donc peu de valeur, dès que les instructeurs ne s'aperçoivent pas de ce qu'il y a à faire pour prévenir ces défauts encore si fréquents, tandis que le travail individuel a **une importance capi-**

tale par cela même que les défenses, auxquelles il donne lieu, font reconnaître, même à un instructeur manquant encore d'expérience, l'existence des fautes que commettent les cavaliers. Les capitaines commandants doivent, par suite, appeler constamment l'attention des instructeurs sur les points qu'ils ne doivent jamais perdre de vue, leur faire comprendre que c'est dans la position du corps, dans l'assiette, dans la main du cavalier qu'il faut chercher la cause des fautes et des défenses des chevaux. Une fois la cause trouvée, et dès qu'on a réussi à faire disparaître la défectuosité remarquée chez le cavalier, le cheval cessera de lui-même de se défendre ; dès que la cause n'existe plus, l'effet ne peut plus se produire ; en procédant autrement, en s'attachant uniquement à travailler le cheval, nous n'arriverons à rien, si ce n'est à ruiner le cheval. La rétiveté des chevaux, leur refus de sortir du rang, doit donc être combattu en temps utile pendant le travail sur le carré, mais non pas en répétant fréquemment l'exercice qui consiste à sortir du rang : agir de la sorte ce serait simplement perdre son temps, et ce n'est pas ainsi qu'on arrivera à être sûr de pouvoir toujours porter le cheval en avant. Quand, au contraire, on aura rectifié ce qui était défectueux chez le cavalier, le cheval obéira tout naturellement ; apprenons donc au cavalier à se servir de sa jambe droite, et que l'instructeur ne tolère plus jamais que la jambe gauche vienne s'appliquer constamment sur le flanc gauche du cheval en arrière des sangles.

Il sera assurément long et difficile de faire oublier ces mauvaises habitudes aux chevaux qui, à force d'avoir été mal placés, sont arrivés à un degré tel de rétiveté que la défense est devenue pour eux une sorte de chose naturelle ; on aura bien de la peine à les empêcher de faire demi-tour à gauche, de se jeter sur

l'épaule gauche, à les faire céder à l'action de la jambe
droite, à prévenir la ruade au moment où la jambe
droite se ferme, à les faire sortir du rang. Ces chevaux,
dès qu'on leur demande de se porter en avant, reculent
ou se placent obliquement l'avant-main à gauche,
l'arrière-main à droite, bousculant et pressant tout le
reste du rang. Mais, quoi qu'il en soit, il n'est pas impossible, comme on affecte de le croire, de déraciner
ces mauvaises habitudes, malgré l'amour naturel du
cheval pour la compagnie.

L'obéissance du cheval doit primer ses instincts na-
turels. Mais pour cela il faut absolument que le cavalier soit décidé à faire triompher sa volonté, à ne pas
renoncer à la partie si le cheval se défend opiniâtré-
ment et refuse obstinément de sortir du rang. Si l'on
cède au cheval, il s'ancre de plus en plus dans sa défense, et la prochaine fois il refusera d'obéir avec bien
plus de violence et d'entêtement.

Pour ce qui a trait plus particulièrement au travail
sur le carré, il est de règle de faire exécuter ce travail
par division d'équitation comme en hiver ; on peut alors
réunir sous un même instructeur plusieurs de ces divisions et constituer des divisions de 18 à 20 chevaux ;
mais on doit se garder de confier à un seul instructeur
toute une classe d'équitation, tous les jeunes soldats
par exemple : ce serait là chose fort nuisible ; un instructeur ne saurait surveiller un nombre aussi considérable de cavaliers, et son enseignement ne saurait
alors produire de bons résultats sur chacun des individus. Quand les divisions sont nombreuses, les chevaux dépensent infiniment plus de forces, et les leçons
dureront plus longtemps que si les divisions sont
moins considérables ; on aurait donc tort de procéder
de la sorte. L'escadron étant formé en bataille, le capitaine commandant forme les divisions de travail à

l'aide des commandements réglementaires suivants :

Recrues, en avant! Marche! ou *Au trot!* ou *Au galop!*
Marche!

Première classe d'équitation en avant! Marche! ou
Au trot! ou *Au galop! Marche!*

De même pour la 2e classe et pour la remonte de
l'année précédente.

Au commandement d'exécution *Marche!* ou *Au trot!*
les hommes des classes désignées par le commandement préparatoire, qui sont placés au premier rang,
se portent en avant à l'allure indiquée et forment aussi
vite que possible les divisions de travail (1). Les hommes
du 2e rang des 1er et 2e pelotons prennent cette allure
dès qu'ils sont sortis du rang en reculant et passant
par l'aile droite de l'escadron; les hommes du 2e rang
des 3e et 4e pelotons passent par l'aile gauche pour rejoindre leurs divisions et s'alignent rapidement. Les
instructeurs portent leurs divisions en avant, les alignent, se placent devant leur front jusqu'à ce que le
capitaine commandant donne l'ordre de se mettre en
mouvement; ils font alors les commandements réglementaires et se portent *au trot* jusqu'au point où ils doivent
travailler en carré. Il en sera de même lorsqu'il s'agira
de venir se reformer dans l'escadron; les instructeurs
ne devront jamais faire exécuter le mouvement au pas;
enfin, toutes les fois que l'on voudra passer de la
colonne par pelotons à l'ordre en bataille, chacun des
pelotons devra prendre le trot.

Les rectangles devront avoir des dimensions analogues à celles des manéges couverts et fermés, se

---

(1) Chacune des classes d'instruction de l'escadron, telles que
les recrues, les remontes, etc , etc., se fractionne en *abtheilungen,*
divisions d'équitation, chacune de 20 chevaux au plus.

composer, par suite, de deux grands côtés et de deux petits. Le sol devra en être aussi uni que possible; quand les divisions comprendront de 16 à 20 chevaux, le carré devra être formé de telle manière que la queue soit à 4 ou 5 longueurs de la tête. Quand les divisions seront moins nombreuses, cette distance pourra être plus grande, afin que l'on ait à sa disposition des lignes droites plus longues. Ces carrés ne seront pas des carrés parfaits, ce seront des rectangles qu'on formera avec soin; on veillera à ce que chaque cavalier passe exactement à la même place que celui qui le précède, que la piste soit par suite aussi étroite que possible, que chacun d'eux entre bien dans le carré; on tiendra la main à ce qu'on ne commette plus la faute si fréquente qui consiste à se jeter en dehors avant de changer de direction. Si l'on ne consacre pas à ces différents points l'attention voulue, le travail sur le carré perdra beaucoup de son importance et de sa valeur.

Dans le travail de deux pistes, la tête au mur, l'avant-main ne doit pas sortir de la piste; dans le travail de l'épaule en dedans il en est de même pour l'arrière-main : dans le premier cas c'est l'avant-main, dans le second l'arrière-main qui doit se mouvoir sur la piste; c'est là un point sur lequel les instructeurs doivent veiller, tout aussi attentivement que sur le maintien des distances. Le but auquel on tend n'est point, en effet, l'instruction générale de la masse, mais bien l'instruction individuelle, que l'on prépare efficacement en habituant les hommes à marcher à leur distance.

On doit habituer ces hommes à conserver leur distance, non pas à l'aide de l'œil, mais à l'aide du rhythme, de la cadence : leur apprendre à sentir et à garder le rhythme, c'est leur apprendre à conserver leur distance sur le carré; on les rend ainsi plus réellement indépendants du cavalier qui les précède, dont ils ne suivront plus servilement l'exemple. Quand il se dépêchera et qu'il augmentera l'allure, ils ne le suivront pas; quand il ralentira, ils ne raccourciront pas l'allure de leurs chevaux. Sans cela, en effet, l'indépendance disparaîtrait, tout serait vague, incertain, et dépendrait de la faute qui, commise par un seul, se propagerait chez tous les autres.

C'est du rhythme seul, et non des distances observées à l'aide des yeux, que dépendent la sûreté et la cohésion. Le maintien de la distance doit, tout comme l'alignement dans le rang, être la conséquence de la régularité même de l'allure; on a donc tort de répéter sans cesse aux cavaliers : « Gardez vos distances ! » parce que c'est en les admonestant de la sorte qu'on fait prendre aux hommes l'habitude déplorable de s'aligner exclusivement sur le cavalier du premier rang. Ce qu'on doit au contraire répéter sans cesse aux hommes, comme avertissement, c'est le commandement : « Conservez le rhythme de votre allure, sans vous occuper de la distance ». Quand l'un des cavaliers aura perdu sa distance, on devra lui dire : « Vous partirez plus tôt la prochaine fois, mais conservez maintenant le même rhythme de votre allure ». Tout s'arrangera et s'améliorera pour peu qu'on procède de la sorte. C'est du rhythme, en effet, que dépendent l'ordre, la sûreté, la précision, tandis que l'alignement par les yeux ne donne naissance qu'à la confusion, au désordre et à l'inquiétude. C'est là ce qu'on ne saurait trop méditer, ce qu'on ne saurait trop chercher à inculquer aux recrues.

Les cavaliers doivent savoir discerner parfaitement le trot moyen, le galop moyen et le grand galop, marcher à ces allures pour leur propre compte, sans s'occuper de ce qui se passe autour et auprès d'eux; c'est là le seul moyen de donner à une troupe un lien, une cohésion réelle; c'est aussi le moyen de perfectionner même le

travail individuel. Mais il s'agit là de l'application
d'un principe fondamental, qu'il est bon de mettre en
pratique dès que les conscrits commencent le travail sur
le carré, tout comme il importe également de leur apprendre à se reformer au plus vite lorsqu'en raison
même de l'exécution du travail individuel on les a intentionnellement mêlés entre eux. Au moment du ralliement, ces conscrits ne doivent pas chercher à se
former en tas, ils doivent au contraire, en se réglant
sur la tête, se porter à leur place par le chemin le plus
direct. C'est surtout pendant qu'on travaillera dans le
carré qu'on devra habituer les hommes à se conformer
aux sonneries, à exécuter à temps et à propos le mouvement qu'elles indiquent, parce que c'est pendant ce
travail que des exercices de la sorte pourront amener
les résultats les plus profitables.

On pourrait, une fois pour toutes, diviser comme
suit le travail sur le carré :

1º Faire monter à cheval avec le fusil (ou la lance)
à la botte et au bridon. Continuer le dressage du cheval et le travail de flexion et d'assouplissement de
sa mâchoire et de ses hanches; en un mot, rassembler
le cheval; exécuter, par suite, des ruptures, des pirouettes sur les épaules et sur l'arrière-main; des pas
de côté, marcher aux allures rassemblées, trot ralenti,
galop ralenti ;

2º Haut le fusil! (ou la lance à la main) faire prendre les rênes dans une seule main; allonger les allures,
trot et galop moyens, trot et galop allongés. Maniement
d'armes : ordonner à chaque cavalier de sabrer et de
pointer au moment où il passe devant l'instructeur, à
toutes les allures et dans toutes les directions. Sabrer
et pointer dans les lignes basses, d'abord de pied
ferme, puis au pas, pour apprendre aux hommes à se
coucher sur le cou du cheval sous remonter les jam-

bes, sans toucher les chevaux avec l'éperon. Chaque cavalier doit parvenir à toucher la terre avec son sabre en galopant.

Comme nous l'avons déjà dit ci-dessus, il faut que chaque leçon comprenne des exercices de travail individuel, seul et unique moyen de combattre les fautes qui ont pu se glisser dans une division d'équitation. L'équitation collective hébète les hommes, les endort, tandis que le travail individuel les éveille, les intéresse, les rend plus adroits, plus ingénieux, et permet à l'instructeur de leur inculquer des principes plus rationnels et s'adressant plus directement à chacun. Le travail collectif, surtout quand il s'agit des remontes, ne saurait démontrer que les jeunes chevaux savent obéir aux jambes; c'est cependant la chose capitale, qui ne peut se manifester et se développer que par le travail individuel. Ce que nous venons de dire suffit, à nos yeux, pour faire ressortir toute l'utilité, toute l'importance de ce travail, à l'aide duquel on parviendra à n'avoir plus de chevaux tenant au rang. C'est encore grâce à ce travail que chaque cavalier pourra, soit qu'on travaille sur le carré ou en carré, parvenir, au milieu du désordre le plus complet, à se rallier et à se reformer rapidement. Il faut naturellement que l'on suive pour le travail individuel une progression normale : on fera, par exemple, exécuter des voltes d'abord dans les coins laissés libres du carré, en veillant à ce qu'on double bien ces coins, qu'on passe le long de la division arrêtée et qu'on ne laisse pas les chevaux s'arrêter derrière elle; puis, passant à des exercices plus difficiles, on fera changer de main dans le cercle, changer de cercle, puis, lorsque ces mouvements s'exécutent correctement, on fera marcher à la rencontre l'un de l'autre deux cavaliers qui décriront chacun une volte dans les coins; enfin, on fera faire les voltes au galop en ordonnant aux hommes de sabrer et de pointer dans l'intérieur du cercle, tout comme si un cavalier ennemi se trouvait enfermé dans le cercle. Plus on répétera le travail individuel, et mieux cela vaudra ; ce travail produit en effet des résultats bien autrement considérables qu'un temps bien plus long attribué au travail en reprise. Il est plus instructif, plus profitable que le travail par division, qui ne sert pour ainsi dire à rien.

En suivant la progression du travail individuel, on arrivera alors à la période suivante, celle du travail individuel sur des lignes droites sur le terrain ; c'est là un travail important, en ce qu'il constitue la vérita-ble préparation aux manœuvres, en ce qu'il permet d'achever le dressage des chevaux, qui jusqu'à ce moment n'ont guère travaillé que sur le carré. Le but qu'on se propose d'atteindre consiste à mettre les hommes à même de mener et de conduire leurs che-vaux droit devant eux à toutes les allures et dans n'importe quel terrain. Les moyens à employer pour obtenir ce résultat sont les suivants :

1° Faire sortir fréquemment les hommes du rang en leur ordonnant de se porter sur un « *point de vue* » (1) lointain, mais bien apparent, tel qu'un clocher, un arbre, une maison, etc., vers lequel ils doivent se di-riger en marchant constamment droit devant eux et sans dévier de leur ligne ; faire exécuter cet exercice d'abord au trot, pour pouvoir le faire ensuite au galop. Quand les cavaliers viendront rejoindre leur peloton ou leur escadron, veiller à ce qu'ils marchent aux allures ralenties (trot ou pas), parce que les chevaux ont alors une tendance naturelle à se presser, et qu'il est de prin-cipe que le cavalier doit toujours s'opposer à tout ce

---

C'est l'expression même employée par le général von Schmidt.

que le cheval cherche à faire malgré lui, s'il veut toutefois en rester véritablement maître;

2° L'instructeur ordonnera à chacun des cavaliers de sortir successivement du rang pour se porter individuellement jusqu'à lui; il veillera à ce que les cavaliers marchent bien perpendiculairement, bien droit, à toutes les allures (trot, galop, sur le pied gauche ou droit), et aura soin de se placer à une certaine distance de sa troupe. Les cavaliers devront toujours pouvoir dire s'ils ont fait galoper leurs chevaux sur le pied qu'on leur avait indiqué. On veillera toujours à ce que les cavaliers puissent répondre à ces questions, à ce qu'ils se portent résolûment jusque sur le point où se trouve l'instructeur, à ce que l'arrêt se fasse correctement, à ce que les chevaux soient placés régulièrement, bien droits, bien calmes, à ce qu'ils ne cherchent pas à se déplacer latéralement, à ce que chaque cavalier puisse, après avoir exécuté un *demi-tour à droite*, retourner doucement à l'endroit d'où il vient;

3° On fera travailler la division à rangs ouverts, en laissant une distance de une à deux longueurs entre chaque cavalier;

4° Le travail ne s'exécutera que rarement sur les lignes droites du terrain, mais presque toujours sur les lignes obliques, sur la diagonale;

5° On fera exécuter le travail individuel en avant de la division qu'on aura placée obliquement par rapport aux limites du terrain; on ordonnera aux hommes de se détacher en tournant à angle droit, puis parallèlement au front. Ce travail se fera d'abord au commandement, puis sans commandement, d'abord par un, puis par deux cavaliers, dont l'un prendra le galop à droite et l'autre le galop à gauche. Exercices à faire exécuter à un seul cavalier, par exemple : *Se porter perpendiculairement au rang, à 100 pas en avant, en*

galopant sur le pied droit — à droite — Marche ! En
avant ! — 50 *pas — à droite — Marche ! En avant !* 100
pas ! à droite ! — Marche ! En avant ! — *Longer le front*
de la division arrêtée; puis, arrivé à l'aile gauche :
Volte à droite ! — Marche ! et après s'être porté quelques
pas en avant dans la nouvelle direction : *A droite ! —*
Marche ! En avant ! (Reprendre par suite une direction perpendiculaire au front). *Au trot ! à gauche ! —*
Marche ! En avant ! à gauche ! — Marche ! En avant !
et rentrer dans le rang en se présentant sur les derrières
de ce rang. On travaillera de la même façon au galop
sur le pied gauche et quand on fera exécuter le travail
à deux cavaliers, qui se laisseront mutuellement à
droite.

L'instructeur ne fera jamais exécuter le travail individuel en arrière de la troupe, mais *toujours en avant;*
toutes les voltes et changements de direction se feront en
avant. Tous les chevaux ne demandent pas mieux que
de travailler derrière le front et autour de la troupe, et
nous savons déjà qu'il faut toujours faire le contraire
de ce que les chevaux et même les cavaliers cherchent
à faire instinctivement. On commet fréquemment dans
le travail individuel deux fautes qui consistent, l'une
à faire décrire de grands cercles aux cavaliers au lieu
de les habituer à tourner à angle droit, même lorsqu'on leur commande de semblables mouvements,
l'autre à se rapprocher beaucoup de la troupe quand
on leur ordonne de marcher parallèlement au front,
tandis qu'ils devraient faire tout le contraire, s'en
éloigner, se tenir plus à gauche quand on les fait
tourner à droite, et plus à droite dans l'à-gauche. Cela
provient de ce que tous les cavaliers cherchent à changer de direction rien qu'à l'aide des rênes, que les
chevaux ne peuvent obéir à cet effet unique, qu'ils
tournent mal, et que par suite le changement de direc-

tion devient très-large. Il suffit d'un peu d'attention et d'insistance pour faire disparaître ce défaut.

Ce n'est qu'en cherchant sans cesse et sans relâche à établir et à conserver la relation qui doit exister entre le cheval et le cavalier, à provoquer, à développer la position et l'impulsion du cheval, à rendre le cavalier de plus en plus maître de sa monture, en s'efforçant de parachever et de compléter, par le travail sur le carré et le travail individuel, auquel on se livrera avant tout exercice, comme le règlement l'exige d'ailleurs, l'instruction donnée pendant l'hiver, qu'on pourra parvenir à l'exécution correcte des manœuvres, qu'on aura des chevaux toujours bien sur leurs jambes, et toujours en bon état, en bonne condition. Mais il faut aussi que le travail individuel et ce complément de dressage se fassent de manière à servir à quelque chose; il ne faut donc pas, comme cela arrive encore fréquemment, qu'on fasse faire aux chevaux des mouvements qu'ils exécutent déjà correctement et sans peine, des mouvements avec lesquels chevaux et cavaliers sont déjà complétement familiarisés. On doit, au contraire, comme nous l'avons déjà dit à plusieurs reprises, exiger et faire exécuter précisément tous les mouvements pour lesquels le cheval, comme le cavalier, éprouve une certaine répulsion, par exemple : faire changer de direction devant la troupe, tandis qu'on a souvent l'habitude de faire tourner les chevaux autour de cette même troupe, faire sortir un cavalier du rang aux grandes allures, l'y faire rentrer aux allures ralenties, etc., etc.

C'est en effet le seul moyen de rendre le cavalier réellement maître de son cheval, et de rendre le cheval parfaitement docile.

On ne doit être indulgent ni pour l'homme ni pour le cheval; on ne doit laisser ni le cheval, ni le cavalier, faire

8.

ce qui lui plaît. Le travail individuel, envisagé comme conséquence et résultat du dressage individuel de l'homme et du cheval, doit devenir un exercice avec lequel tous les soldats soient complétement familiarisés.

b. — Travail individuel.

Tiré des circulaires du 14 juin 1872, 17 mars 1873, 9 juillet 1873, 14 juillet 1875.

Le travail individuel sert à faire percevoir directement les résultats immédiats du dressage : on ne devra consacrer à ce travail ni trop de temps, ni des séances complètes, bien qu'il soit cependant utile, à tous égards, de faire travailler tous les jours les cavaliers individuellement, tantôt à une allure, tantôt à une autre, tantôt en leur faisant exécuter le maniement du sabre, tantôt sans faire mettre le sabre à la main. Ce travail, plus qu'aucun autre, sert à contrôler la position du cheval et du cavalier; de plus, il oblige les hommes à faire attention, à s'observer. Quant au *principe fondamental* sur lequel repose la bonne exécution de ce travail, c'est encore et toujours le même : *garder le rhythme de l'allure et non la distance*, marcher droit, emboîter le cavalier qui précède; à ce propos il sera bon de prendre à droite et à gauche à quatre ou six longueurs du chef, devant lequel on a à passer, deux points marqués par des chevaux que chacun des cavaliers devra frôler en passant. Quand ils n'auront pas le sabre à la main, les hommes devront tourner légèrement la tête du côté de la personne devant laquelle ils passent. Si un des cavaliers marche à une allure autre que celle qui est indiquée, il devra continuer à se porter tranquillement en avant et se garder de rester en arrière pour ne pas mettre le désordre dans l'escadron tout entier.

Les capitaines commandants saluent toujours quand ils amènent et présentent leur escadron, alors même que les hommes passent en sabrant et en pointant. Il en est de même pour les chefs de pelotons isolés. Quand on marche à main droite, les trompettes sont en tête, tandis qu'à main gauche ils viennent en queue de l'escadron.

Quand on exécute ce travail en sabrant et en pointant, ou quand il s'agit de présenter la troupe, l'allure à laquelle se fera le mouvement sera indiquée par une sonnerie. On veillera à ce que les hommes n'exécutent, en sabrant ou en pointant, que le mouvement qui leur a été prescrit ; on aurait en effet une triste opinion de l'obéissance, de la discipline d'une troupe dont les soldats exécuteraient toutes sortes de coups de sabre qu'on ne leur aurait pas ordonné de porter.

Quand on présentera les hommes au galop, il faudra toujours passer du trot au galop. Les hommes devront, par suite, marcher droit devant eux, au pas à distance de rang pendant un espace équivalant à trois longueurs de cheval, prendre leur distance au trot pendant une longueur et demie, et alors seulement passer au galop en marchant droit devant eux. De cette façon on obtiendra un galop calme et régulier, tandis que sans cela il arrive souvent qu'en rompant à droite les hommes font un demi à-gauche, ou à gauche un demi-à-droite, pour réussir à forcer les chevaux à prendre le galop normal. Or, c'est là précisément ce qu'il importe d'éviter et de combattre par-dessus tout, de défendre d'une manière absolue. Il sera fort bon, lorsque les hommes auront passé au galop devant le chef, et seront arrivés huit longueurs plus loin, de leur faire prendre le trot à hauteur d'un sous-officier posté là à cet effet, parce qu'en procédant de la sorte on donnera une bonne leçon aux hommes et aux chevaux. Tant qu'on verra beaucoup de chevaux sur le mauvais pied, tant qu'à main gauche il y aura beaucoup de chevaux sur le pied droit, on aura la preuve évidente du peu de progrès réalisés par les hommes. Tant que la jambe gauche n'agira pas, tant que dans ce cas elle ne viendra pas se fermer à hauteur des sangles et empêcher le ballottement de l'arrière-main ; tant que l'effet excessif de la rêne gauche amènera le nez du cheval à gauche ; tant que la jambe gauche exercera une action latérale en restant appliquée en arrière des sangles au lieu de donner de l'impulsion au cheval et de le jeter sur la rêne gauche, le cheval devra forcément partir sur le pied gauche, et c'est là ce qui se manifeste alors d'une façon évidente dans le travail individuel au galop.

Nous avons déjà dit qu'il était également défectueux de voir les cavaliers sortir du rang par un demi-à-droite quand on doit faire ce travail à main gauche ; les cavaliers passent alors à une certaine distance des points jalonnés et ne marchent pas droit devant eux. C'est précisément le contraire qui doit arriver ; les cavaliers doivent plutôt sortir en obliquant un peu à gauche, faire dominer l'action de la jambe et de la rêne droites, afin d'embarquer leurs chevaux sur le pied gauche et de suivre une ligne droite en rasant les points jalonnés. C'est là ce qu'on doit apprendre aux hommes ; c'est à cela qu'il faut tenir rigoureusement la main.

Le travail individuel en carrière doit se faire à l'allure la plus rapide possible ; mais pour cela il est indispensable qu'on ait déjà pas mal travaillé en carrière ; les chevaux doivent en effet y être habitués, et il faut qu'on sente bien que les chevaux font tout ce qu'ils peuvent et emploient tous leurs moyens. Enfin, il est possible d'augmenter la vitesse, d'étendre l'allure, si l'on procède par des exercices rationnels et progressifs ; il faut, pour cela, réunir les chevaux lents et paresseux aux chevaux vites, les faire marcher à côté d'eux ou derrière eux pour les exciter ; souvent aussi c'est la mauvaise position du cavalier qui empêche les chevaux de galoper vite, soit parce que la position de leur corps rend cette allure pénible pour les chevaux, soit parce qu'ils se pendent aux rênes. Le travail en carrière est donc aussi utile aux hommes qu'aux chevaux ; le galop de carrière doit être aussi rapide que le vent. On devra prendre cette allure *tous les jours ;* les chevaux l'endurcront parfaitement, et le travail à cette allure agit d'une manière des plus efficaces sur l'esprit des hommes qu'il anime et qu'il éveille ; ces hommes doivent devenir de jour en jour plus adroits, plus hardis, et se réjouir de pouvoir galoper correctement en carrière. On devra encore exercer les hommes à marcher bien droit devant eux en carrière, sans laisser trop de distance entre eux, à exécuter un changement de direction, de préférence à tourner en cercle à droite autour d'un point déterminé ; c'est là surtout que l'équilibre exerce une influence réelle. On ne doit pas permettre qu'un cavalier dépasse les cavaliers qui le précèdent, sans que pour cela il soit obligé de ralentir l'allure ; de même aussi, deux ou trois cavaliers ne devront jamais passer à la fois devant le chef, ce serait là tolérer une grosse faute, et les hommes finiraient par croire qu'en carrière il est inutile, qu'il est même impossible de rester en bon ordre. La faute consiste en ce que chaque cavalier du deuxième rang fait partir son cheval trop tôt, et probablement en ce qu'il est hors d'état de le tenir ; d'autant plus, que comme ce cavalier connaît parfaitement le cheval de son chef de file du premier rang, qu'il sait si ce cheval est froid ou violent, rien

ne lui est plus facile que de se régler sur lui pour
rompre à son tour et prendre le galop de carrière.

Quand les hommes auront en outre à sabrer et à
pointer, ils devront le faire énergiquement, vigoureusement, en employant toute la force voulue, en temps
utile, juste au moment où ils passeront devant le chef.
On devra habituer systématiquement les hommes à se
coucher l'épaule gauche sur l'encolure du cheval pour
toucher la terre avec leur sabre, d'abord de pied ferme,
puis au pas, au trot, au galop et enfin en carrière.

Chaque cavalier devra alors toucher la terre. On
prendra la garde, non pas en avant de l'épaule, mais
en portant la main droite à hauteur de la tête, et pour
sabrer à terre, on portera la main rapidement sur
l'épaule gauche. Les uhlans, pour pointer en avant avec
les deux mains, tiendront la lance bien droite, et non
pas la pointe en l'air, à peu de distance de l'oreille gauche du cheval, en laissant pas mal de bois en arrière de
la main droite, en penchant légèrement le corps sans
pousser le poignet gauche en avant. En général, les
hommes ne prennent guère la position voulue pour
sabrer et pour pointer : leur buste n'est généralement
pas souple; la souplesse est cependant bien nécessaire
pour conserver l'équilibre indispensable à la bonne
exécution du maniement d'armes. Pour obtenir cette
souplesse, il sera bon de faire travailler la voltige et les
autres exercices d'assouplissement. Il est absolument
indispensable de faire disparaître toute raideur, toute
contraction du buste et des hanches.

Je résumerai donc encore une fois les conditions
principales, nécessaires pour exécuter correctement le
travail en carrière :

1º Allonger le galop autant que possible;

2º Marcher bien droit devant soi;

3º Ne pas dépasser le cavalier précédent;

4º Frapper vigoureusement d'estoc et de taille ;

5º Pousser énergiquement un hourrah !

Les cavaliers qui poussent un *hourrah!* sourd, un hourrah de poitrinaire, ne sont pas capables de fournir un bon galop de carrière; ce sont des hommes qui manquent de cœur, de courage. C'est pour cela qu'il faut habituer les hommes à pousser des hourrahs quand ils galopent grand train.

Comme nous avons à compter avec de jeunes cavaliers, comme d'autre part nous devons nous efforcer de les rendre maîtres de leurs chevaux, il nous faut avoir recours à des expédients, à des moyens qu'il serait moins utile d'employer avec des cavaliers déjà plus anciens; quoi qu'il en soit, il n'en est pas moins possible d'arriver au but; à ce propos, on ne saurait trop recommander de veiller à ce que, lorsqu'on aura fait faire un travail aux grandes allures,—carrière et galop allongé,—l'on rectifie ensuite la position des hommes, on leur fasse exécuter des mouvements qui font rentrer les chevaux dans l'obéissance. C'est là ce qu'on obtiendra à l'aide des moyens que nous avons indiqués en parlant du travail individuel au galop : après avoir fourni le galop de carrière, chaque cavalier devra, à 100 ou 150 pas du rang formé en bataille et arrivé à hauteur d'un officier ou sous-officier posté sur ce point à cet effet, prendre le trot et rentrer dans le rang à cette allure. Il sera bon également, après avoir fait exécuter en carrière le travail par un, de le faire répéter ensuite au trot et au galop, afin de rétablir l'ordre et la tranquillité, afin que les chevaux ne sortent jamais de la main; mais, je le répète encore une fois, ce n'est pas une raison pour craindre et éviter le travail en carrière. *Le travail en carrière, comme le saut d'obstacles, doit se faire tous les jours,* soit par un, soit par trois, soit en rang, soit par peloton.

c. — Maniement d'armes. Coups de pointe contre le mannequin.

Tiré des circulaires du 21 novembre 1871, 14 juin 1872, 17 mars 1873, 9 juillet 1873, 10 janvier 1874, 26 avril 1874, 21 avril 1875.

A plusieurs reprises j'ai appelé l'attention sur les progrès que nous avons encore à faire en tout ce qui a trait au maniement des armes. Il faut en effet travailler au perfectionnement du maniement d'armes, pour que les hommes puissent faire ce qu'on leur demande, pour que l'on puisse satisfaire aux exigences qui résultent directement de la tactique actuelle de combat.

La base nécessaire pour arriver à ce résultat, c'est avant tout l'escrime, l'escrime qui est à tous égards un exercice indispensable pour la cavalerie. L'escrime est surtout un moyen excellent pour développer la souplesse et l'agilité du corps : c'est l'escrime qui met le sabre à la main du cavalier, et qui ne saurait le lui mettre trop souvent; c'est l'escrime qui lui apprend à reconnaître les intentions de l'adversaire rien qu'en regardant son œil et ses mouvements, à apercevoir les fautes de l'adversaire, à en profiter rapidement. L'escrime est donc un puissant moyen d'instruction; c'est encore l'escrime qui, par suite même de la difficulté que présente le maniement d'armes, surtout l'escrime d'estoc, exerce une influence réelle sur l'attention et l'intelligence des hommes. L'escrime d'estoc doit précéder l'escrime de taille avec la rapière, le sabre ou la latte; c'est en effet par le travail d'estoc qu'on donne au corps du cavalier l'adresse, la souplesse, la légèreté, et si l'on ne commençait pas par apprendre aux hommes à pointer, l'escrime de taille avec la rapière, la latte ou le sabre, dégénérerait rapidement et les hommes se

contenteraient de sabrer à tort et à travers, ce qui ne
sert à rien. Je sais bien que dans la mêlée on ne fait
pas d'escrime, et qu'on sabre de toutes ses forces en
faisant partir le coup de l'épaule et du bras, que la
meilleure garde, que les meilleures parades, ne sont
rien autre que des coups nombreux et bien dirigés de
taille et surtout d'estoc ; il n'en est pas moins certain
que le cavalier qui a appris l'escrime du sabre sera,
dans la mêlée, supérieur à son adversaire, pour peu
toutefois qu'il soit bon cavalier ; il me suffira de citer,
à l'appui de mon opinion, l'exemple donné, en 1813,
1814, 1815, par la cavalerie française, dont les chevaux
étaient pour la plupart des chevaux pris aux agricul-
teurs et aux maîtres de postes, par cette cavalerie française qui ne se composait guère que de cavaliers naturellement médiocres, dont l'instruction était incomplète, mais qui rachetaient en grande partie ces graves
défauts par une habileté réelle en fait d'escrime, de
cette escrime qui a toujours été en grand honneur dans
la cavalerie française, par cette habileté qui, à maintes
reprises, et dans maints combats, comme celui de
Liebertwolkwitz, par exemple, lui permit de tenir victorieusement tête à la cavalerie prussienne, à la cavalerie
russe, toutes deux cependant composées de cavaliers
plus expérimentés ; je crois qu'on pourrait tirer des
exemples analogues de l'histoire de la dernière guerre,
bien que, par suite de la répulsion que la cavalerie
française manifesta pour ce genre de combat, les en-
gagements de cavalerie aient été fort rares.

Il est donc de toute nécessité pour nous de rendre
nos hommes de plus en plus adroits à manier leurs
armes. C'est en hiver qu'on doit poser les bases de ce
travail, grâce aux exercices d'escrime et de maniement
d'armes exécutés à pied, exercices auxquels on ne saurait apporter ni trop de soin, ni trop de persévérance,

ni trop de méthode. Quand les hommes auront fait beaucoup de maniement d'armes à pied, ils n'auront besoin de travailler à cheval que pendant peu de temps; on devra faire précéder le travail à cheval par des exercices d'escrime du sabre sur le cheval de bois; l'expérience a démontré que cette manière de procéder donnait d'excellents résultats, permettait aux cavaliers de déployer, dans le maniement du sabre, de la force et de l'habileté; mais pour cela il faudra veiller à ce que les cavaliers s'appuient bien sur leurs étriers, ce qu'on obtiendra d'ailleurs en habituant les hommes à sabrer et à pointer vigoureusement, en les forçant à assouplir leurs hanches et leur buste. Tous ces exercices ont un rapport intime avec l'équilibre du cavalier, avec la répartition judicieuse du poids. La plus grande partie de nos cavaliers cherchent à exécuter les changements de direction exclusivement à l'aide des rênes; il en résulte des chutes fréquentes, surtout quand le cavalier ne se lie pas au mouvement, ne se conforme pas à l'effet des rênes. Beaucoup de cavaliers ont le buste et les hanches raides, immobiles, contractés, ce qui est en contradiction complète avec les principes mêmes du règlement. L'assiette seule doit être fixe, tandis que le haut du corps doit être souple et dégagé, parce que les différents mouvements de ce buste, qui doit pouvoir s'incliner, se ployer, exercent une action directe sur le cheval, sur l'équitation, sur les changements de direction, sur le maniement d'armes, de ce buste qui est l'aide le plus efficace, le plus sûr du cavalier. Il faudra donc assouplir le plus possible les hanches du cavalier. Même pendant le travail à pied on devra veiller à que les hommes prennent une position correcte pour porter les différents coups de taille et d'estoc. Ce travail servira, d'une part, à apprendre aux **hommes à toucher leur adversaire, tandis que de l'autre** il les rendra plus adroits, assouplira leurs hanches, qui, même au point de vue de l'équitation, ne sauraient jamais être trop assouplies. Or, de même que le sol soutient l'homme lorsqu'il fait le maniement d'armes à pied, de même aussi il importe qu'à cheval ce cavalier prenne un point d'appui sur ses étriers pour pouvoir sabrer et pointer vigoureusement. C'est précisément parce que les hommes négligeront plus souvent de se lever ainsi sur leurs étriers, parce qu'ils ont plus de difficultés à le faire, que nous devons d'autant plus nous efforcer de chercher à satisfaire à ces légitimes exigences, à augmenter l'habileté et la souplesse des hommes, à vaincre leur raideur et leur immobilité naturelles. S'il nous reste encore de grands progrès à faire sous ce rapport, cela résulte de ce que l'on n'apporte pas suffisamment de soins et de méthode, pendant la première période de l'instruction des recrues, à l'exécution des changements de direction et des déplacements d'assiette, de ce que ces changements de direction, ces déplacements d'assiette, ne s'exécutent pas à l'aide de l'équilibre, de l'action des jambes, de l'effet répété mais léger de la rêne intérieure, de l'opposition proportionnelle de la rêne extérieure, enfin de ce que l'on ne consacre pas assez de temps, de ce que l'on n'attribue pas assez de valeur à l'exécution des changements de direction et des déplacements d'assiette, tant de pied ferme qu'en marchant.

Le but qu'on se propose d'atteindre à l'aide des changements de direction, consiste : 1° à rendre le cheval adroit, capable de servir en campagne, à lui donner la souplesse, la légèreté qu'il est nécessaire d'obtenir à cause même de l'importance prise par le maniement d'armes; 2° à contribuer au dressage systématique du cheval de remonte ; ces changements de direction font partie, en effet, du langage des jambes et des rênes, ils ont une connexité directe avec la position et la conservation du cheval, ils développent le tact et le sentiment du cavalier. Les changements de direction doivent donc s'exécuter en bannissant le plus possible toute action mécanique, comme celle des rênes, mais en faisant une large part à la répartition du poids, par cela même que le haut du corps, en se ployant au moment du changement de direction, exerce une influence réelle sur la locomotion; c'est de là que dépendent l'étendue, la largeur, la lenteur, la rapidité du changement de direction. La répartition judicieuse du poids est donc la première et la plus indispensable des bases sur lesquelles repose l'équitation; c'est cette répartition du poids qui influe sur l'assiette du cavalier, sur son action sur le cheval, sur le dressage du cheval. Le travail de deux pistes, et surtout l'épaule en dedans, qui ne saurait s'exécuter dès que le poids est mal réparti, est sous ce rapport un excellent exercice préparatoire tant pour le cheval que pour le cavalier. Le fait même que, quand les hommes montent à cheval avec les rênes de bride dans une seule main, l'effet des rênes ne se manifeste pas pendant les changements de direction, fait dont il est possible de constater journellement l'existence avec des cavaliers maladroits, suffit pour faire ressortir toute l'importance du rôle que joue la répartition judicieuse du poids, l'équilibre, dont font partie naturellement la flexion du corps dans les voltes et l'assouplissement des hanches, pour démontrer l'intérêt majeur qu'il y a à le développer le plus possible. En procédant judicieusement, on réussira à faire exécuter, aux deux mains et au galop, sans peine, même aux cavaliers les plus maladroits, des voltes en tournant autour des mannequins auxquels ils porteront des coups d'estoc et de taille; c'est là le minimum de l'instruction à exiger de la part des hommes, et nous ne saurions avoir ni trêve ni repos avant d'être arrivés à la réalisation de cette condition fondamentale.

Il faut en cela, comme dans les autres branches de service, procéder systématiquement, suivre pendant le semestre d'hiver une progression rationnelle dans l'instruction, et c'est alors qu'en été nous verrons se manifester d'une manière frappante les progrès que chaque cavalier aura faits, l'habileté qu'il aura acquise.

L'escrime doit toujours être travaillée avec amour, avec entrain, avec intelligence, et c'est dans ce sens qu'il faudra agir sur tout l'escadron. Quelque difficulté que puisse présenter l'escrime de taille, surtout dans le principe lorsqu'on manque de maîtres habiles, on ne tardera pas cependant à trouver des prévôts, pour peu qu'on prenne un intérêt réel à l'escrime, qu'on cherche à se faire une idée exacte de ce qu'il importe de faire, à apercevoir les fautes que l'on commet. Il faut, pour se procurer des maîtres d'armes habiles, adroits, que l'on procède, comme je l'ai déjà dit, avec méthode dans les régiments : les officiers et sous-officiers, qui ont travaillé à l'école centrale de gymnastique, doivent être chargés d'instruire plusieurs sous-officiers, deux à trois par escadron, qu'on réunira pour suivre ces cours et qui devront à leur tour apprendre l'escrime aux hommes de leurs escadrons. Le cours qu'on fera suivre aux sous-officiers destinés à devenir des prévôts durera environ trois mois ; ce n'est qu'en procédant de la sorte que nous parviendrons à faire encore d'autres progrès.

Il est parfaitement inutile de faire autant de classes d'escrime qu'il y a de contingents sous les drapeaux, et de faire passer dans la première classe d'escrime les hommes qui ont deux ans de service ; la classification des hommes sous le rapport de l'escrime doit dépendre uniquement de l'habileté qu'ils ont acquise; en procédant autrement, on arriverait à rendre nuisible et vaine une chose qui par elle-même est utile et profitable. Les divisions d'escrime doivent être au début aussi peu nombreuses que possible, se composer de six hommes environ, afin de permettre de s'occuper individuellement de chaque homme. Le capitaine commandant, qui néglige l'instruction de l'escrime faute d'avoir sous la main un nombre suffisant de bons prévôts, se condamnerait lui-même; car, s'il avait procédé logiquement et rationnellement, il aurait pu s'assurer les moyens d'action déterminés par les *Aperçus généraux, chapitre Ier, de l'Instruction sur le maniement d'armes de la cavalerie de l'année* 1873, page 5. On trouve toujours des *gefreite* habiles, intelligents, qui feront de bons maîtres d'escrime pour peu qu'on leur ait donné l'instruction voulue: on peut même employer à cet effet ceux des soldats qui, au bout d'un an de service, peuvent servir de moniteurs de gymnastique, de prévôts d'armes, pour peu qu'on leur ait inculqué de bons principes, qu'on leur ait montré les points sur lesquels il convient d'insister tout particulièrement. En procédant de la sorte, on forme des prévôts en nombre suffisant, on emploie judicieusement les forces et les moyens dont on dispose, et on n'aura plus jamais à alléguer le manque d'instructeurs dont on se plaint si souvent; enfin, on déchargera les sous-officiers d'une partie de leurs fonctions déjà si multiples et si onéreuses. L'enseignement de l'escrime devra comporter au moins deux leçons d'une heure chacune par semaine. Les conscrits ne devront commencer l'escrime que dans la dernière période du travail d'hiver.

Quand il s'agira de continuer l'enseignement de l'escrime, il faudra se servir de fleurets et d'épées; mais dans le principe, quand on ne fait exécuter que

les exercices préparatoires, la garde, la feinte, les
appels, la passade, la marche d'un ou deux pas en
avant ou en arrière, exercices qui ont une influence si
salutaire sur la position et l'équilibre du corps, on se
servira, dans les petites divisions, dont les hommes feront alors face à l'instructeur, de sabres de bois. Ce
n'est que plus tard, quand ils seront alors bien préparés, qu'on donnera le fleuret et l'épée aux hommes,
qu'on leur fera faire assaut entre eux. L'escrime de
l'épée doit être enseignée aux hommes avant l'escrime
du sabre, parce que le travail à l'épée, d'ailleurs plus
difficile, rend les hommes plus adroits, plus habiles,
donne aux poignets la souplesse, la rapidité, qui sont
si nécessaires pour l'escrime du sabre.

On doit donc apprendre soigneusement à tous les
hommes l'escrime de l'épée, parce que c'est là le meilleur moyen de les rendre adroits, de faire tomber en
désuétude la déplorable manie de sabrer en aveugle
sans savoir ce que l'on fait; l'escrime ainsi entendue
présente le double avantage de combiner les exercices
d'assouplissement avec l'assaut d'armes.

Pour ce qui est de la méthode à suivre, il serait bon
de se conformer au petit manuel de *Strantz* (1), dont
chaque escadron devrait posséder plusieurs exemplai-
res; on réaliserait alors des progrès un peu lents peut-
être, mais du moins certains. Il importe même de consacrer une attention sérieuse aux exercices préparatoires
sans fleuret, et de veiller surtout à ce que les hommes

(1) Depuis que le général von Schmidt a écrit ces lignes, on a
publié chez *Schræder*, à Berlin, en janvier 1872, une *Praktische
Anleitung zum Unterricht im Stossfechten* (Manuel pratique de l'enseignement de l'escrime de l'épée), qui se trouve sur la plupart des
points principaux en harmonie complète avec l'instruction de
Strantz.

aient une bonne garde. Il faut aussi exiger que le **coup d'épée** soit toujours porté de haut en bas et jamais de bas en haut.

L'escrime du sabre a également besoin de reposer sur des bases bien raisonnées; il faut, par suite :

1° Que la garde soit bonne et régulière, tout comme pour l'escrime de l'épée, que le pied gauche soit bien tourné la pointe en dehors, le pied droit soit poussé en avant et formant angle droit avec le gauche, le genou droit plié, la jambe jauche tendue, le poids du corps reposant sur la jambe droite, le buste tendu en avant, la main droite à hauteur du visage, la main gauche derrière le dos;

2° Que le coup régulier, sûr et léger, parte du poignet, sans ployer le coude, et que la pointe de la lame soit tournée du côté du corps de l'adversaire.

On devra s'opposer à ce que les adversaires, c'est là un défaut très-fréquent, soient placés trop près l'un de l'autre; on doit, par suite, leur faire connaître la distance normale, la distance réduite ou augmentée, leur montrer ce qu'on entend par hors de distance. Le prévôt pourra alors toujours faire reprendre facilement et rapidement la distance normale.

On n'a pas imaginé, pour l'escrime de l'épée, de termes désignant d'une manière précise les différents coups; comme, d'ailleurs, la question de mots est une chose tout à fait accessoire, on pourra parfaitement employer les expressions de coups à la tête, à la poitrine, au côté, dans le ventre; à côté de ces coups droits, il faudra également porter les coups obliques à l'épaule, dans les côtes, dans les hanches; peu importe d'ailleurs la dénomination donnée à ces coups : ce qu'il faut, c'est qu'ils soient exécutés correctement, et que les hommes apprennent à se bien servir de l'arme, soit qu'on se serve de la désignation ci-**dessus** indiquée, soit qu'on appelle ces coups : prime, quarte, tierce, seconde, quarte haute, tierce haute, quarte ou tierce basse. Dans l'instruction méthodique, après avoir appris aux hommes les attaques simples, on pas-sera à l'étude, d'abord des ripostes simples, puis des ripostes compliquées, qui diffèrent des premières en ce qu'on répond à l'attaque par un coup différent de celui tenté par l'adversaire, puis des parades simples et compliquées, puis des parades doubles, puis des feintes qui consistent à tromper l'adversaire en l'obli-geant à se découvrir sur une fausse attaque, puis enfin du *contra fechten* (1), et ce n'est qu'après les avoir fait passer par toute cette progression qu'on laissera les hommes faire assaut.

Afin d'obtenir que les hommes dirigent leurs coups dans la ligne et dans la direction voulues, afin de leur apprendre à bien placer et tourner le poignet, à ce que la pointe de l'arme soit bien assurée au moment où l'on porte le coup, il sera fort utile de faire tirer les hommes sur une sorte de plaque de bois recouverte de tôle, pourvue d'un certain nombre d'entailles et dans le genre de la figure ci-dessous.

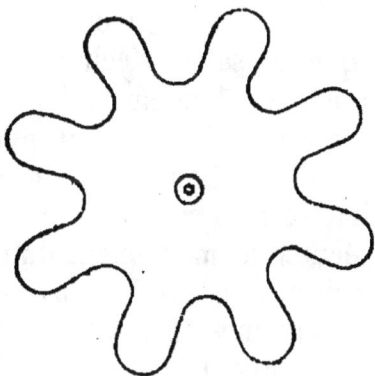

---

(1) *Contra fechten.* Exercice du sabre exécuté par deux cavaliers placés face à face.

9.

Comme, grâce à cette plaque, on cherche surtout à donner au poignet la position normale et la souplesse voulues, qui seules permettent d'arriver à la sûreté dans le coup, il sera absolument inutile de dépenser, pour porter un coup, toute la force du bras, d'autant plus qu'en employant autant de force on perce la tôle et on fait pénétrer la lame dans le bois.

S'agit-il, au contraire, du sabre ou de la latte, il faut alors que le coup soit porté avec toute la force du bras, dont le mouvement doit être soutenu par celui du haut du corps ; il faut alors que le coup parte de l'épaule, du coude et du poignet. Généralement, et dans le principe, c'est toujours de l'épaule seule que les hommes se servent ; or, tant qu'il en sera ainsi, ils ne pourront jamais sabrer avec force, pas plus qu'ils ne seront à même de porter alors un coup de pointe bien allongé ; ces deux sortes de coups ont cependant une valeur réelle, capitale, au moment de la mêlée ; c'est grâce à eux que les hommes réussiront, d'une part, à l'emporter sur leurs adversaires, de l'autre à parer leurs coups. Enfin, il faut non-seulement que le poignet droit soit bien placé, mais il importe en outre que l'homme ne serre pas la poignée de l'arme en contractant les doigts. Afin d'éviter que le sabre s'échappe de la main de l'homme, ce qui arrive facilement lorsqu'en portant un coup vigoureux on manque le but qu'on a visé, afin de bien faire saisir aux hommes ce qu'ils auront à faire dans un combat réel, il sera fort bon, toutes les fois qu'on fera exécuter le maniement du sabre, soit qu'il s'agisse d'exercices préparatoires ou de tir contre un but, d'ordonner aux hommes de passer le poignet droit dans la dragonne ; afin que la main de l'homme embrasse mieux la poignée, il sera bon que l'index, soit qu'on fasse sabrer, soit qu'on fasse pointer, passe par l'anneau de cuir de la garde. Il faudra donc veiller à ce que les hommes placent ainsi le doigt pendant les exercices, afin qu'ils soient habitués à le faire lorsqu'il s'agira de combattre, et qu'ils puissent alors et sabrer vigoureusement et allonger leurs coups de pointe.

Les coups de sabre doivent être envoyés vigoureusement, énergiquement, par le tranchant, et quand bien même il faudrait sabrer vingt fois de suite, il faut que chaque coup siffle; chacun de ces coups doit être bien long, et chaque fois il faut que l'homme y mette toute sa force.

Pour pointer comme pour sabrer, il faut que l'épaule droite soit bien souple, bien libre, que le coup soit bien dirigé contre la poitrine, il faut ensuite retirer l'arme si rapidement que la lame en tremblera, et c'est là ce qu'on ne peut obtenir que par des exercices fréquents et répétés. Ce sont surtout les coups de pointe qu'il importe de travailler; un seul coup de pointe, bien envoyé, est plus terrible que bien des coups de sabre ; le coup de pointe seul peut mettre un ennemi hors de combat; mais, malgré tous nos efforts, il nous est difficile de faire pointer nos hommes quand ils combattent à l'arme blanche, parce qu'ils ne sont pas suffisamment habitués à ce genre d'escrime, parce qu'il leur répugne de se familiariser avec lui, malgré les nombreux exemples dont il serait cependant bon de profiter. Un coup de pointe et un coup de tranchant doivent suffire pour mettre un adversaire hors de combat ; mais il faut exercer fréquemment les hommes pour qu'ils acquièrent et l'adresse et la force désirables.

Pour pointer et sabrer à gauche, il faut rejeter le plus possible l'épaule gauche en arrière, afin d'amener le plus possible le poignet droit dans la direction du coup.

Pour pointer et sabrer en arrière, il faudra que l'homme soit habitué à laisser la main gauche qui tient les rênes en face du milieu du corps, tandis qu'il fera légèrement tourner son buste autour de ses hanches ; la main droite se trouvera, par suite, placée au-dessus de la croupe du cheval.

Pour se couvrir, on relèvera la lame afin que le cavalier puisse efficacement parer l'attaque de son adversaire ; si, au contraire, on continuait à donner à la lame la position que prend l'arme au moment de la charge, on ne réussirait pas à parer.

Enfin l'instructeur contribuera énormément à développer rapidement l'adresse des hommes, quand il aura réussi à combiner judicieusement les coups de pointe, les coups de tranchant et les parades.

Chaque cavalier doit pouvoir porter avec force et sans interruption au moins 20 à 30 coups (à droite, à gauche, à droite et à gauche). Chaque fois, l'arme doit frapper par le tranchant, ce qui dépend surtout de la manière dont le cavalier tient la poignée du sabre.

Il faut toujours, et à chaque coup, que le cavalier porte le plus possible le haut du corps en avant, puisse faire tourner son buste autour de ses hanches, fasse disparaître toute raideur.

Il est également utile, tout comme dans l'escrime à l'épée, de faire exécuter avec le sabre et la latte les coups contre l'épaule, c'est-à-dire les coups obliques, tout comme les coups perpendiculaires contre la tête.

On développera l'œil, la souplesse, l'habileté des hommes, en leur faisant faire du *contra fechten* avec le fleuret et l'épée, exercices qui ne font travailler que le poignet ; l'escrime du sabre, au contraire, développe la force musculaire du bras. Mais, pour faire tirer les hommes au sabre les uns contre les autres, il faut que l'on procède avec une prudence extrême, si l'on ne veut pas qu'il arrive des accidents aux hommes. Il faudra, **quand on fera exécuter de semblables exercices, placer** les hommes à une distance telle, que les lames ne puissent jamais se'toucher ; c'est là un exercice excellent, grâce auquel les hommes arrivent à bien pointer et à bien sabrer, par cela même qu'ils apprennent de la sorte à deviner dans l'œil de leur adversaire, et à parer, par suite, les coups que celui-ci va leur porter.

Pour arriver à des résultats complétement satisfaisants, il faut suivre la progression suivante. Au commencement, un seul des deux adversaires désigné par le prévôt, sabrera et pointera ; l'autre se contentera de se couvrir. Quand on sera de la sorte arrivé à ce que celui qui doit se couvrir, reconnaissant à l'œil les intentions de son adversaire, réussisse à se couvrir à temps, on passera aux contres, aux ripostes, aux ripostes immédiates, c'est-à-dire que l'un des adversaires portera à l'autre un coup de pointe ou de sabre, auquel celui-ci ripostera par un autre coup, et ainsi de suite, mais en détaillant chaque coup. Enfin, on passera au troisième degré, dans lequel chacun des adversaires sera absolument libre de faire le coup qu'il voudra dès qu'il aura vu que son adversaire a fait une faute et s'est découvert.

Si, au début, les adversaires étaient placés face à face, on fera ensuite exécuter un à-droite et un à-gauche à l'un d'eux, pour les faire combattre dans cette position ; enfin, on les placera de façon à ce qu'ils se présentent mutuellement le flanc. C'est en procédant de la sorte qu'on montrera aux hommes les avantages qu'il y a pour eux à savoir et pointer et sabrer.

Pour ce qui est de l'escrime de la lance, on devra particulièrement insister sur les points suivants :

Quand on croisera la lance, on devra lui donner sous le bras droit la position la plus élevée possible, parce que ce n'est que quand elle est bien placée sous le bras qu'on la tient solidement. La lanière de la lance doit être poussée en avant, jusque vers le fer, parce que, sans cela, elle pourrait s'accrocher à la selle, aux effets de l'homme, et gêner les attaques et les parades.

Pour replacer rapidement la lance à la botte, il faudra la reporter à l'épaule droite, afin de la caler. Quand on voudra lancer un coup horizontal, il faudra que la pointe du fer soit un peu plus basse que l'extrémité de la botte, afin que le coup ne relève pas. Toutes les fois qu'on voudra lancer un coup, il faudra que l'épaule droite soit absolument dégagée et souple ; c'est là une condition indispensable pour que le coup soit bien long, bien pénétrant, pour qu'il soit envoyé avec force. Les hommes doivent suivre le coup le plus possible avec le haut du corps.

Dans les coups à droite et à gauche en arrière, la lance devra à peine dévier de la position horizontale. Quand on portera le coup en arrière à droite, la lance reposera sur la hanche droite, contre laquelle elle sera appuyée à l'aide du coude droit. Dans le coup d'en arrière à gauche, la lance reposera sur le coude gauche et passera au-dessus de l'avant-bras gauche. Dans tous ces coups, la pointe doit être dirigée bien normalement ; elle ne doit jamais vaciller ni en haut, ni en bas, ni de côté. Les positions de la lance doivent être bien réglées. Quand on sera arrivé à ce premier résultat, quand on aura réussi à faire exécuter les coups en avant, on obtiendra le reste tout naturellement. Les moulinets doivent se faire très-rapidement. Le poignet gauche ne doit pas s'élever quand on lance le coup. « Le coup à deux mains en avant » doit être travaillé avec un soin particulier ; le poignet gauche ne devra pas être porté en avant au moment du coup ; la pointe de la lance ne doit pas se relever, l'épaule gauche doit venir en avant, l'épaule droite être ramenée en arrière ; la lance, au moment du coup, sera placée à une certaine hauteur sous le bras droit. Le cavalier doit laisser au moins un bon pied du bois de la lance en arrière de la main droite. Il faut, en portant le coup, tendre le corps en avant et, par suite, avoir les hanches souples.

On pourra faire exécuter les coups dans un ordre quelconque; il n'y a pas, à cet effet, de progression déterminée à suivre ; on devra seulement alterner et combiner les attaques et les parades et passer rapidement d'une parade à une quelconque des attaques. On devra également habituer les hommes, après avoir porté un coup de fer de lance dans une direction, à porter dans la direction opposée un coup de talon de la lance. On peut également exécuter avec la lance d'autres exercices, faire prendre aux hommes la garde polonaise et russe, afin d'augmenter leur habileté à manier cette arme.

Lorsque les conscrits sauront bien faire l'escrime de la lance à pied, il sera bon de les y exercer sur le chevalet de voltige, sur lequel on figurera la tête et l'encolure du cheval, et sur lequel on placera une selle, afin de les préparer au maniement de la lance à cheval, d'abord, parce qu'il y a une différence capitale entre la manière de porter le coup, selon que l'on est debout et à pied, ou assis sur le chevalet de voltige, puis, parce qu'il importe d'habituer les hommes à manier leur arme de manière à ne pas toucher la tête du cheval. Mais si, d'une part, je considère ces exercices sur le chevalet de voltige comme extrêmement utiles, si je les ai recommandés depuis longtemps parce que j'ai pu constater qu'ils sont de nature à donner à l'homme la position et l'habileté dont il aura besoin à cheval, à lui apprendre à placer la main des rênes comme elle devra l'être à cheval, à faire attention à la tête du cheval, j'ai pu remarquer, d'autre part, toute l'inutilité d'un assaut à la lance fait par deux hommes placés chacun sur des chevalets de voltige; les peines et les dépenses que cause cet exercice l'emportent de beaucoup sur les résultats qu'on en retire. L'assaut au sabre ne développe pas l'habileté des adversaires autant qu'un assaut à l'épée ou au fleuret; mais au moins il en résulte un profit réel au point de vue de la manière dont les hommes se servent de leur sabre.

Pour ce qui est des points qu'on devra toucher en pointant à cheval avec la lance, je ferai remarquer qu'à mes yeux il est indispensable de faire pointer sur des mannequins bien rembourrés, revêtus de vieux uniformes, et non sur des bouchons de paille, qu'il faut constamment faire replacer par des hommes à pied qu'il serait bien plus utile de faire travailler à cheval. Cette opération cause toujours un certain désordre qu'on pourrait éviter, en plaçant des mannequins de grandeur naturelle, les uns à terre, les autres contre des poteaux solidement fixés dans le sol et sur lesquels ils seraient solidement attachés. Les mannequins rembourrés et de grandeur naturelle ont, de plus, l'avantage d'habituer les chevaux à passer gaiement et sans faire d'écart entre des êtres vivants.

Comme je l'ai déjà dit formellement à plusieurs reprises, chaque cavalier doit, à la fin du travail d'hiver, être à même d'exécuter aux deux mains une volte au galop autour d'une figure, de façon à pouvoir la toucher en sabrant et en pointant. C'est là la moindre des exigences qu'on soit en droit d'avoir. La peine que l'on s'est donnée et le temps, qu'on a consacré à l'instruction, seraient perdus, si on n'arrivait pas à cela, et ce serait, de plus, la preuve manifeste qu'on n'a pas bien su régler la progression du travail.

Afin de préparer les hommes et les chevaux au maniement d'armes en plein air, il faudra, pendant le mois de mars et surtout pendant la deuxième quinzaine de ce mois réservée au maniement d'armes, faire placer dans les coins des manéges des mannequins rembourrés, afin d'habituer les chevaux à passer auprès d'eux et les cavaliers à les sabrer, à les toucher en pointant et en décrivant un cercle individuel autour d'eux. Quand chacun des cavaliers pourra exécuter individuellement cet exercice, on le fera faire par deux cavaliers qui se détacheront et s'éviteront pendant que le reste de la subdivision sera arrêté parallèlement au petit côté du manége, qui, par suite, passeront le long de ladite subdivision et défileront, selon qu'ils marcheront à main droite ou à main gauche, de la droite à la gauche ou de la gauche à la droite de la troupe. Quand les cavaliers auront dépassé les ailes, ils changeront de direction pour se porter en avant sur la piste et exécuter le maniement d'armes.

Je ferai remarquer, à ce propos, combien il me semble peu pratique de faire travailler les jeunes chevaux en plein air pendant le semestre d'hiver, sous le prétexte de rendre le manége libre pour les exercices du maniement d'armes ; en procédant de la sorte, on semble vouloir se contenter de les faire simplement marcher droit devant eux pendant le premier hiver, tandis qu'au contraire tout le travail de dressage doit être également réparti entre les dix-huit mois dont on dispose à cet effet. Toutes les fois qu'on ne cherchera pas à donner le plus tôt possible aux jeunes chevaux une position en rapport avec leur conformation, la position d'équilibre que doit avoir tout cheval d'armes, toutes les fois qu'ils pèseront à la main, qu'ils tireront sur les rênes, qu'ils mettront la tête basse, ces chevaux se perdront dans leurs membres antérieurs pendant le premier hiver, seront déjà tarés et ruinés quand ils passeront à l'escadron. Tandis que si on les avait soumis journellement à un travail progressif, rationnel,

on en aurait fait, au contraire, des chevaux capables
d'un bon service et pleins de moyens.

Les cavaliers appartenant à la 1re classe d'équitation doivent, comme ceux de la 2e, apprendre à travailler leurs chevaux, afin de perfectionner la position
du cheval, de le rassembler plus complétement, de le
rendre plus adroit, plus apte au service. Il faut donc
absolument que les cavaliers de la 1re classe montent
eux aussi à leur tour à cheval dans le manége. Je dois
d'ailleurs dire franchement que je ne saurais nullement
approuver la manière de faire qui consiste à exclure
du manége les jeunes chevaux et la 1re classe d'équitation, pour réserver ce manége exclusivement aux exercices de maniement d'armes ; ce procédé me paraît
d'autant plus défectueux qu'il est absolument inutile
de commencer le maniement d'armes avant le mois de
mars. Il faut avant tout apprendre aux hommes à monter à cheval, à travailler leurs chevaux aussi complétement que possible, à les assouplir, à les rendre
légers, à les rassembler, pour qu'il s'établisse un lien
intime entre l'animal et le cavalier ; ce n'est que quand
on aura obtenu ce résultat qu'il pourra être utile et
profitable de passer au maniement d'armes. En agissant de la sorte, on procédera rationnellement et mé-
thodiquement, tandis qu'en commençant prématurément le maniement d'armes on causera au contraire
un préjudice considérable à l'instruction : *On peut tout
faire dès que le cheval est léger à la main. S'il en est
autrement, le cavalier ne peut pas se servir de son arme.*
Il faut donc s'occuper tout d'abord du cheval, le dresser complétement et intelligemment. Ce n'est que
quand le dressage sera achevé, que lorsqu'on aura,
pendant le trimestre d'hiver, appris aux hommes à se
servir rationnellement de leurs armes, que l'on pourra
constater en été l'existence de progrès réels sous le

rapport du maniement d'armes, que l'on verra des hommes qui toucheront les figures qu'ils doivent frapper, soit en passant devant elles à n'importe quelle allure, soit en décrivant un cercle autour d'elles; c'est alors seulement *qu'on aura des touchés réels; car ni le coup de sabre, ni le coup de lance, ne sert à rien s'il ne touche pas le but.*

Nous devons faire tous nos efforts pour que, quelle que soit l'allure à laquelle ils marchent, nos cavaliers arrivent à sabrer et à pointer contre les figures et les objets qui servent de but. On ne saurait tolérer (ce qui se produit encore parfois) qu'aux allures vives le plus grand nombre des cavaliers manquent de touche. La faute capitale consiste généralement dans l'indolence de nos hommes, indolence qu'il importe par suite de secouer; il faut, en effet, arriver à ce que chaque homme ait la ferme volonté de toucher le but. Il sera du reste assez facile de constater si l'homme est réellement animé de ce désir; il suffira pour cela de jeter un coup d'œil sur sa position à cheval, sur la manière dont il portera le coup, sur la façon dont il visera le but. Quant aux chevaux, ils iront toujours sans peine dans la direction dans laquelle les cavaliers les embarquent vigoureusement, du côté où le cavalier porte le poids de son corps, et c'est là un moyen accessoire fort utile avec lequel le cavalier ne peut se familiariser qu'en hiver au manége. L'indifférence et l'insouciance sont sous ce rapport les deux choses les plus dangereuses pour le soldat en général et pour le cavalier en particulier; le désir de bien faire, l'attention soutenue, l'envie d'exécuter ce qu'on lui demande, l'emportent sur l'intelligence, qu'on cherche également à développer et *qui ne se développe d'ailleurs que grâce à l'attention.* Tandis que, surtout aux allures vives, où il est si délicat de saisir le moment propice pour sabrer et pour pointer, il importe de prendre à l'avance la position voulue, on voit souvent encore des hommes marcher en tenant le sabre ou la latte verticalement, ou dans la position réglementaire de la garde pour pointer en avant, jusqu'à ce qu'ils arrivent à quelques pas de la figure, et manquer de touche par cela même que leur coup arrive naturellement trop tard ; il en est de même pour pointer et sabrer sur une figure placée à terre ; la plupart des coups tombent alors quand on a dépassé l'objet. On ne doit jamais permettre que des cavaliers qui doivent tourner autour d'un mannequin passent sans exécuter le coup de pointe ou de sabre qu'on leur a ordonné de faire, sous le prétexte qu'ils n'ont pu le donner ; une telle manière de faire, d'ailleurs comme toute équitation défectueuse, est pernicieuse et porte atteinte à la discipline, en ce que le cavalier s'habitue de la sorte à désobéir aux ordres qu'on lui donne. Les capitaines commandants doivent apporter un raffinement réel à imaginer et disposer des exercices qui imposent aux cavaliers certaines obligations, qui les forcent à faire dans l'exécution preuve d'intelligence, d'habileté et de discipline. Chacun des officiers doit être sûr que tous ses cavaliers, sans exception, exécutent consciencieusement leurs ordres. Ce n'est pas rien que pour développer l'adresse corporelle des cavaliers qu'il importe de veiller à ce que chacun d'eux parvienne à toucher au galop un objet placé à terre ; mais cet exercice a une valeur pratique des plus grandes, par cela même que les cavaliers pourront alors sabrer les fantassins ennemis, qui ont souvent l'habitude de se jeter à terre quand une charge arrive sur eux. Or, comme le coup de pointe produit toujours plus d'effet que le coup de sabre, comme un seul coup de pointe suffit pour mettre un adversaire hors de combat, tandis que pour arriver à ce résultat il faut en général

plusieurs coups de sabre, et que pendant que le cavalier redouble de coups contre son adversaire, il a
dans la mêlée chance d'être lui-même mis hors de
combat par d'autres adversaires, il est indispensable
d'exercer les hommes à pointer plus fréquemment qu'à
sabrer contre des figures ; il en est de même à *fortiori*
pour les coups dirigés sur des figures placées à terre.
Le coup de pointe doit dans ce cas, par suite de mille
raisons qui tiennent surtout au mouvement même du
cheval, être préféré toujours au coup de sabre, tant
parce qu'on a plus de chances de toucher son ennemi
que parce que ce coup produit un effet plus efficace.
Quoi qu'il en soit, il sera bon néanmoins d'habituer
aussi les hommes à sabrer un ennemi à terre, ne serait-ce que pour rendre le cavalier plus adroit. Qu'il
s'agisse de sabrer ou de pointer contre des figures, en
passant devant elles, en tournant autour d'elles, de
côté ou à terre, il faut absolument, comme nous
l'avons déjà dit, que le cavalier prenne à l'avance la
position voulue ; il faut absolument, et j'insiste particulièrement sur ce point, que le cheval marche à une
allure vive, par cela même que sans cela nos hommes,
qui sont naturellement lents, manqueront toujours le
but. Il n'y a donc pas lieu de prendre en considération la dépense un plus considérable de forces que
nécessitera la rapidité du mouvement. Les hommes
commettent d'ailleurs généralement une faute capitale,
qui consiste à ne penser que trop tard au coup qu'ils
ont à porter, alors que le cheval embarqué à une allure vive a déjà dépassé l'objet ; il en résulte qu'ils
pointent et qu'ils sabrent dans le vide. C'est là un fait
que nous avons pu constater à chaque instant, presque
journellement ; c'est là une habitude déplorable qu'il
importe de faire disparaître en obligeant les hommes
à prendre à l'avance la position voulue, à viser l'objet

à l'avance, conditions indispensables pour toucher le but. Les soldats pensent en général trop tard à ce qu'ils ont à faire; il faut les exercer à penser vite, à être rapidement prêts à tout.

On doit procéder de même quand un rang, ou un homme déterminé, doit tourner autour de la figure en décrivant de petites voltes, à l'aide desquelles seules on réussit à toucher souvent le but, pendant que l'autre rang ou les autres cavaliers passent simplement à côté de ce but. Si le cavalier est hors d'état de faire le mouvement au galop, si son cheval l'emmène, il doit le ralentir, le mettre en cercle au trot ou au pas et tourner ainsi autour du but; mais en aucun cas le cavalier ne doit renoncer à l'exécution du mouvement et continuer à marcher droit devant lui sous le prétexte qu'il se sent hors d'état d'exécuter l'ordre qu'on lui a donné; c'est là une chose qu'on ne saurait tolérer et permettre en aucune façon. Chaque cavalier doit absolument pouvoir toucher le but en sabrant et en pointant à toutes les allures, même aux plus vives; c'est à cela qu'il faut exercer soigneusement les cavaliers. Quand par le dressage rationnel on aura obtenu une foulée de galop régulière, et longue à la fois, quand le cheval sera réellement bien en main, quand on sera arrivé à ce résultat, qui n'est réalisable que par l'assouplissement des hanches, c'est-à-dire par le travail au galop ralenti, il sera alors facile de faire toucher le but à tous les cavaliers en pointant au grand galop. Le coup de lance en avant et à deux mains, envoyé au galop de charge, doit être pour les uhlans l'objet d'un travail des plus attentifs. Les principales conditions, que doit remplir ce coup de lance, sont les suivantes :

1° L'arme sera tenue horizontalement; la pointe ne sera pas dirigée en l'air;

2° L'arme sera placée près de l'oreille gauche du cheval, sera donc dirigée *en avant;* pour cela il faut que :

3° Le cavalier ramène bien le côté droit de son corps en arrière ;

4° Qu'il porte le haut du corps le plus en avant possible pour suivre le coup ;

5° Qu'il laisse une certaine longueur de bois en arrière de la main gauche, afin que la lance soit bien équilibrée dans la main, que le poids ne se trouve pas tout entier en avant et qu'elle ne se fiche pas en terre ;

6° Qu'en lançant le coup, la main gauche ne suive pas le mouvement.

On devra répéter fréquemment et attentivement ces exercices.

L'habileté que tout soldat doit acquérir dans le maniement d'armes est, avec l'équitation avec laquelle cet exercice a d'ailleurs de nombreux points de contact, une des conditions essentielles à la réalisation de laquelle on ne saurait attacher trop de valeur ; car, comme nous l'avons fait remarquer, nous avons éprouvé à plusieurs reprises combien nous sommes, sous ce rapport, inférieurs à nos adversaires. Quant à la cause de cette infériorité, elle se trouve tout entière dans le peu de soin et d'attention qu'on apportait au maniement d'armes, dans l'indifférence et le peu d'intelligence qui présidaient jusqu'ici à l'exécution de ces exercices.

d. — Le combat individuel.

Tiré des circulaires des 17 juillet 1865, 14 juillet 1872, 17 mars 1873, 9 juillet 1873.

———

Le but du combat individuel consiste :

1° A tirer parti de l'habileté déjà acquise par le cavalier sous le rapport de l'équitation;

2° A le rendre adroit à manier son arme ;

3° A développer, à augmenter, à accroître en lui le sentiment de son indépendance et de son individualité.

Tel est le but qu'on ne doit jamais perdre de vue pendant ces exercices ; c'est pour cela qu'il faut se garder de tomber dans les tours de force, dans l'équitation de carrousel, dans ces exercices vides et creux qui, loin de développer ses aptitudes physiques et intellectuelles, ne servent qu'à intimider le cavalier, qu'à émousser son ardeur et sa volonté. D'autre part, cependant, ces exercices ne sauraient dégénérer en une sorte de courses folles et sauvages qui ruinent les chevaux, leur abîment la bouche, et n'ont aucune influence ni sur la souplesse, ni sur l'habileté du cavalier. Il faut donc, tout d'abord, établir certains aperçus, donner certaines indications, certaines instructions, pour que ces exercices, si l'on veut qu'ils atteignent le but désiré sans ruiner pour cela les chevaux, soient réellement instructifs et utiles pour les hommes. Il faut donc consacrer un certain temps et une certaine attention au combat individuel, et à ce propos, j'insiste de nouveau sur toute l'importance qu'il y a à démontrer une fois de plus aux hommes combien un cavalier adroit, monté sur un cheval bien dressé et maniable, l'emporte sur un cavalier maladroit, monté sur un cheval raide et contracté; il faut donc chercher à les convaincre de la nécessité d'acquérir cette habileté qui leur est indispensable pour pouvoir, en campagne, se servir avec avantage de leur arme, pour ne pas devenir la proie de l'ennemi.

Il faut, à ce propos, se bien pénétrer du fait suivant, indiscutable d'ailleurs: ce ne sera qu'avec des chevaux bien dressés, c'est-à-dire avec des chevaux que le dressage aura assouplis et placés, qui répondront sans peine à l'effet des aides, dont l'encolure et la mâchoire sont légères, sur l'arrière-main et sur les hanches desquels il sera aisé d'agir, en raison même de la souplesse de l'encolure et de la légèreté de la mâchoire, qu'on pourra obtenir un résultat sérieux de l'exécution de ces exercices; ce n'est pas, en effet, par un travail de ce genre, qu'on donnera à des chevaux contractés, à l'encolure et aux hanches raidies, à des chevaux qui ne sont pas rassemblés, la souplesse, la légèreté, la position, l'adressse, indispensables cependant pour l'exécution correcte de ces exercices. Ces chevaux deviendront au contraire de plus en plus raides, de plus en plus contractés; leur bouche souffrira des changements de direction brusques qu'on cherchera à leur faire faire, leurs flancs porteront la marque des coups d'éperon qu'on leur donnera pour les faire changer de direction; de plus, il faut, pour qu'on puisse songer à l'exécution de ces exercices, qu'on ait au moins des cavaliers qui aient appris à se servir de la jambe du dedans, à rester bien assis, qui ne songent pas à faire changer leurs chevaux de direction rien que par l'effet des rênes. Ce sont là autant de difficultés qu'il faut avoir aplanies au préalable, si l'on ne veut pas que ces exercices aient des conséquences funestes, si l'on veut pouvoir faire exécuter les mouvements au galop. Il faut donc, avant toute chose, que les chevaux soient maniables, légers, les cavaliers souples et adroits; c'est là une condition essentielle, indispensable. Exécuter ces exercices de combat avec des chevaux contractés, qu'il faut mener par la brutalité et les coups, c'est vouloir ruiner les chevaux, leur abîmer la bouche, leur casser les barres. Nous devons donc nous efforcer de dresser les chevaux de telle manière, qu'ils puissent, sans qu'il en résulte pour eux le moindre danger, exécuter le combat individuel, dans les conditions mêmes dans lesquelles on se trouverait, en pareil cas, en campagne. C'est là le *cæterum censeo* sur lequel je reviendrai sans cesse, par cela même que nous sommes loin d'avoir atteint le résultat voulu.

Le combat individuel doit être le couronnement, la mise en pratique de tous les exercices d'équitation et de maniement d'armes ; c'est le combat individuel qui doit être la manifestation évidente des progrès réalisés, des qualités acquises ; pour que le combat individuel soit exécuté correctement, il ne faut pas qu'on en ait fait de longues répétitions ; une semblable manière de procéder serait fort défectueuse. Aucun exercice préparatoire ne saurait faciliter plus l'exécution du combat individuel que le *jeu de barre* ou le *jeu de rose*, qui donne au cavalier une souplesse réelle, qui, s'il est bien dirigé, développe énormément les sentiments d'individualité et de confiance en soi de chaque cavalier, sentiments qui sont la base de tout, sentiments que tous les exercices, quels qu'ils soient, doivent tendre à faire naître en lui. Mais pour cela il faut, et des cavaliers intelligents et solides, et des chevaux bien montés, bien dressés ; il importe donc de les former.

Je ferai remarquer, d'une manière formelle et toute particulière, que le combat individuel doit être le couronnement, le dernier exercice final du travail individuel du cheval et du cavalier. Par suite, quand on aura bien dirigé l'instruction, quand on aura obtenu le résultat voulu, quand on aura rendu le cheval et le cavalier également adroits, il sera utile de faire précéder le combat individuel par quelques séances de *jeu de barre*. Si, au contraire, l'instruction individuelle est incomplète, si le cheval et le cavalier sont raides, contractés, maladroits, le *jeu de barre* ne aurait servir à rien ; il nuirait, au contraire ; sans avoir

de chance de rendre les chevaux plus adroits, on s'ex-
poserait seulement à leur fausser, à leur blesser la
bouche, à leur abîmer les membres. Dresser complétement le cheval, le placer correctement, assouplir son
arrière-main, le mettre en équilibre, telle sera toujours
la condition essentielle qu'il importe de réaliser ; tel
sera l'unique moyen d'exécuter correctement ces exercices qui ne sont en réalité que la preuve palpable de
la solution juste du problème.

C'est dans l'exécution du *jeu de barre* comme dans le
combat individuel qu'on verra apparaître, dans toute
son étendue, l'avantage incommensurable qui résulte
de ce que les hommes ont appris à rester en équilibre
pendant les voltes et changements de directions, ont
acquis une souplesse réelle de hanches, savent se pencher, se jeter de côté, se tourner, se coucher rapidement sur le cou du cheval, et disparaître pour ainsi
dire sur son dos. Ce sont là, en effet, autant de choses
indispensables pour échapper à l'adversaire ou pour
arriver jusqu'à lui. Il est évident que si cet exercice
tend à faire apparaître au grand jour et accroître à l'a-
dresse du cheval et du cavalier, l'échange de coups de
sabre est, d'autre part, chose tout à fait secondaire ;
car bien qu'on donne alors aux cavaliers des sabres de
bois et des lances à tampon, le but de l'exercice ne
saurait consister à lancer brutalement les cavaliers les
uns contre les autres, mais bien à développer le plus
possible leur adresse. Quoi qu'il en soit, on devra cependant y exercer les hommes, mais après leur avoir fait
faire le jeu de barre ; cet exercice ne sera alors considéré que comme un moyen de se rendre compte du
degré de dressage individuel du cheval et du cavalier,
que comme un moyen d'accroître surtout l'adresse de
l'homme. Les capitaines commandants et les professeurs d'équitation pourront, grâce à cet exercice, mon-

trer à leurs cavaliers les fautes qu'ils commettent, leur faire toucher du doigt les points incomplets du dressage de leurs chevaux ; car je ne saurais, bien'que j'aie déjà insisté sur ce point à plusieurs reprises, trop répéter qu'il importe de continuer, de perfectionner sans cesse le dressage, que sous aucun prétexte on ne doit l'interrompre pour le reprendre à l'automne suivant, mais qu'il faut, au contraire, continuer et parachever l'instruction individuelle par un travail régulier sur les grandes lignes, par l'attention constante qu'on donne à la position du cheval, au rétablissement de cette position toutes les fois qu'elle a été quelque peu dérangée par le travail aux allures vives.

Je recommande, à ce propos, de continuer toujours les leçons d'équitation aux recrues, de leur faire exécuter souvent le travail de deux pistes, afin de les forcer à travailler, de leur apprendre à agir sur leurs chevaux, de leur donner un moyen efficace de rectifier, de conserver la position, l'équilibre du cheval, l'assouplissement de la mâchoire et de l'arrière-main, le rassembler ; enfin, de corriger leurs chevaux. C'est là une méthode qu'il faut appliquer dès le début, si l'on veut que les hommes apprennent quelque chose et fassent quelques progrès ; car, sans cela, ils s'endormiront dans la routine et resteront dans la médiocrité.

Le *jeu de barre* devra se faire de préférence dans un espace carré, formé par l'escadron, disposé sur un rang à petits intervalles, espace dans lequel se trouvera, si possible, une barrière ou un petit obstacle ; un cavalier aura, dans ce cas, affaire à un ou deux de ses camarades ; on devra se garder de faire des tours de force ; il faudra, au contraire, chercher à se rapprocher le plus possible de la réalité, en obligeant les hommes à monter naturellement ; on ne donnera alors aux hommes **que quelques aperçus; que** quelques indications générales de ce qu'ils auraient à faire plus tard dans un combat, pour s'assurer l'avantage sur leurs adversaires; gagner le côté gauche de l'ennemi, s'il est armé d'un sabre, le côté droit, s'il est armé d'une lance, attirer l'ennemi à sa poursuite, faire volte-face, et, s'il est lancé à une grande allure, se laisser dépasser par lui après avoir exécuté ce demi-tour. Ce sont là de petites ruses que les hommes apprendront surtout par le *jeu de barre*, qui les rend adroits, qui leur apprend à déplacer le haut du corps pour échapper à leur adversaire, qui cherche à leur enlever le nœud ou l'objet placé sur leur épaule; qui leur apprend, par suite, à ne pas se laisser gagner de côté par l'ennemi. Si l'on réussit à obtenir par le jeu de barre le résultat désiré, le combat individuel s'exécutera sans aucune difficulté, car le cavalier et le cheval seront dès lors si adroits, que le premier pourra avantageusement se servir de ses armes, qu'il ne blessera plus la bouche de son cheval, chose si contraire et si fâcheuse, surtout quand il en résulte des écorchures à la ganache. Il faut, par suite, que les changements de direction ne se fassent plus rien que par l'effet des rênes, mais qu'ils soient déterminés par la position du corps et l'action des jambes.

Passant maintenant plus particulièrement au combat individuel, je dirai, qu'on devra y exercer les hommes d'abord à pied dans les cours des casernes et les manéges, puis à cheval, d'abord au pas, ensuite au trot, et enfin au galop, lorsque le travail s'exécutera correctement et sûrement aux deux allures précédentes. Le cavalier peut avoir à combattre, soit en marchant en avant, c'est-à-dire lorsqu'il en poursuit un autre, soit en se retirant, c'est-à-dire lorsqu'il est poursuivi, soit encore sur place. Ces trois différents cas devront être étudiés en ayant soin d'établir un lien

10.

entre eux, et l'on fera bien de procéder de la manière suivante :

1° Une subdivision est formée sur deux rangs placés l'un derrière l'autre; on donne aux hommes du premier rang le n° 1, à ceux du second le n° 2. On admet alors que dans les marches en avant les n°s 1 représenteront la troupe poursuivie, les n°s 2, la troupe qui poursuit; ce sera au contraire l'inverse qui se produira dans la marche en retraite. Le n° 1 est donc supposé être une troupe d'éclaireurs qui sont arrivés jusqu'à peu de distance d'une troupe ennemie, et qui battant en retraite, en présence de la supériorité numérique de l'adversaire, cherchent à se retirer sur le gros ; c'est là ce que les n°s 2, qui sont supposés avoir battu en retraite, dans le principe, jusque sur le reste de leur troupe, et qui ont fait front sur ce point, doivent chercher à empêcher, en s'efforçant de couper les n°s 1. Il faudra, par suite, selon que les hommes seront armés du sabre ou de la lance, que les cavaliers s'efforcent de gagner la gauche ou la droite de leur adversaire, afin de pouvoir se servir efficacement de leur arme.

Au commandement: *Pour le combat individuel, en avant! Marche!* ou *Au trot*, ou *Au galop, marche!* le n° 1 sort perpendiculairement du rang à l'allure indiquée, et prend, s'il est armé du sabre ou de la latte, la garde pour sabrer ou pointer en arrière. Le n° 2 se porte alors jusqu'à hauteur de la place occupée précédemment par le n° 1, le poursuit ensuite, en se tenant à une longueur de lui en prenant la garde pour pointer ou sabrer en avant, dévie quelque peu de la ligne droite, en appuyant vers la gauche pour gagner le côté gauche de son adversaire; c'est là ce que le n° 1 doit chercher à empêcher. Il prend, par suite, si le n° 2, qui presse son cheval, tandis qu'il a laissé le sien mar-

cher à une allure régulière, a réussi à se placer à sa
gauche, la position d'à gauche sabrez ou d'à gauche
pointez, pour parer les coups de son adversaire et essayer de le toucher. Tant qu'il prendra la garde d'en
arrière sabrez ou pointez, le n° 1 obliquera légèrement
à droite, afin de pouvoir mieux se couvrir; dès qu'il
prendra la position d'à gauche pointez ou sabrez, il
obliquera, au contraire, à gauche pour empêcher le n° 2
de gagner complétement le côté gauche et pour être
plus à même de le toucher.

Si le n° 2 réussit à gagner complétement le côté gauche du n° 1, on commande : *Sur place !* Le n° 1 s'arrête,
fait exécuter à son cheval un demi-tour sur les épaules,
fait front du côté du n° 2, se couvre en prenant la
garde en avant, de sorte que les deux sabres se ren-
contreront, et cherche à toucher son adversaire.

Le n° 2 décrit un cercle à droite, tourne autour du
n° 1, prend la position d'à droite sabrez, et cherche à
frapper son adversaire, si celui-ci vient à se découvrir.
Ce mouvement peut se continuer aussi longtemps
qu'on le veut; on le fait cesser par le commandement :
En avant ! fait quand le n° 2 se trouve entre le n° 1 et
la troupe. Le n° 1 fait alors demi-tour à droite, continue à se porter dans la direction primitive à une allure
modérée, tandis que le n° 2 cherche, en accélérant l'allure, à gagner de nouveau le côté gauche de son adversaire; on peut encore mettre fin au mouvement en
cercle par le commandement : *En retraite !* fait au moment où le n° 2 qui décrit le cercle se trouve dans la
direction de la troupe; il se porte alors en avant dans
cette direction; c'est alors lui qui est poursuivi et le
n° 1, qui le poursuit, cherche à son tour, en allongeant
l'allure, à gagner le flanc gauche du n° 2.

On peut également, pendant cette retraite, faire le
commandement: *Sur place !* le n° 2 s'arrête alors, fait

front du côté du n° 1, qui décrit un cercle autour de lui.
Les deux cavaliers ayant pris, le n° 1 la position d'à
droite pointez, le n° 2 la garde pour pointer en avant,
cherchent mutuellement à se toucher. Les cavaliers
étant ainsi arrêtés, l'instructeur peut à son gré faire le
commandement de : *En retraite !* le n° 2 continuant à
à être poursuivi par le n° 1, ou le commandement: *En
avant !* Dans ce dernier cas, le n° 2 recommencera à
poursuivre le n° 1, qui fuira devant lui. On peut encore, pendant que les cavaliers exécutent cet exercice,
faire le commandement de : *Escadron, demi-tour, marche !* Chacun des deux cavaliers exécute alors un demi-
tour du côté même où il a pris la garde, ainsi, dans la
poursuite, le n° 1 qui a pris la garde à gauche, fait
demi-tour à gauche, et le n° 2, qui a la garde à droite,
demi-tour à droite. Les rôles des hommes se trouvent
dès lors intervertis.

On met fin au combat individuel par le commandement: *A vos rangs ! Marche !* fait pendant le combat
en retraite. Les deux cavaliers prennent, à ce moment, le
galop de carrière, et le n° 1, qui poursuit alors le n° 2,
cherche, pendant ce temps, à toucher son adversaire. A
20 pas de la troupe, les deux cavaliers s'arrêtent d'eux-
mêmes et sans qu'il soit nécessaire de faire aucun commandement. Le n° 1 se place alors à la distance réglementaire, derrière le n° 2, tous deux portant le sabre
à l'épaule, puis le n° 1 commande : *Marche!* et les deux
cavaliers viennent, en marchant au pas, se placer à
l'aile gauche de la troupe. Arrivé à hauteur de l'aile
gauche, chacun d'eux fait alors demi-tour à gauche pour
son compte et vient reprendre sa place dans le rang.

2° Le combat individuel peut encore s'exécuter de
la manière suivante : 2 troupes sont placées l'une en
face de l'autre et à 300 ou 400 pas l'une de l'autre ; dans
ce cas, on désignera par le n° 1 tous les hommes de

l'une de ces troupes, par le n° 2 tous les hommes de
l'autre. Au commandement de : *Pour le combat individuel, en avant ! Marche !* ou *au trot*, ou *au galop,
marche!* un cavalier sort des rangs de chacune des
deux troupes à l'allure indiquée ; ces deux cavaliers se
portent à la rencontre l'un de l'autre, chacun d'eux
s'efforçant, s'ils sont armés du sabre, d'arriver à gauche de son adversaire afin de pouvoir pointer ou sabrer à droite. Il en résulte, ou que chacun des cavaliers
cherche à tourner autour de l'autre, ou bien, comme
nous l'avons montré plus haut, que l'un des cavaliers
s'arrête et se défend contre celui qui tourne autour de
lui ; on met fin à cette évolution en cercle par le commandement : *En avant!* ou *En retraite!* Dans le premier de ces deux cas, l'on se dirige vers la troupe dont
le n° 1 fait partie, dans le second, sur celle à laquelle
appartient le n° 2. Cet exercice s'exécute, d'ailleurs,
exactement de la même façon que les exercices dont
nous avons parlé ci-dessus, exercices dans lesquels les
hommes sortent d'une même troupe et portent, ceux du
1er rang, le n° 1, ceux du 2e, le n° 2.

Seulement, il faut ici que, dans l'exécution de la
poursuite, le cavalier qui poursuit ne s'approche pas
outre mesure de la troupe ennemie. Dans ce cas, l'on
fait le commandement : *Escadron, demi-tour ! Marche !*
qui a pour effet d'intervertir les rôles. Il importe également dans cette espèce, comme dans l'espèce précédente, d'exécuter alternativement la poursuite, le combat *sur place* (de pied ferme), la retraite. On met fin au
combat par le commandement : *Halte ! Front !* Les deux
adversaires s'arrêtent alors et se font front en dirigeant
l'un contre l'autre la pointe de leur sabre ; on commande alors : *A vos rangs ! Marche !* Chacun des cavaliers exécute à ce moment un demi-tour à droite et
rejoint au galop la subdivision dont il fait partie.

Ces exercices s'exécutent de la même manière dans les régiments de uhlans, en considérant, toutefois, que le côté droit est le côté faible du lancier, et que les cavaliers doivent, par suite, chercher à gagner le côté droit de leur adversaire. Il est bon également, pendant les exercices, d'habituer un lancier à combattre contre plusieurs cavaliers armés du sabre. Le lancier doit alors chercher à séparer ses adversaires, à les rejeter sur sa gauche, c'est-à-dire du côté où il peut lancer son coup avec le plus de vigueur.

Quand il s'agira de faire exécuter à cheval le combat individuel, on se servira de sabres de bois et de lattes en bambou, pour les uhlans de lances à tampon. Dans la première des espèces que nous avons étudiées, la troupe fera front du côté des obstacles ; dans le deuxième cas, les deux troupes se feront face, mais les obstacles, barrières ou fossés, se trouvent alors entre elles, afin que les cavaliers qui combattent soient obligés de franchir ces obstacles pendant le combat.

On pourra, peu à peu, laisser plus de latitude aux hommes qui, lorsque l'on exécutera le combat au galop, auront fait preuve d'une habileté réelle dans le maniement du sabre ou de la lance, et qui auront bien saisi le sens et la portée de ces exercices. Mais c'est là une liberté qu'il ne faudra pas leur accorder prématurément. Il faut, en effet, que les hommes aient, avant tout, exécuté correctement tous ces exercices réglementaires avant qu'on puisse leur laisser cette latitude. Mais, quand on en sera arrivé à ce point, l'on pourra supprimer, lorsque ces hommes travailleront, toute espèce de commandements, les laisser marcher à l'allure qu'ils voudront, porter les coups qu'ils croiront les plus efficaces pour se rendre maîtres de leurs adversaires, ce qui est en somme l'objectif, le but réel de l'exercice.

Bien qu'il ne s'agisse, à ce propos, ni de routiner les hommes, ni de leur faire exécuter des tours de force, il importe cependant de leur donner des règles, des directives, des principes consacrés par l'expérience, afin que ces exercices soient la représentation la plus exacte possible de la réalité, afin que, grâce à ces indications mêmes, il leur soit plus aisé de l'emporter sur leur adversaire, c'est-à-dire de gagner le côté faible de l'ennemi et de réussir à le toucher. Ces règles générales peuvent se résumer comme suit : Gagner le côté gauche de l'ennemi (s'il est armé d'un sabre ou d'une latte); le côté droit, s'il a pour arme la lance; entraîner cet ennemi à la poursuite, puis faire brusquement et rapidement demi-tour, et se laisser dépasser par lui toutes les fois que l'on voit que le cavalier ennemi n'est pas complétement maître de son cheval. Mettre à profit sa propre adresse pour exécuter des changements imprévus de direction, et tirer parti de la maladresse de l'ennemi; si l'on a affaire à plusieurs cavaliers ennemis, chercher à les séparer, ruser, en affectant de menacer l'un des cavaliers, en affectant de le charger; puis, par un brusque changement de direction, se jeter sur l'autre et le sabrer.

C'est surtout ce genre de combat, d'un contre deux, qu'il faut travailler plus que l'on ne le fait ordinairement. L'on ne s'attache pas, en effet, jusqu'à présent, à développer suffisamment, sous ce rapport, l'adresse du cavalier, et, la plupart du temps, ce genre de combat dégénère en une chasse folle, en une poursuite insensée, absolument sans profit. Ce n'est que fort rarement que l'on trouve des cavaliers qui ont acquis l'adresse et l'habileté voulues pour exécuter correctement ces exercices, et encore, la plupart du temps, il arrive que ces cavaliers semblent être arrivés d'instinct, inconsciemment, par eux-mêmes à ce degré de perfection, tandis qu'il est cependant assez aisé de faire acquérir à tous les hommes, grâce à quelques règles générales, à quelques indications réellement pratiques, une certaine adresse dans l'exécution d'un exercice d'une importance aussi capitale.

Il faut, en effet, avant tout que chaque cavalier soit en mesure de changer de direction à propos et d'une manière imprévue, afin que l'adversaire ne puisse pas réussir à gagner le côté faible, que le cavalier poursuivi puisse, par suite, intervertir les rôles et poursuivre à son tour son ennemi, résultat qui n'est réalisable qu'à l'aide d'un demi-tour exécuté à l'improviste et avec une grande rapidité. Il ne résulte pas de tout ce que je viens de dire, que je proscrirai d'une manière absolue l'emploi du moyen qui consiste à échapper à son adversaire grâce à la vitesse du cheval. Mais ce moyen ne doit être, selon moi, employé que quand on a épuisé en vain toutes les autres ressources, tous les autres expédients.

Avant de passer à un autre sujet, je crois devoir encore insister à nouveau sur toute l'utilité du *jeu de barre ;* c'est, selon moi, le meilleur moyen de se rendre compte de l'instruction individuelle de chaque cavalier; c'est, de plus, le seul exercice qui prépare réellement les hommes au combat individuel. Mais, si l'on fait exécuter ces deux exercices avec des chevaux contractés dont l'encolure est raide, dont la mâchoire n'est pas légère, non-seulement on abîmera la bouche de ces animaux, mais l'on compromettra rapidement les aplombs de leurs membres antérieurs. Aussi, bien que nul plus que moi ne soit convaincu de l'importance de ces exercices, je ne saurais, néanmoins, recommander trop de prudence et de modération à ce propos; ces exercices sont, à mes yeux, la quintessence de **toute l'éducation du cavalier et doivent, par suite, être** exécutés correctement sans qu'il soit besoin d'en faire l'objet d'un trop grand nombre de leçons. Toutes les fois, en effet, que pour arriver à une exécution correcte une troupe aura dû leur consacrer pas mal de temps, ce sera la preuve évidente que les chevaux de cette troupe ne sont qu'incomplétement dressés, qu'ils ne sont ni entièrement confirmés, ni parfaitement équilibrés.

C'est dans ces exercices que le cavalier devra faire voir s'il peut faire tourner son cheval rien que par le déplacement de son poids et par l'effet des jambes, pour ainsi dire, sans se servir de ses rênes, s'il sait s'identifier, se lier complétement avec son cheval, s'il peut porter le haut du corps en avant, se déplacer latéralement, etc., s'il a acquis cette souplesse, cette agilité corporelle aussi indispensable au cavalier, sous le rapport de l'équitation, que sous le rapport du maniement d'armes, cette souplesse, cette agilité que l'on ne saurait trop développer, afin de faire disparaître cette roideur automatique qu'il faut proscrire absolument à cheval comme à pied.

Il est bon que tout l'escadron assiste et prenne part à ces exercices, afin que chaque homme puisse bien se convaincre de la supériorité du bon cavalier sur le mauvais, puisse voir que le cavalier monté sur un cheval roide et contracté devient fatalement la proie de son adversaire, et doit perdre, par suite, la liberté ou la vie. De tels spectacles feront naître l'émulation parmi les hommes, et les exciteront à marcher sur les traces de leurs camarades plus habiles et plus adroits qu'eux. Mais, pour arriver plus sûrement et plus rapidement à ce résultat, il sera bon d'apporter un soin judicieux et raisonné dans la désignation des cavaliers que l'on fera combattre les uns contre les autres.

e.—Sauts d'obstacles.

Tiré des circulaires des 24 novembre 1871, 14 juin 1872, 16 mai 1873, 10 janvier 1874.

On doit apporter les soins les plus attentifs à l'exécution des sauts d'obstacles individuellement et en rangs ; cet exercice a en effet une importance capitale, non-seulement parce qu'on habitue de la sorte les hommes à franchir les obstacles avec calme et avec sûreté à rangs serrés quand on exécutera les évolutions, mais surtout parce que plus qu'aucun autre exercice il est de nature à faire de nos hommes des cavaliers adroits et résolus.

J'exprimerai donc le vœu de voir les officiers y consacrer tous leurs soins et procéder d'après les principes rationnels que je vais exposer. Pour peu que l'on se conforme consciencieusement à ces principes, le saut n'exercera aucune influence fâcheuse sur les membres des chevaux, ne les énervera pas, ne sera en aucune façon cause d'une usure prématurée. Il faudra que ces sauts s'exécutent avec une certaine souplesse, avec un grand calme, que les obstacles à franchir ne soient pas plus hauts que de raison, que les chevaux les franchissent sans violence, sans contraction. Il en résultera alors que les chevaux n'essayeront plus de se dérober, qu'on ne verra plus de cavaliers obligés de se battre avec leurs chevaux, d'entamer avec eux de ces luttes qui rendent le cheval nerveux et violent, qui ont pour conséquence de déplacer le cavalier, d'occasionner au cheval, au moment où il se reçoit, une souffrance dans la bouche et dans l'arrière-main, une souffrance dont il garde le souvenir et qui fait qu'il cherche à refuser l'obstacle quand on l'y amène. Non-seulement on n'arrive à rien par la force et par la lutte, mais il en résulte généralement que l'on perd du terrain; il faut au contraire procéder d'une manière plus rationnelle si l'on veut obtenir la sûreté dans le saut et donner au cheval de la confiance. En se conformant à ces principes essentiellement logiques, les chevaux cesseront de se précipiter brutalement et violemment sur l'obstacle, ce qui est aussi préjudiciable à la bonne exécution du saut individuel que du saut en rangs. En effet, quand les chevaux courent follement sur l'obstacle, non-seulement il est impossible de maintenir l'ordre dans les rangs, mais il arrivera fréquemment que les chevaux mesureront mal et culbuteront, empêcheront par suite les rangs et les pelotons qui les suivent de franchir les obstacles, causeront un long retard et un grand désordre. En dressant les chevaux au saut d'une manière rationnelle et systématique, on fera disparaître une faute trop commune, trop générale et très-grave. Les chevaux, en effet, sauteront désormais droit et non obliquement.

Quand le cheval saute de côté, il peut tomber d'autant plus facilement qu'il saute alors avec moins de sûreté, qu'il gêne ainsi considérablement ses voisins dans le rang, qu'il les empêchera parfois même de sauter en les poussant en dehors. J'ai pu remarquer que beaucoup de chevaux prenaient l'habitude de sauter de côté en obliquant à gauche; c'est là une mauvaise habitude contre laquelle on peut réagir en faisant obliquer les chevaux à droite lorsqu'on commence à les faire sauter.

Dans ce qui précède, j'ai relevé les fautes qu'on commet le plus fréquemment : je vais maintenant énumérer les conditions principales auxquelles il importe de satisfaire.

1º Le cheval doit sauter avec sûreté, sans essayer de refuser ; il doit se présenter sur l'obstacle bien franchement, bien décidé à sauter, sans que le cavalier ait peur de l'obstacle et tente de l'arrêter. Or, comme il faut parfois commencer par habituer les nerfs du cavalier, on fera bien de faire sauter les obstacles à plusieurs cavaliers à la fois, en ayant soin de veiller à ce que les chevaux ne se précipitent pas sur l'obstacle ;

2º Le cheval doit arriver droit sur l'obstacle ;

3º Le cheval ne doit pas échapper à son cavalier pour sauter ; il doit rester dans la main de son cavalier et continuer à marcher à une allure régulière ;

4º Il doit sauter tranquillement, avec souplesse, sans raideur, sans violence, sans sauter trop haut ni trop large, c'est là chose indispensable à la conservation du cheval ; c'est au contraire la contraction, c'est la violence qui use les chevaux dans le saut.

Je poserai tout d'abord une règle essentielle à mes yeux : le saut doit s'exécuter sans qu'on ait recours à la force, et surtout sans qu'on se serve de la chambrière. Les moyens de violence sont tout ce qu'il y a de plus dangereux, n'arrivent qu'à faire perdre au cheval la confiance, qu'à le rendre nerveux et craintif, qu'à lui donner cette raideur et cette contraction qu'il importe à tout prix de faire disparaître. Ce n'est pas non plus par ces moyens qu'on donnera aux chevaux la sûreté dans le saut, qu'on leur fera prendre goût au saut, ce qui est cependant si important. Il arrivera alors, ou qu'ils se précipiteront affolés sur l'obstacle, qu'ils sauteront trop haut ou trop large, ou bien qu'ils tomberont, et que la fois suivante ils se déroberont avec opiniâtreté.

Pour corriger le cheval qui se défendra, on devra ne se servir que de la longe quand on aura épuisé vainement tout les autres moyens.

Il faut d'abord chercher à faire disparaître, à l'aide de la douceur, la crainte que l'obstacle inspire au cheval ; on devra, dans le principe, le présentér devant l'obstacle et le faire sauter en liberté. Quand il sera monté, on le fera passer d'abord au pas, puis au trot, puis au galop, sur la barre posée à terre ; ce ne sera que quand, placés les uns derrière les autres à de certaines distances, les chevaux passeront tranquillement et sûrement aux deux mains, qu'on pourra commencer à leur demander davantage, leur faire sauter une barre très-basse, d'abord les uns derrière les autres, puis isolément, et toujours aux deux mains, leur faire ensuite prendre le trot, en relevant progressivement la barre. On fera toujours sauter les chevaux en ne mettant dans le principe que le bridon dans la main des hommes. On devra alors consacrer une attention réelle pour chercher à découvrir les habitudes que prennent les chevaux, pour s'opposer à ce que quand ils sautent à main droite ils jettent l'arrière-main dans l'intérieur du manége avant de sauter, qu'à main gauche ils s'écartent de la piste en portant l'avant-main vers-l'intérieur. Ce sont là des fautes très-fréquentes, qui sont causes que, plus tard, quand on fait sauter les obstacles en plein air, les chevaux ou sautent de côté ou cherchent à refuser. A main droite, le cavalier doit se servir plus particulièrement de l'action du mollet droit ; à main gauche, il devra faire en arrivant sur l'obstacle une légère opposition de la rêne droite. Les chevaux resteront alors bien dans leur foulée, et s'habitueront ainsi à bien mesurer, à ne partir ni trop tôt, ni trop tard. C'est là ce qui arrivera quand l'instructeur veillera à ce que les cavaliers provoquent l'impulsion avec la jambe du dedans et conservent bien leurs chevaux dans la main, à ce qu'ils ne cherchent pas à les enlever, à ce qu'ils laissent au contraire leurs mains tranquilles à leur place afin que les chevaux puissent s'appuyer sur le mors. L'instructeur doit veiller à ce que même, quand on leur fait sauter des obstacles insignifiants, les hommes enveloppent leur cheval en rapprochant les jambes et les cuisses au moment de sauter plus qu'ils ne le font pour exécuter les mouvements habituels, à ce qu'ils prennent bien le fond de leur selle, à ce qu'ils restent souples, seul moyen pour eux de ne pas être déplacés et de conserver leur assiette. Nos cavaliers commettent de grosses fautes sous ce rapport; c'est ainsi que les cavaliers tirent involontairement sur les rênes précisément parce qu'ils sont déplacés; c'est là aussi ce qui fait que des chevaux très-francs et très-sûrs au saut dans le principe, s'en dégoûtent bientôt et ne tardent pas à se défendre et à se dérober. On ne saurait sous aucun prétexte laisser les cavaliers porter leur corps en avant, saluer en sautant. Quand les hommes sauront sauter au trot, aux deux mains, en troupe et en restant à leurs distances, quand chacun des cavaliers saura sauter aux deux mains, soit en se dirigeant sur la subdivision arrêtée, soit en marchant en sens inverse et en restant sur la piste, on aura la preuve manifeste que les chevaux sont suffisamment dressés pour sauter les obstacles en plein air. Il va de soi que, pour arriver à ce résultat, il faut que pendant l'hiver, dans chacune des périodes de l'instruction, on exerce les hommes à sauter tant en couverture qu'en selle et en bridon, ou qu'en selle, en mors de bride, en armes et à toutes les allures, afin que les chevaux ne se dérobent pas sur l'obstacle et ne sortent pas de la main des cavaliers.

On ne devra commencer à faire sauter les chevaux en plein air que lorsqu'ils auront passé par le travail sur les grandes lignes, lorsqu'ils seront bien complètement dans la main. On les fera alors sauter, en liberté,

non montés, et on veillera à ce que la personne qui
tient la longe ne donne pas d'à-coup sur la bouche du
cheval, soit avant qu'il saute, soit au moment où
il va sauter ; à ce que les chevaux prennent l'obstacle
bien au milieu, et surtout bien droit, à ce qu'il en soit
de même quand les chevaux sont montés. S'il arrive
que, par suite d'une maladresse du cavalier, le cheval
oblique à gauche en sautant, il sera bon de le faire
marcher en cercle à droite au trot allongé immédiatement avant de le faire sauter, ou en cercle à gauche si
le cheval a obliqué à droite. En un mot, il faut mettre
les chevaux en cercle à la main opposée à la direction
dans laquelle le cheval a obliqué en sautant. Quand
on fera marcher large pour aller sauter, on aura le
soin de diriger le cheval toujours au trot et bien perpendiculairement à l'obstacle, en ne lui faisant prendre son élan qu'à quelques pas de l'obstacle.

Mais on ne devra jamais oublier que c'est le cavalier
qui seul gêne et entrave le saut du cheval, que c'est
lui qui, soit par la crainte que lui inspire l'obstacle,
crainte bien fréquente d'ailleurs, soit en raison de sa
mauvaise position à cheval, soit en raison du peu
d'usage qu'il fait des aides, empêche le cheval de sauter. Les fautes les plus fréquentes commises par les
cavaliers, ce sont les à-coup sur les rênes et le déplacement du haut du corps. Dès que les cavaliers cesseront de commettre des fautes, les chevaux sauteront
d'eux-mêmes ; mais il faut pour cela que les chevaux
puissent s'appuyer sur leur mors, que les cavaliers
sachent les pousser en avant par les jambes et par
l'assiette.

Ce n'est que lorsque chacun des chevaux est parfaitement confirmé au saut et remplit les conditions voulues, qu'on pourra commencer à faire franchir les obstacles en rang. On fera d'abord sauter les cavaliers

par trois, puis par six, puis en peloton sur un rang. On
tiendra la main à ce qu'au moment de sauter il se produise un peu de jeu dans le rang, à ce que, par suite,
les hommes ne serrent pas les uns sur les autres, à
ce que les sous-officiers des ailes appuient légèrement à
gauche et à droite. On s'opposera toujours à ce que quel-
ques-uns des chevaux du peloton sortent violemment du
rang, tous les chevaux du rang devant rester au trot
moyen ; quant aux obstacles, ils doivent être de dimensions telles, que, même en tenant compte de l'augmentation du front, tous les chevaux du rang puissent
les prendre de front. Quand les hommes sauront ainsi
sauter sur un rang, on passera aux sauts par peloton
formé sur deux rangs. Le deuxième rang doit, dans ce
cas, conserver le rhythme initial, pendant que le premier rang allonge légèrement l'allure, sans se presser
toutefois, en arrivant à peu de distance de l'obstacle
au moment où le chef de peloton commande : *Barre,
Barrière* ou *Fossé !* Cette accélération d'allure du premier rang donne au deuxième l'espace qui lui est nécessaire pour sauter. De plus, il est plus logique de
faire accélérer l'allure au premier rang que de procéder, comme on le faisait jadis, et de faire ralentir l'allure au deuxième rang, au moment où l'on faisait le
commandement : *Barrière* ou *Fossé !* Aussitôt après
l'obstacle, le premier rang reprend l'allure à laquelle il
marchait avant le saut.

Quand le saut individuel et en rangs s'exécutera correctement, chacun des pelotons arrivera rapidement à
franchir les obstacles avec sûreté, et l'on pourra ensuite faire sauter des escadrons entiers formés en colonne par peloton. Les premiers rangs ne doivent alors
se porter en avant au commandement de : *Barrière !*
fait par les chefs de pelotons, que lorsque le deuxième
rang du peloton précédent lui a laissé la place néces-

saire. En procédant de la sorte, on gagnera la distance qu'il est nécessaire de laisser entre les différentes sub-divisions (pelotons, escadrons), on réussira à mainte-nir l'ordre et la cohésion tactiques, on s'assurera l'in-dépendance, la liberté nécessaires pour franchir les obstacles. Il est du reste un moyen assez simple de s'as-surer si les escadrons et les régiments franchissent cor-rectement les obstacles : il suffira en effet, de voir si chacune des subdivisions, après avoir passé un ou plu-sieurs obstacles, reste en bon ordre, continue à marcher à une allure bien réglée, et peut exécuter les différentes évolutions tactiques avec la même précision que si elle n'avait pas eu d'obstacle à franchir.

C'est là le but que chacun de nous ne doit jamais perdre de vue, but auquel il est d'ailleurs possi-ble d'arriver. Quand les chevaux auront été dres-sés de la sorte, ils ne tomberont plus, et le danger de blesser les hommes disparaîtra par suite presque complétement. On peut en effet affirmer que toutes les chutes, tous les accidents qui en sont la conséquence, sont amenés par l'emploi d'un procédé illogique, dif-férent de la méthode que j'ai préconisée, par l'emploi de la violence.

Il y a cependant une foule de gens auxquels on pourra encore entendre dire : « Qu'importe, pourvu que les chevaux arrivent de l'autre côté de l'obstacle ! » Ces personnes se trompent, peu importe que les che-vaux arrivent de l'autre côté des obstacles ; mais ce qu'il faut absolument, c'est que les chevaux sautent avec sûreté et légèreté, sachent mesurer leur effort et le saut qu'ils ont à faire, il faut donc qu'ils continuent à marcher régulièrement à la même allure, qu'ils soient bien placés, bien équilibrés, qu'ils restent calmes sous l'homme.

Il faut, pour que le cheval acquière la sûreté dans

le saut, pour qu'il apprenne à se servir de sa masse,
que le dressage ait été systématique et rationnel : en
procédant autrement, on ne fait que de mauvais ouvrage et on abandonne tout au hasard. C'est là un
point sur lequel je ne saurais trop insister.

Bien que je pense qu'il ne faille pas faire sauter les
chevaux plus de deux fois le même jour, je déclare,
d'autre part, qu'il est indispensable de faire sauter les
chevaux tous les jours, soit isolément, soit en rangs,
afin d'exercer les hommes et les chevaux, de leur donner une habitude bien complète de ces exercices. En
général, on saute, pendant les exercices, plus de barres,
de barrières, de haies, de claies, que de fossés, bien
que ce dernier obstacle soit celui qu'on rencontre le
plus fréquemment en rase campagne. Cela résulte peut-
être de ce que, quand on fait beaucoup sauter les chevaux, l'entretien des fossés est bien plus pénible que
celui des autres obstacles. Les bords des fossés se dé-
gradent, et le saut de l'obstacle devient dangereux. En
dépit de ces objections, il faut consacrer au saut du
fossé plus de temps qu'au saut de barrière : il suffira
alors de garnir les bords des fossés avec des fascines,
qu'on recouvrira d'une couche de terre; l'entretien de
l'obstacle sera alors simplifié, et les bords ne s'écrou-
leront plus.

Dans l'intérêt même de la conservation des chevaux,
je ne saurais recommander de faire sauter en ordre compact et fréquemment, à titre d'exercice, des obstacles
fixes de plus de 3 pieds de haut, des fossés ayant plus
de 6 pieds de large; mais, d'autre part, je ne saurais
trop me déclarer l'adversaire des obstacles insignifiants que les chevaux escamotent, qu'ils négligent de
sauter : de pareils obstacles n'exercent ni les hommes
ni les chevaux, et cependant l'on se propose surtout
d'agir par le saut sur les nerfs des cavaliers. Les che-

vaux sautent toujours bien les murs, aussi dois-je recommander d'élever des obstacles de ce genre; afin de les entretenir plus facilement, et d'éviter que les pierres tranchantes ne blessent les jambes des chevaux, il sera bon de fixer une planche arrondie sur la partie supérieure du mur. Cette planche empêche le descellement des pierres, et, par suite, l'écroulement du mur. Lorsque les obstacles seront assez larges pour pouvoir être franchis de front par un gros peloton, lorsqu'ils auront 20 ou 22 pieds, il ne sera pas nécessaire de les pourvoir, à leurs extrémités, d'ailes destinées à empêcher les chevaux de dérober. Les ailes sont, à mes yeux, une sorte de certificat d'indigence : elles prouvent qu'il faut avoir recours à des moyens accessoires, extérieurs, pour que les cavaliers puissent faire ce qu'on leur demande. Il sera également bon d'élever un obstacle au milieu du terrain d'exercice, afin de faire franchir cet obstacle, pendant les évolutions, soit à toute la troupe, soit à certaines subdivisions, et d'habituer les hommes à se rallier et à se remettre rapidement en bon ordre. En agissant de la sorte, j'ai pu m'en convaincre personnellement, on ne nuit en rien à la sûreté des évolutions, à la rapidité de l'exécution, on développe au contraire la hardiesse et l'initiative des cavaliers; enfin, c'est de la sorte qu'on arrivera à ce résultat, si avantageux à mes yeux, qui permet d'établir une analogie plus complète entre le terrain d'exercice et le travail à l'extérieur.

Enfin, je recommanderai vivement d'établir des obstacles que les chevaux, au lieu de franchir, seront obligés de passer en grimpant, des talus aux pentes escarpées, des fossés larges et profonds, aux bords, aux flancs fortement inclinés : ce sera une excellente leçon pour les hommes et pour les chevaux que de les habituer à passer ces obstacles, à y descendre pour regrimper de l'autre côté, leçon d'autant plus profitable qu'on rencontre fréquemment de pareils obstacles, et qu'il importe par suite que les chevaux soient familiarisés avec eux, aient acquis le calme, l'adresse, l'agilité nécessaires pour les passer. Enfin, de plus, le passage de ces obstacles leur coûte infiniment moins d'effort que le saut. Cet exercice est également fort profitable aux hommes, qui ont besoin de se familiariser avec ce genre d'exercices, afin de pouvoir mener adroitement leurs chevaux et modifier leur position en raison des circonstances et de la nature des obstacles; ce sont, en effet, la plupart du temps, les hommes qui sont causes de la chute de leurs chevaux, par cela même que, perdant l'équilibre, ils se cramponnent aux rênes et gênent leurs chevaux au point de les faire tomber. Le cavalier doit s'habituer à mettre le corps en arrière en descendant des pentes rapides, à porter le corps en avant, à allonger les rênes, à prendre une forte poignée de crins, à diriger doucement son cheval sans l'exciter et l'animer quand il s'agit de grimper une côte escarpée, enfin à lui faciliter le passage des terrains difficiles, grâce à la position rationnelle du corps.

Il faut donc qu'on procède systématiquement quand on exercera l'escadron au saut des obstacles, afin qu'il soit possible de pousser fort loin l'enseignement d'un exercice si important pour la cavalerie, d'arriver à un degré remarquable d'adresse et de sûreté sans tuer les chevaux, sans causer d'accidents aux hommes.

4. — Manœuvres.

a. — Aperçus préliminaires.

Tiré des circulaires des 14 juin 1872 et 26 avril 1874.

On ne saurait jamais apporter trop de méthode lorsqu'il s'agit de l'instruction tactique des escadrons, pas plus que l'on ne saurait jamais agir trop efficacement pour chercher à développer le goût du cheval et l'esprit militaire, pour provoquer l'émulation, pour intéresser les hommes à l'enseignement. La passion seule, quand elle repose sur une méthode d'instruction systématique, est capable de créer quelque chose, de pousser l'homme dans une voie dans laquelle son travail et ses efforts ne resteront pas stériles. Le proverbe que je vais citer peut, d'ailleurs, s'appliquer tout particulièrement à la cavalerie: Quiconque travaille sans goût, sans entrain, sans conscience, fait mieux de s'occuper d'autre chose, de prendre un autre métier.

L'escadron est l'unité tactique fondamentale, la base sur laquelle reposeront l'ordre, la sûreté, la cohésion de l'ensemble. C'est là ce que l'on ne saurait jamais perdre de vue un seul instant pendant tout le cours de l'instruction, et l'on doit toujours considérer que l'équitation est éternellement la même, qu'il s'agisse de manœuvres de régiment, de brigade, ou de corps plus considérables, ou simplement de manœuvres d'un escadron isolé. C'est là ce qui arrivera seulement lorsque l'on respectera et que l'on suivra strictement les principes constants, immuables, sur lesquels est basée toute l'instruction, sous le rapport des manœuvres, ainsi que les directives qui régissent les évolu-

tions en général et en particulier chacune de ces évolutions que nous étudierons au chapitre IV, articles *b*
et *c* de cet ouvrage ; ce n'est que lorsque l'on se sera
conformé strictement à ces principes, que les escadrons seront en état de passer aux manœuvres d'ensemble, sans être exposés à changer d'allure à tout
instant, à abandonner la direction prise dès le début
par ces escadrons, à violer par suite, pour redresser
leurs fautes, les principes fondamentaux et sur lesquels reposent les mouvements de la cavalerie. Mais,
en général, ce n'est pas ainsi que se fait l'éducation
des escadrons, et c'est pour cela qu'on voit souvent se
produire des fautes graves dans les évolutions de régiment ; on s'en étonne, d'ailleurs, parce que l'on pense
généralement que l'instruction des escadrons se fait
d'une manière rationnelle, tandis qu'en réalité il n'en
est pas ainsi. Ce n'est, du reste, que celui qui ne va
pas au fond des choses, qui peut se laisser aveugler
par ces apparences. Celui qui n'observe que superfi-
ciellement, loin d'apercevoir les fautes légères que l'on
commet, n'aperçoit même pas les fautes grossières que
les escadrons isolés commettent en manœuvrant, et
cependant il est assez aisé de redresser et de faire disparaître ces fautes sans changer beaucoup l'allure, sans
s'écarter néanmoins beaucoup de la direction primitive.
Ces fautes, dans lesquelles les escadrons ont été, pour
ainsi dire, élevés, qui sont devenues pour eux une
sorte d'habitude, une espèce de seconde nature, dont
il leur est très-difficile de se déshabituer, dont on ne
peut se débarrasser qu'à l'aide d'une rare énergie, se
retrouvent alors quand on exécute les manœuvres de régiment, de brigade ou d'unités tactiques plus considérables, se propagent et prennent alors des dimensions
telles, qu'elles donnent naissance aux plus graves
désordres. A ce propos, j'appellerai l'attention sur une

évolution d'une importance essentielle, le trot pris
pour s'aligner et le galop pour exécuter la conversion
à pivot mouvant, évolution pendant laquelle la tête
doit continuer à garder la même cadence calme et
régulière, tandis que la queue doit, au contraire, marcher à une allure des plus vives. Il en est de même
pour les autres évolutions. On doit donc déployer une
énergie indomptable pour faire observer ces principes
et ces directives; ce n'est qu'ainsi qu'on pourra donner aux escadrons l'instruction qui leur est nécessaire
pour qu'ils puissent, lorsqu'ils font partie d'un régiment
ou d'un groupe plus considérable, manœuvrer exactement comme ils le feraient pour leur propre compte,
sans se laisser entraîner par les escadrons voisins et
sans s'émanciper pour cela.

Il faut pour cela que les sous-officiers des ailes, les
cadres, soient instruits complétement d'après ces principes, d'abord théoriquement dans la chambre, puis
pratiquement sur le terrain. Il va de soi que les officiers,
que les chefs de peloton qui seront leurs instructeurs
et qui sont chargés de leur donner l'exemple, doivent
être complétement familiarisés avec ces principes.

En procédant de la sorte, l'on s'épargnera beaucoup
de temps, beaucoup de peine, l'on ménagera beaucoup
les chevaux; car l'empirisme mène bien plus lentement au but qu'une méthode rationnelle et systématique. Quand chacun saura ce qu'il a à faire, il lui
sera bien plus facile d'arriver au but; c'est là, d'ailleurs, ce qu'on pourra aisément lui apprendre dans la
chambre; procéder autrement ne sert absolument à
rien.

Le progrès doit, d'ailleurs, se manifester partout;
par cela même, qu'aucun escadron ne violera les principes qui règlent les conversions à pivot mouvant, les
marches directes, les ruptures, les formations par pe-

lotons, les évolutions de la demi-colonne, les conversions à pivot fixe, de pied ferme ou en marchant;
par cela même qu'aucun escadron ne violera les principes fondamentaux que nous exposerons plus loin.
C'est là, d'ailleurs, un résultat facile à atteindre pour
peu que chacun des capitaines commandants ait su se
familiariser avec ces grands principes, et par son propre travail, et par les leçons qu'il a données à ses subordonnés. C'est là, seulement, que l'on trouvera la
sûreté, la sécurité; travailler sans principe, sans méthode, c'est agir dans le vague, c'est se fier au hasard,
et c'est là ce que l'on ne saurait tolérer.

**b. — Principes fondamentaux sur lesquels repose
l'instruction des troupes sous le rapport des manœuvres.**

Tiré des circulaires des 24 septembre 1867, 13 avril 1868, 14 juin 1872,
31 juillet 1872, 9 juillet 1873, 26 avril 1874, 23 mars 1875, et de
certains manuscrits et documents trouvés après la mort du général
et écrits par lui dans la période de 1850 à 1870.

Quand l'escadron manœuvrera, l'on devra remarquer, dans tous les mouvements qu'il exécutera, la
trace d'une cohésion réelle; cet escadron saura marcher
à une allure vive, sûre, régulière, qu'il conservera dans
tous ses mouvements, changer sûrement et rapidement
de direction; il en résultera alors qu'il ne se produira
ni flottements, ni poussées, et qu'on n'enfreindra
jamais aucun des principes qui régissent les différentes évolutions; c'est là la première des conditions
auxquelles l'escadron doit satisfaire sous le rapport
des manœuvres.

Le travail individuel à cheval a assurément sa valeur et sa raison d'être; il en est de même pour les

manœuvres. Mais chaque chose doit se' faire en son temps et à son heure. Après avoir consacré un certain temps à l'instruction individuelle du cheval et du cavalier, il faut arriver à fondre chacun des individus dans un seul tout : l'escadron. L'expérience a démontré qu'il était bien plus difficile, qu'il fallait bien plus d'attention, d'intelligence, d'esprit, de connaissance du métier, et aussi bien plus de temps pour former de bons cavaliers et dresser complétement des chevaux de remonte, que pour constituer un escadron, lui apprendre les évolutions, les manœuvres, les mouvements du règlement. Le capitaine, qui sera bien imbu de ces idées, qui se conformera aux vrais principes, qui les appliquera sans cesse, pourra, de la sorte, remédier à l'éducation insuffisante des hommes et des chevaux, et aura peu de temps après, sous ses ordres, un escadron dont l'instruction sera complète. Il y arrivera d'autant plus facilement s'il suit les règles, s'il se conforme aux principes et surtout à ceux que je vais exposer ci-dessous.

1. Familiariser les chefs de peloton et les sous-officiers des ailes avec les devoirs qu'ils ont à remplir.

Le capitaine commandant doit, avant qu'on soit arrivé à la période des exercices, théoriquement d'abord, puis pratiquement pendant les écoles à pied qui sont une sorte de préparation à l'école à cheval, faire connaître à ses chefs de peloton et à ses sous-officiers des ailes, la nature et l'étendue de leurs devoirs.

Il faut, en effet, que les cadres soient parfaitement instruits, sans cela rien ne peut réussir.

Les évolutions à pied, pourvu qu'elles soient dirigées avec intelligence, faciliteront et abrégeront le travail à cheval, surtout si l'on a fait, soit le jour même, soit la veille, exécuter à pied les mouvements mêmes que l'on répétera le jour même ou le lendemain à cheval; c'est là un moyen de graver ces évolutions dans la mémoire des hommes. Il faut alors, seulement, que chaque homme connaisse bien sa place; l'instructeur doit surtout considérer ce que l'homme aura à faire à l'école à cheval, s'occuper par suite, avant tout, de l'équitation. Les hommes doivent donc être rangés dans l'ordre même où ils se trouveraient s'ils étaient à cheval; il ne faut donc pas, comme je l'ai déjà fait remarquer, diviser, comme on le fait pour l'infanterie, chacun des deux pelotons en deux pour en faire quatre pelotons. C'est là une chose qui n'a ni rime ni raison. Le deuxième rang se formera à trois pas du premier, afin de marquer ainsi l'intervalle que l'on devra laisser à cheval. Le pas ordinaire correspondra alors au pas, le pas accéléré, au trot et au galop. En marche, les cavaliers auront le sabre au repos; ils le porteront au commandement : *Halte !*

Les mouvements de l'école à cheval exécutés à pied serviront également à familiariser les sous-officiers des ailes avec les évolutions fondamentales, telles que les ruptures les formations, les demi-tours, les conversions à pivot mouvant.

Mais il faut se garder de donner une trop grande extension à ces évolutions de l'école à cheval faites à pied; elles ne doivent servir qu'à préparer les sous-officiers et les hommes, à l'exécution de ces mêmes mouvements à cheval, à les familiariser avec eux; ce sont de simples moyens employés pour arriver plus facilement au but; ce ne sauraient être des exercices réels comme ceux de l'école à pied.

Les sous-officiers des ailes doivent, quand on les interroge, pouvoir dire ce que le sous-officier de l'aile droite ou de l'aile gauche a à faire dans les différentes évolutions, dans les ruptures, les demi-tours; les conversions à pivot mouvant, les ruptures par peloton; les déploiements, les ruptures pour passer à la demi-colonne; et comme le savoir et l'exécution sont deux choses essentiellement différentes, il faut qu'on les exerce pratiquement. *Tout* dépend uniquement des chefs de pelotons et des sous-officiers des ailes. Les hommes se retrouvent et se placent d'eux-mêmes, pour peu que les sous-officiers connaissent leur propre place et soient sûrs d'eux-mêmes. Les capitaines commandants doivent donc, quel que soit le mouvement qu'ils prescrivent d'exécuter, jeter, tout d'abord, un coup d'œil sur le point essentiel, sur le point dont dépend le succès; en agissant de la sorte, ils apercevront de suite et pourront relever immédiatement les fautes commises par leurs sous-officiers, et par conséquent ils ne tarderont pas à avoir leur escadron bien dans la main; ils n'auront plus à morceler, pour ainsi dire, leur attention, à la diriger sur des fautes tout à fait secondaires que l'on pourra redresser plus tard, ou qui disparaîtront même d'elles-mêmes dès que l'instruction des sous-officiers sera plus complète.

C'est là ce qui apparaîtra d'une manière frappante, dès les premières évolutions que fera un escadron dont les chefs de pelotons et les sous-officiers auront été formés et instruits conformément à ces principes. Cet escadron marchera et manœuvrera tout autrement qu'un escadron pour lequel on n'aura pas jugé à propos de suivre cette méthode; cet escadron marchera à une allure fière et régulière qui ne changera jamais et dont aucune évolution ne fera varier la cadence, prendra rapidement et sûrement, sans hésitation, sans flottement, une direction nouvelle; se tirera des circonstances les plus difficiles par sa sûreté et sa cohésion, conséquence naturelle de l'instruction et de l'éducation des cadres; ce ne sera qu'accidentellement, et rien que pour un moment, que le bon ordre pourra y être troublé; enfin cet escadron prendra toujours les chemins les plus courts, ceux qui mènent le plus rapidement au but.

2. Principales exigences auxquelles les chefs de peloton et les sous-officiers des ailes doivent satisfaire.

a. Les chefs de peloton ne doivent jamais commencer à exécuter leur mouvement de leur personne avant d'avoir fait le commandement d'exécution, par cela même qu'en agissant de la sorte, ils entraîneraient leur peloton à leur suite, lui feraient exécuter prématurément une conversion à pivot mouvant, ou un déploiement, etc. Dans ce dernier cas, le chef de peloton doit, quand le mouvement s'exécute, le peloton étant arrêté, rester immobile un moment, puis prendre la direction voulue et ne commander qu'ensuite : *Alignement!* Les chefs de peloton devront laisser un intervalle entre les commandements préparatoires et les commandements d'exécution, se garder de les faire sur le même ton. On prononce le commandement préparatoire d'une voix calme, tranquille. Les commandements d'exécution sont prononcés d'un ton plus ferme, sec, accentué. C'est là le seul moyen qui permette d'obtenir à la fois le calme et la rapidité dans l'exécution.

b. Il n'y a nul inconvénient à ce que le cheval d'un chef de peloton prenne accidentellement le galop; ce serait faire preuve d'une sévérité excessive que de vouloir en faire tout dépendre. Mais on devra exiger, en revanche, qu'il marche à un galop égal, régulier, qu'il ne cause pas de saccades en serrant ou en perdant sa distance, qu'il n'entrave pas la marche de son peloton et ne devienne pas la cause de désordres. Il devra, au contraire, conserver une allure égale, et c'est alors seulement qu'il pourra remettre son cheval au trot. Quand le travail au manége, quand le travail individuel aura habitué les hommes à sentir la cadence, le rhythme de l'allure, à ne pas en sortir, à conserver leurs distances sans avoir besoin de les évaluer à l'œil, les hommes n'arriveront jamais sur les talons du cheval de leur chef de peloton, et les chevaux de ces officiers seront alors calmes et tranquilles devant la troupe. Toutes les fois que les troupes s'alignent par l'œil, les cavaliers ne restent jamais à deux pas de leur chef, par cela même qu'ils ne savent pas conserver le rhythme de l'allure.

c. Dans les ruptures, les formations, les demi-tours, soit que ces mouvements s'exécutent au pas, au trot ou au galop, les sous-officiers de l'aile intérieure doivent rester immobiles comme une muraille et se garder de suivre leur peloton; les sous-officiers de l'aile extérieure doivent conserver pendant la conversion l'allure à laquelle ils marchaient précédemment, sans l'allonger, sans la ralentir; c'est sur eux que le peloton règle son allure au moment où l'on fait le commandement : *En avant !* Ce sont eux qui doivent conserver et maintenir l'allure primitive, afin que tout le monde continue à marcher à la même allure, qui ne doit pas varier parce que l'on change de direction.

d. Les devoirs des sous-officiers des ailes, pendant les conversions à pivot mouvant, sont les suivants : le pivot doit continuer sa marche à la même allure lorsque l'on arrive au point marqué pour la conversion, et se diriger droit sur ce point jusqu'à ce que le chef de peloton fasse le commandement de : *Marche!* quand bien même il leur arriverait de se rapprocher du peloton qui les précède. Au commandement de : *Marche!* Le pivot ralentit l'allure, regarde droit devant lui, ne jette pas de coup d'œil sur le peloton, arrondit bien l'arc de cercle qu'il décrit afin de dégager le terrain pour le peloton suivant, afin de ne pas obliger ce peloton à se rejeter en dehors pour trouver la place et l'espace qui lui sont nécessaires pour opérer sa conversion. Dans la conversion à pivot mouvant, l'aile intérieure, le pivot, loin de s'arrêter, doit donc continuer à marcher. Les sous-officiers, placés à l'aile marchante, conservent l'allure à laquelle ils marchaient précédemment et, se gardant de l'allonger, ils veillent à ce que les cavaliers restent liés du côté du pivot, et décrivent, par suite, un arc de cercle proportionné à l'étendue du front en se réglant sur la troisième file du peloton précédent.

e. Le sous-officier de l'aile droite de l'escadron ne saura jamais apporter trop de soins à la conservation de la direction dans la marche directe ; il devra se garder surtout d'obliquer à droite, afin de ne pas donner à l'escadron l'habitude d'appuyer à droite ; il devra plutôt serrer un peu à gauche, afin d'habituer les hommes à céder à la pression venant de ce côté ; de même, dans l'ordre inverse, le sous-officier de l'aile gauche du premier peloton devra, dans la marche directe, marcher bien droit devant lui sans appuyer à gauche, afin que, lorsque l'escadron sera inversé, les hommes ne prennent pas l'habitude d'obliquer à gauche.

f. Les sous-officiers des ailes doivent savoir que, dans les mouvements de demi-à-droite et de demi-à-gauche, ils n'ont à obliquer ni trop à droite ni trop à gauche, mais qu'ils ont bien plus à se porter en avant qu'à obliquer latéralement.

g. Les sous-officiers des ailes doivent tous connaître

à fond les principes de l'évolution la plus importante, de la marche directe en bataille ; tous ils doivent savoir que l'exécution correcte du mouvement dépend :

1° De la régularité de l'allure ;

2° Du maintien de la direction ;

3° Du calme et du botte à botte, sans que pour cela chaque cavalier cherche à se serrer nerveusement contre son voisin ;

4° Du fait que l'alignement n'est plus une affaire d'œil, par suite de ce que les cavaliers ne jetteront plus un regard tantôt sur le guide, tantôt sur le côté opposé, mais bien de ce que tous regarderont droit devant eux et ne jetteront de temps à autre un rapide coup d'œil à droite et à gauche que pour conserver plus facilement et plus sûrement la cadence de l'allure, que pour remédier plus complétement aux fautes qu'ils peuvent commettre.

3. Alignement.

Il est de toute nécessité que les hommes sachent s'aligner correctement ; c'est de l'alignement que dépendent en grande partie les résultats et les progrès ultérieurs ; il faut donc que l'alignement soit réglé avec un soin particulier, que les hommes sachent l'exécuter avec sûreté et rapidité. Chaque cavalier doit occuper tous les jours la même place et non pas en changer constamment, comme le permettent encore des maréchaux des logis chefs négligents, inattentifs, qui ont l'air de croire qu'une pareille manière de faire ne présente aucun inconvénient. C'est là une chose qu'un capitaine commandant ne doit tolérer sous aucun prétexte. De bons sous-officiers d'encadrements, des sous-officiers dont on est sûr, qui savent leur métier et qui se sont rendus compte de l'importance de ces faits, réussissent à maintenir la cohésion dans les pelotons, de même que les cavaliers des ailes placés au 2ᵉ rang, s'ils sont intelligents, énergiques, adroits, sûrs, s'ils sont bien placés à cheval, s'ils savent bien mener leurs chevaux, et qui sont chargés du maintien de l'ordre dans ce rang, sauront gagner du terrain vers l'aile marchante dans les ruptures, les formations, les changements de direction, de manière à dégager le terrain pour le peloton voisin ; ces hommes devront être montés sur de bons chevaux, sur des chevaux ayant bonne apparence, sur des chevaux bien francs. On veillera en outre à ce que les hommes soient autant que possible rangés par rang de taille, par cela même qu'il est loin d'être indifférent d'avoir dans le rang un homme de haute taille à côté d'un petit. Il ne saurait y avoir de files creuses qu'à l'aile gauche, et jamais à l'aile droite du 2ᵉ rang.

4. Nombre de files.

Le peloton devra, pour manœuvrer, se composer du plus grand nombre de files possibles, soit de 12 files. Tout ce qui n'est pas présent sur le *champ de bataille* ne combat pas, et ne saurait donc être pris en considération ; notre *champ de bataille* est d'ailleurs pour le moment le terrain d'exercices ; un effectif considérable et un nombre insignifiant de files, voilà des antithèses qui démontrent que l'éducation des hommes est incomplète, que les chevaux sont mal dressés, par suite que la troupe est dans un état déplorable, dans une condition lamentable, et c'est là un reproche qu'aucun officier ne voudrait se mettre dans le cas d'encourir !

5. Etat des chevaux.

On doit veiller à maintenir les chevaux en aussi bon état qu'avant le commencement de la période des exercices. Même lorsque les escadrons manœuvreront et évolueront avec précision, sûreté, rapidité et régularité, si leurs chevaux sont maigres et pauvres, le résultat excellent obtenu sous le rapport des évolutions ne suffit pas pour sauver l'officier du blâme qu'il encourt à propos du mauvais état de ses chevaux. Pour qu'un escadron soit dans un état réellement satisfaisant, il faut que les officiers aient par tous les moyens possibles réussi à maintenir les chevaux en bon état, sans pour cela que ces chevaux soient devenus incapables de fournir un bon service. C'est là à mes yeux une condition indispensable qui prime tout le reste.

6. Formation de l'escadron.

L'alignement dépend exclusivement de ce que les chevaux sont placés perpendiculairement au front, de ce que les hommes prennent le contact de leur voisin avec une certaine aisance, de ce que le 1er rang se trouve à 2 pas du chef de peloton, le 2e rang à 1 pas du 1er, les serre-files à 1 pas du 2e rang. Quand l'escadron sera formé de la sorte, les 4 lignes constituées par les chefs de peloton, le 1er rang, le 2e rang et les serre-files seront bien parallèles. La première de toutes les conditions, le principe fondamental auquel la cavalerie devra se conformer, consiste à s'aligner en avant, et jamais ni à droite ni à gauche, quand on est formé en bataille, c'est-à-dire à se former à 2 pas des chefs de peloton, qui devront tout d'abord se placer, s'aligner, puis rester immobiles; d'abord parce qu'en procédant de la sorte le 1er rang se trouvera formé parallèlement à la ligne des chefs de peloton, puis parce qu'il importe d'observer les principes essentiels, certaines considérations morales, d'autant plus que tout dans notre arme dépend du chef de peloton, et qu'il faut absolument habituer et dresser dès le début les hommes à suivre aveuglément cet officier, quel que soit le point sur lequel il se porte, quelle que soit la direction qu'il leur indique.

Le 1er rang doit donc se régler uniquement sur la ligne des chefs de peloton, qui s'établit, se forme et s'aligne la première avec un soin tout particulier : tous les cavaliers doivent regarder droit devant eux. Le centre, comme les ailes des pelotons, se formera à deux pas des chefs de peloton respectifs (1). Ce n'est que quand on aura obtenu ce premier résultat, déjà fort important par lui-même, qu'on pourra rectifier l'aligne-ment, c'est-à-dire la position de ceux des hommes qui ne seraient pas tout à fait sur la ligne, à l'aide d'un coup d'œil jeté sur l'aile où se trouve le guide ; mais ce n'est pas une raison pour modifier pour cela la di-rection générale. Les chefs de peloton ne doivent ja-mais s'établir en se conformant à la ligne prise par l'escadron ; loin de là, c'est tout le contraire qui doit avoir lieu. Le 2e rang procède de la même façon, se garde de s'aligner en jetant un coup d'œil vers l'une des ailes ; mais, au contraire, il se règle par cela même qu'il s'établit à un pas de distance du 1er rang et s'a-ligne par suite également en avant. Quand on en sera arrivé là, on pourra alors permettre aux cavaliers de jeter un coup d'œil de côté pour rectifier plus complé-tement leur alignement. Il en est de même pour les serre-files. C'est en procédant de la sorte qu'on obtient rapidement et sans peine que toutes les lignes soient disposées parallèlement l'une par rapport à l'autre et s'établissent à leur distance, c'est-à-dire une chose qui était absolument irréalisable jadis.

(1) Le général von Schmidt prescrivait ces principes d'alignements à une époque où ils étaient encore loin d'être admis et consacrés par le règlement.

Il arrive souvent que les chevaux, au lieu d'être pla
cés perpendiculairement au front, sont placés obliquement et un peu à gauche par rapport à ce front, et que
les cavaliers, après avoir pris cette mauvaise habitude,
devenue pour eux comme une deuxième nature, se trouvent hors d'état d'y remédier. Dans de pareilles conditions, l'alignement ne saurait jamais être parfait, et il
faudra consacrer beaucoup de temps au redressement de
cette faute. Or, la lenteur même des alignements est
précisément un véritable fléau pour la cavalerie; c'est là
un vice qu'on ne saurait poursuivre et traquer avec
trop de rigueur, par cela même qu'il a pour origine,
pour cause, un principe défectueux. Tout commandant
d'escadron, avant de commander : *fixe !* doit donc s'assurer que les chevaux sont placés bien perpendiculairement, que les distances prises sur les chefs de peloton sont observées : ce sont là, en effet, deux choses
essentielles. Il est encore un autre fait qui constitue
l'un des vices principaux des alignements et des formations, je veux parler du mouvement instinctif de
recul des chevaux : c'est là la preuve que les hommes
se servent peu de leurs jambes et beaucoup de leurs
mains. Je ne connais à cela qu'un remède, c'est de
commander, dès qu'on a fait faire halte : *Repos ! Lâ-
chez vos rênes ! Caressez et flattez vos chevaux !*

Chaque cavalier, quand on le passera en revue, doit
attendre, sans tourner les yeux de son côté, que le chef
qui passe cette revue soit arrivé à lui, le regarder en
tenant la tête haute, avoir son cheval bien calme,
bien droit, et placé bien perpendiculairement au
front, l'empêcher de reculer ou de s'assoupir, comme
cela se présente encore si souvent, le maintenir au contraire et suivre ensuite du regard, en tournant légèrement la tête, le chef qui passe devant les rangs. C'est là
le minimum de ce que l'on est en droit d'exiger d'une

troupe; il y a donc inattention et indifférence dë la part des hommes toutes les fois qu'il n'en est pas ainsi. Il importe également de veiller à la manière dont les hommes portent leur sabre, dont le tranchant doit être perpendiculaire et tourné en dehors. Le poignet droit doit se trouver placé alors à une main plus bas que la hanche. Les uhlans ne doivent pas avoir l'air de se pencher pour rattraper leur lance, qui doit être toujours bien droite, et qui constitue par suite un excellent moyen de s'assurer de la position correcte de chaque cavalier.

Quand l'escadron est formé avec ses gradés en avant du front (1), le capitaine commandant se tient à l'aile droite de la ligne des officiers, à deux longueurs en avant des sous-officiers; il attend là l'arrivée du supérieur qui passe la troupe en revue, pour lui faire son rapport et lui faire connaître la composition détaillée de son escadron. Les *gefreite* qui, en leur qualité de gradés des ailes ou de serre-files, se trouvent sur le front de la ligne, se placent à l'aile gauche de la ligne des sous-officiers, formée à deux pas en avant du premier rang et parallèlement à lui. Les deux rangs de chaque escadron doivent être parfaitement parallèles, le 2e rang se maintenant à deux longueurs du 1er, le cavalier de l'aile droite se réglant exactement dans chaque peloton sur son chef de file.

(1) Les guides se formaient en avant du front, avant la publication du règlement de 1812, dans les revues spéciales, comme on peut le voir pour le règlement de 1796. Le général avait introduit cette formation dans sa brigade afin de pouvoir se rendre un compte exact de la position de chaque cavalier et de la direction dans laquelle se trouvait placé chaque cheval.

7. Conservation de l'initiative, de l'indépendance du cavalier
dans le rang.

On doit, pendant les exercices, tenir rigoureusement
la main à ce que chaque cavalier conserve son indépendance individuelle dans le rang, ne se laisse pas
porter indifféremment par son cheval; mais continue à
agir sur lui; c'est là chose importante surtout pour le
2e rang, qui se compose en général des hommes les
plus indolents, les plus mous, les plus négligents, qui
se laissent généralement pousser machinalement, mécaniquement, à droite et à gauche, au lieu de marcher
pour leur propre compte. On a trouvé et imaginé plus
d'un moyen pour forcer chaque cavalier à travailler
individuellement dans le rang. Le meilleur de tous
consiste, selon moi, comme on le fait pendant le travail sur le carré, à faire passer, quand on marche sur
des lignes droites, les cavaliers du galop à droite au
galop à gauche, et à veiller à ce que tous les chevaux
galopent sur le pied indiqué.

8. Le deuxième rang.

Les maréchaux des logis chefs sont chargés de la
surveillance spéciale du 2e rang, et doivent tenir strictement la main à ce que ce rang reste toujours à un
pas de distance du 1er, à ce qu'il ne marche jamais sur
ses talons, à ce qu'il ne s'appuie pas en quelque sorte
sur lui, mais bien à ce qu'il travaille pour son propre
compte, à ce que les hommes soient correctement placés à cheval. Au galop, le 2e rang devra rester à deux
pas, pour les lanciers à trois pas de distance du 1er.
Le maréchal des logis chef est responsable de l'application de ces principes : il doit, par suite, se tenir derrière le 2e rang, gourmander les hommes négligents et
les signaler même au besoin au capitaine. C'est tolérer

12.

une faute grave que de permettre à ce rang de **serrer** sur le 1ᵉʳ; c'est là une preuve de négligence de la **part** du chef, c'est là ce qui rend impossible l'exécution **correcte** et sûre des mouvements et surtout de la **marche** directe, la plus importante de toutes les évolutions; c'est enfin un symptôme qui démontre que les chevaux habitués à serrer sur ceux qui les précèdent, ce qui ne devrait jamais arriver, sont devenus hors d'état de fournir un bon service.

Il sera donc fort utile, afin de conserver au 2ᵉ rang toute son indépendance, de l'habituer à rester à la distance réglementaire, de le faire marcher, à titre d'exercice, tantôt à une, tantôt à deux longueurs du 1ᵉʳ rang, et de lui faire alors exécuter des marches directes. Le maréchal des logis se porte alors tout le long du 2ᵉ rang et y maintient le bon ordre. Pour les uhlans, cet exercice doit se faire non-seulement avec la lance en l'air, mais encore avec la lance tenue parallèlement à la terre.

Il faut de plus que, dès le début de l'instruction, le capitaine commandant veille rigoureusement à ce que, dans les conversions par peloton, et surtout dans les demi-tours, le 2ᵉ rang gagne du terrain du côté de l'aile marchante, à ce que chaque cavalier se trouve, par un demi-à-gauche ou à-droite, de deux cavaliers en dehors de la direction de son chef de file; sans cela il serait impossible d'exécuter correctement l'évolution, parce que le 2ᵉ rang empêcherait le 1ᵉʳ rang de prendre sa place sur la ligne, en raison même de la position oblique dans laquelle se trouveraient ses chevaux. Les hommes du 2ᵉ rang ne doivent jamais, quand ils déboîtent de la sorte, arriver à se serrer de façon à rompre la ligne en arrière; quand ce fait vient à se produire, c'est la preuve manifeste de la négligence, **de l'indifférence des cavaliers**, qui travaillent avec insouciance et cèdent à toutes les pressions venant de leurs voisins. On doit punir tout cavalier qui se laisse rejeter hors du rang.

9. Marcher aux allures régulières.

On doit absolument empêcher les chevaux de trotiner, de traquenarder, de marcher l'amble : quand il en est ainsi, on a la preuve de l'existence du désordre et d'une équitation défectueuse : c'est là, en effet, commettre une faute grossière, aussi pernicieuse pour le cheval que pour le cavalier. Les cavaliers devront rester bien droits et bien fixes dans leur selle au pas.

10. Alignement par le rhythme de l'allure. Plus d'alignement par les yeux.

De toutes les conditions, la plus essentielle est la conservation du rhythme à toutes les allures : chaque allure a un rhythme particulier, toujours le même, qu'on marche en bataille, en colonne avec distance, en colonne par trois ou par deux. Plus un escadron changera fréquemment de rhythme et plus les hommes dont il se compose monteront mal à cheval. Jamais on ne devra, en marche, s'aligner à l'aide des yeux, il faudra conserver l'alignement par la régularité du rhythme et par l'aisance du contact : jamais le cavalier ne devra jeter de coups d'œil d'un côté. Toutes les fois que l'alignement résulte du rhythme, du sentiment, toutes les fois qu'on marche par suite à une allure régulière, on aura une troupe marchant bien en ligne et en bon ordre ; toutes les fois qu'il en sera autrement, qu'on s'alignera par les yeux, on n'aura que des cavaliers isolés, qu'on verra se porter en avant et s'arrêter tour à tour, ce qui ruine et détruit les chevaux. Le cavalier devra aussi, autant que possible, regarder droit devant lui : ce n'est que pour s'aider, pour s'assurer qu'il conserve bien le rhythme, qu'il pourra jeter de temps à autre un rapide coup d'œil à droite et à gauche, mais jamais d'un seul côté. Le commandement : *Regardez à gauche (droite)!* signifie simplement que c'est de ce côté qu'il faut prendre le contact. Le 1er rang s'aligne en se plaçant à deux pas des chefs de peloton, le 2e rang en se plaçant à un pas du 1er rang. L'alignement se prend donc toujours en avant et jamais latéralement.

11. La direction.

Toutes les fois qu'on n'aura pas d'objectifs, de points de direction, tels que ceux qu'on possède quand on se porte vers l'ennemi ou quand on exécute une manœuvre de campagne, le capitaine commandant, les chefs de peloton, les gradés des ailes, et même tous les hommes, devront être parfaitement orientés par rapport au terrain d'exercices, c'est-à-dire qu'ils doivent connaître les dimensions de ce terrain, sa plus grande longueur, sa plus grande largeur, ses angles, ainsi que les côtés parallèlement auxquels ils auront à marcher, qu'ils doivent déterminer d'une manière précise les 4 grandes lignes droites du terrain, qui sont généralement parallèles et perpendiculaires deux à deux, ainsi que les 4 directions obliques et diagonales par rapport à ces lignes : on devra ensuite prendre, en dehors du terrain et sur ces 8 directions, des objets éloignés tels que des clochers, des moulins, des villages, des maisons, des fermes, etc., etc., qui serviront de points de direction. Le capitaine et tous les chefs de peloton devront placer leurs chevaux dans cette direction, et l'indiquer en dirigeant leur sabre de ce côté, surtout quand il s'agit de changer de direction, quand il se produit une hésitation, un flottement, une incertitude. En agissant de la sorte, les hommes cesseront de se pousser,

de se presser. Ce n'est qu'ainsi qu'on arrivera à manœuvrer avec sûreté, avec précision, avec ensemble ; enfin,
c'est ainsi seulement qu'on apprendra à la troupe à
changer rapidement de direction, à se maintenir dans
cette nouvelle direction, qu'on arrivera à cette sûreté
dont l'expérience s'est chargée de démontrer toute l'importance.

Pendant les exercices, on habituera fréquemment
les troupes à s'établir sur des fronts obliques, sur la
diagonale : on passera de la diagonale à la direction
diagonale ; les fronts obliques, loin d'être une exception, doivent devenir la règle, par cela même que ces
formations contribuent à faire progresser l'instruction
de la troupe bien plus efficacement que les mouvements
sur les fronts perpendiculaires. Une troupe qui saura
manœuvrer sur les directions obliques, passer d'une
direction oblique à une autre, manœuvrera facilement
droit devant elle ; il est donc de l'intérêt même de l'escadron de travailler plus fréquemment sur les lignes
obliques que sur les lignes droites, sans parler même
de ce que les escadrons deviennent de la sorte plus mobiles et acquièrent des qualités manœuvrières plus complètes. Les directions obliques représentent les chemins
les plus courts, les lignes perpendiculaires, les angles
droits constituent les *détours*.

12. Redressement des fautes commises.

Toutes les fautes commises pendant les exercices
doivent être redressées non pas brusquement, mais, au
contraire, progressivement : c'est là chose vraie surtout
pour les poussées qui se produisent du côté du guide ;
quand la troupe cherche à rétablir le contact qu'elle a
perdu, poussées qu'on ne saurait tolérer sous aucun
prétexte. On ne doit pas changer le rhythme de l'allure
pour redresser les fautes commises. De tous les esca-

drons, celui qui travaille le plus mal est assurément celui dans lequel on remarque de nombreux changements de rythme amenés par les fautes commises, changements de rythme qui ont pour conséquence d'aggraver encore ces fautes.

13. L'inversion.

L'inversion, loin d'être un fait exceptionnel, doit devenir, au contraire, d'un usage habituel ; il est absolument indispensable de faire un emploi fréquent et étendu de l'inversion, afin d'arriver à donner à la troupe une mobilité réelle et de sérieuses qualités manœuvrières. L'usage de l'inversion doit être si fréquent qu'il faut que le mot même d'inversion et l'idée qui s'y rattache disparaissent complétement. Les chefs et les soldats doivent se trouver à l'aise dans l'inversion, tout comme un homme ordinaire dans un vêtement qui lui va bien et qu'il a l'habitude de porter, et ne pas craindre d'en faire usage à tout propos. On doit pouvoir charger, on doit pouvoir défiler aussi bien dans l'ordre inverse que dans l'ordre naturel.

14. Progression de l'instruction.

L'instruction tactique de l'escadron, cette instruction dont dépendent tant de choses, doit se faire d'une manière rationnelle et absolument systématique, non pas seulement parce qu'on solidifie de la sorte le terrain que l'on foule, parce qu'on peut créer alors quelque chose de sérieux, de sûr, de positif, mais surtout parce que c'est ainsi seulement qu'on peut développer, stimuler le véritable esprit de l'arme, cet esprit sur lequel reposent la fraîcheur, le mouvement, la rapidité, la vie même de cette arme.

Comment, par exemple, un escadron pourrait-il être **animé de cet esprit**, si, dès le début de l'instruction tactique, l'officier s'exténue à faire exécuter sur place les changements de direction par trois et l'école d'escadron, au lieu de s'efforcer de rendre son escadron souple, maniable, en le portant tout d'abord à droite, à gauche, en avant, en arrière, en le faisant changer de front, en lui faisant exécuter des ruptures, des déploiements, des conversions à pivot mouvant, des demi-tours par peloton, et les marches directes, c'est-à-dire les mouvements qui seuls peuvent lui donner l'entrain, la mobilité, la vie.

Le capitaine commandant doit faire mouvoir ses hommes, leur faire exécuter de grands mouvements bien amples, mettre un intervalle entre les différentes évolutions. Le capitaine commandant devra donc, pendant les premiers jours d'exercices, après avoir formé son escadron, lui faire exécuter, pour le rendre souple et maniable, les mouvements suivants : faire rompre au trot et par peloton vers l'un des flancs, — marcher droit devant soi, — rester au trot pendant un certain temps, — exécuter une conversion à pivot mouvant, — continuer à marcher au trot, — faire exécuter une formation en bataille, — une marche directe en bataille au trot, — prendre le pas pour faire souffler les chevaux, — faire rompre au trot vers le flanc opposé, — continuer à marcher au trot, — faire exécuter une conversion à pivot mouvant, — continuer à marcher au trot, — se former en bataille, — exécuter une marche directe au trot, puis passer au pas. Ces deux exercices faits exclusivement au trot ne tendent qu'à confirmer l'alignement. Il en est de même des mouvements suivants : peloton à droite, — tournez droite, — à gauche en bataille, — et peloton à gauche, — tournez gauche, — à droite en bataille. Il est, en effet, absolument logique et rationnel de commencer par assurer l'exécution des ruptures, les conversions à pivot mouvant, des déploiements dans toutes les directions suivies immédiatement d'une marche directe en bataille assez longue, de procéder ensuite au travail des ruptures sur le prolongement de l'un des flancs, des demi-tours suivis, eux aussi, de longues marches en bataille exécutées au trot dans l'ordre naturel et en ordre inverse. On aura obtenu un résultat significatif lorsque les troupes exécuteront correctement ces mouvements ; on aura donné à l'escadron une certaine cohésion, et c'est là un résultat qu'il est facile d'atteindre en quelques séances, quand les sous-officiers auront reçu une instruction théorique rationnelle, quand ce travail aura été précédé par quelques exercices préparatoires de l'école à cheval. Mais il faut se garder de pourrir en place, de faire rompre par trois, de perdre un temps précieux à exécuter des conversions à pivot fixe ; les marches directes devront s'exécuter avec calme, sans cette inquiétude qui gâte tout, et qui résulte généralement de ce qu'on a fait à ce propos de longues instructions orales, de ce qu'on a entamé ce mouvement de pied ferme. La marche directe ne doit pas être aux yeux des hommes un mouvement plus difficile à exécuter que la marche en colonne avec distance, la marche par trois ou par un ; c'est là d'ailleurs ce qui arrivera si l'on se garde d'en faire un monstre, si l'on ne fait pas accroire aux hommes que ce mouvement présente de graves difficultés, si l'on se conforme aux principes rationnels et pratiques que nous avons exposés, si après avoir marché au trot ou au galop par le flanc des subdivisions, on se forme en bataille pour continuer à marcher *à la même allure*, si l'on fait rompre dès que l'on aperçoit la moindre trace de désordre, d'inquiétude, de trouble. Mais jamais il ne faudra faire *passer immédiatement* au pas, dès qu'on se sera formé en bataille, des subdivisions qui marchaient

successivement au trot ou au galop ; on continuera au
contraire à marcher quelque temps droit devant soi à la
même allure et l'on ne passera au pas que plus tard. Ce
sont là d'ailleurs les évolutions les plus importantes ; on
ne saurait donc inculquer trop profondément aux escadrons les principes qui les régissent ; c'est par les conversions par peloton à pivot fixe ou à pivot mouvant
qu'il faut commencer ; d'ailleurs il importe que les
sous-officiers connaissent bien le rôle qu'ils ont à jouer
dans ces mouvements, qu'aucun des principes fondamentaux ne puisse être violé en aucune façon ; plus
tard, en effet, il sera impossible de remédier aux suites
de ces négligences, de cette insouciance ; les hommes
ont alors pris des habitudes, et l'on sait qu'il est plus
difficile de faire perdre à l'homme les mauvaises habitudes qu'il a contractées que de lui enseigner à bien
faire dès le début. Les pelotons s'habituent à cette
manière de faire et commettent alors les fautes les plus
graves ; c'est ainsi qu'au lieu de se lier du côté du
pivot dans les conversions, on se lie du côté de l'aile
marchante, toutes les fois que dans les conversions à
pivot fixe, le pivot, au lieu de rester immobile, décrit
un arc de cercle. C'est de ces évolutions que dépend
une chose capitale ; c'est grâce à elle, en effet, que le
capitaine commandant aura toujours et partout son
escadron dans la main ; c'est par là qu'il l'empêchera de voguer, de flotter au hasard, sans lien et sans
cohésion ; c'est ainsi que l'escadron réussira à exécuter tous les mouvements avec sûreté et précision, dès
que le commandement sera fait. De même, c'est de
l'exécution correcte et sûre des conversions à pivot
mouvant que dépend la conservation du rhythme, condition indispensable pour que tous les mouvements en
colonne s'exécutent régulièrement, pour que la troupe
reste calme et en bon ordre.

Après avoir fait exécuter ces évolutions à la troupe, on passera aux ruptures par peloton perpendiculairement au front, aux formations en bataille en avant par peloton. On fera ensuite par peloton demi-à-droite (ou à-gauche), prendre la direction en avant, rompre pour former la demi-colonne; on ne saurait répéter trop fréquemment ce dernier exercice, ce mouvement dans lequel les gradés des ailes ont un rôle si important. Puis enfin viendront les marches directes en bataille, les demi-à-droite ou à-gauche, les changements de direction par escadron.

On passera ensuite aux mouvements de l'école d'escadron, aux conversions à pivot mouvant sur le carré, aux ruptures à droite suivies d'une conversion à gauche à pivot mouvant, aux ruptures par trois, à la formation des pelotons quand on marche en colonne par trois, enfin à la formation, de pied ferme et perpendiculairement au front, de la colonne avec distance. Telle sera, selon moi, la progression logique de l'instruction qui se terminera par l'étude de la charge, *la quintessence, le couronnement, la pierre de touche de l'instruction.*

15. Travail au galop de charge.

C'est par un travail progressif qu'on développera les moyens des chevaux, qu'on les mettra en haleine, qu'on arrivera à leur faire tenir pendant un certain temps une allure vive. Il est absolument indispensable qu'on exécute fréquemment la marche directe au galop allongé en bataille, suivie d'une conversion; il sera bon alors de commencer à faire galoper de la sorte chacun des rangs isolément, afin que le 2e rang acquière, lui aussi, l'indépendance voulue. Il faut que les cavaliers. et les chevaux s'habituent à cette foulée de galop, longue, mais calme et bien égale; il faut que le galop de charge finisse par devenir pour eux une sorte de seconde nature. Quant à l'officier il doit avoir acquis la conviction que son escadron ne prendra pas cette allure sans son commandement, ne lui échappera pas et ne passera pas spontanément et malgré lui au galop de charge; c'est là d'ailleurs une des conditions à laquelle il est par-dessus tout urgent de satisfaire. Toutes les fois que la foulée de galop sera égale, régulière, et près de terre, on aura, *et c'est là chose essentielle*, une troupe en ordre compact; aucun des chevaux ne doit devenir nerveux, ne doit changer de pied, ne doit galoper haut. Ce sont en effet ces chevaux qui portent le désordre dans les rangs, qui excitent les autres chevaux, qui ne tiennent pas parce qu'ils dépensent inutilement leurs forces et qu'ils perdent la respiration. Le travail au galop s'exécute généralement fort bien par peloton, mais assez mal en ligne, surtout parce qu'on ne sait pas bien rester dans la direction, parce qu'on oblique à droite ou à gauche, en un mot parce qu'on n'est pas habitué à travailler ainsi formé. Il faut donc qu'on prenne l'habitude de cette formation, par cela même qu'elle a une importance capitale ; il faut, de plus, passer à la formation en bataille en déployant au galop la colonne avec distance, parce que c'est là le meilleur moyen d'obtenir le calme et la sûreté d'exécution.

Le choc qui suit le commandement de *Marche ! Marche !* est la conséquence de ce galop; la charge sera rapide, compacte, elle s'exécutera sur deux rangs et non sur dix, toutes les fois que le galop sera calme, régulier. Il est évident que l'exécution correcte de l'attaque dépendra surtout du dressage rationnel, de la position régulière, donnés aux chevaux par le travail d'hiver; il faut donc que les cavaliers aient appris à **rester calmes**, bien assis, bien fixes dans leurs selles, afin de ne pas exciter leurs chevaux, de ne pas déranger leur foulée. Il est incontestable qu'en raison même de la trajectoire tendue et rasante des fusils à tir rapide, la cavalerie doit, pour prétendre jouer encore un rôle sur les champs de bataille, pouvoir exécuter les grandes charges en ligne à une allure des plus vives.

16. Cohésion intérieure des subdivisions.

Toutes les fois qu'on a exécuté une rupture, les pelotons et les subdivisions doivent conserver une cohésion sérieuse et doivent former des unités en ordre compact : chaque chef de peloton dans son peloton, chaque sous-officier dans sa subdivision, en un mot chacun dans sa sphère doit spontanément, et sans qu'il soit besoin de l'intervention d'un de ses supérieurs, apporter de suite, et dès qu'il vient à se produire, un remède immédiat au moindre désordre. Aucune faute ne doit ni se propager, ni prendre des dimensions considérables, elle doit être rectifiée à temps, immédiatement par les subdivisions suivantes ou voisines, dès que ces subdivisions auront pu s'en apercevoir ; c'est précisément à cela qu'il faut habituer les guides, c'est à cela qu'il importe de donner tous ses soins, toute son attention. C'est pour cela que le capitaine doit faire manœuvrer son escadron tout comme s'il manœuvrait avec le régiment, alors que toutes les fautes commises par sa troupe peuvent se propager et prendre des dimensions considérables.

17. Position faite aux pelotons par rapport à leurs chefs.

Le capitaine commandant veillera rigoureusement à ce que les pelotons soient toujours à deux pas en arrière de leur chef, se conforment strictement et exactement à leurs commandements sans chercher à les modifier sous le prétexte de les améliorer. Il vaut infiniment mieux, lorsque le chef de peloton a commis par hasard une erreur, que son peloton exécute ses ordres et le suive, que de voir au contraire le peloton désobéir au commandement et redresser l'erreur de son chef. C'est là une chose capitale, d'une importance réelle, tant sous le rapport des manœuvres qu'au point de vue moral.

18. Intonation des commandements.

La manière même dont le commandement est fait a une importance réelle, une influence considérable sur l'exécution. Le commandement d'exécution sera séparé du commandement préparatoire, qu'il ne devra pas suivre de trop près; le commandement préparatoire sera prononcé avec calme, afin de ne pas troubler la troupe; le commandement d'exécution sera net, décidé, nerveux et bref, afin de provoquer une exécution rapide, immédiate. Rien qu'à la voix de son chef, à l'intonation du commandement, la troupe doit savoir de quelle façon elle aura à exécuter le mouvement qui lui est indiqué. L'officier devra, par-dessus tout, se garder d'habituer ses hommes à certaines paroles qu'il prononcera souvent dans l'instruction, se garder de les interpeller. Cette manière de faire indispose les hommes, qui finissent par s'y habituer si bien que ces recommandations ne produisent plus aucun effet sur eux et n'ont dès lors aucune raison d'être. Si rien qu'en disant : *doucement, tranquillement,* on pouvait obtenir le calme dont on a si grand besoin pour manœuvrer vite, ce serait chose trop aisée; mais, pour arriver à ce résultat si important et si indispensable, il faut malheureusement employer d'autres moyens, mettre en jeu d'autres facteurs.

19. Exécution des sonneries.

On devra, dès le début de l'instruction, veiller à ce que les hommes obéissent rapidement, strictement aux sonneries, sans bousculer pour cela leurs chevaux. Les sonneries devront par suite être faites sans précipitation, tranquillement et distinctement. Les hommes doivent donc s'y conformer dès qu'ils ont pu en saisir le sens, c'est-à-dire dès la deuxième ou troisième note, qu'ils soient en bataille ou colonne avec distance, en colonne par trois ou par deux, et prendre aussitôt l'allure indiquée par cette sonnerie. Les escadrons doivent donc obéir de suite aux sonneries et ne pas attendre, pour exécuter le mouvement, que la sonnerie ait cessé; en procédant de cette dernière manière, les manœuvres affecteraient un caractère traînant, une certaine lenteur, un caractère d'indolence, tandis qu'elles doivent au contraire se faire remarquer par la décision, la vivacité, l'entrain. Les subdivisions de l'extrême gauche, les derniers pelotons, doivent entamer le mouvement de suite, se porter immédiatement en avant, ne pas se faire traîner à la remorque des autres, ne pas attendre que la tête ait exécuté son mouvement. Les sonneries se feront donc en se tournant vers la queue et non vers la tête de la colonne, et le regard du capitaine commandant se portera sur la queue de la colonne pour s'assurer qu'elle obéit de suite à la sonnerie. Quand on se conformera à ces principes, tout se fera en ordre et à propos, depuis la tête jusqu'à la queue, qui n'aura pas besoin d'accélérer son allure pour arriver à sa place. En colonne par deux et par trois, dans les à-droite et les à-gauche, à l'école d'escadron, et dans les ruptures par deux et par trois, la dernière des subdivisions ne doit pas, quand bien même on aurait exécuté successivement plusieurs con-

versions à pivot mouvant, avoir à accélérer un seul
instant son allure. La troupe tout entière doit rester en
ordre compact grâce au rhythme, sans avoir à se presser, sans hésiter, sans se bousculer. Mais c'est chose
qui n'est possible que lorsque chaque cavalier est habitué : 1º à obéir de suite et sans hésitation à la sonnerie ; 2º à ne pas déboîter vers l'extérieur dans la conversion à pivot mouvant, mais à amoindrir, comme le
veut le règlement, l'arc de cercle décrit par le pivot ;
3º à sentir et à conserver la cadence. C'est là ce qu'il
importe d'observer au trot comme au galop. Mais rien
n'est plus pernicieux pour la conservation de la cadence que lorsque les pelotons et subdivisions de queue
attendent, pour commencer le mouvement prescrit par
la sonnerie, que les pelotons de tête aient achevé leur
mouvement. A la sonnerie : *Halte!* tout le monde doit
s'arrêter ; peu importe que la troupe soit en ordre compact, que son front soit aligné. Tout le monde doit
rester en place jusqu'au commandement de : *A ligne-
ment!* qu'on ne fera, précisément pour habituer les
hommes, que quelques instants plus tard. Pour arriver à ce résultat, il sera surtout fort bon de faire exécuter dans le carré les formations individuellement et
à la sonnerie, par cela même qu'il sera de la sorte plus
facile de se rendre compte de la manière de faire de
chacun.

20. Habituer les hommes aux commandements faits en arrière du front.

Lorsque le capitaine commandant aura habitué son
escadron à exécuter les commandements qu'il fait en
se plaçant en avant du front, il devra habituer cet
escadron à obéir de même lorsqu'il a fait face en arrière, lorsque par suite cet officier se trouve en arrière
du front, lorsque les hommes lui tournant le dos ont

par suite plus de peine à comprendre et à exécuter les commandements. L'escadron étant face en arrière le capitaine, qui, se trouvera derrière le front, devra lui faire exécuter des marches directes en bataille, des ruptures et des formations, afin d'habituer les hommes à ce genre de commandements.

21. Place du capitaine commandant dans les marches directes en bataille.

Quand l'escadron marche en bataille, le capitaine commandant ne devra jamais se placer sur le prolongement du front du côté du guide, mais il restera, pour se rendre compte de l'alignement, en avant à sa place, ou bien il se portera sur le prolongement de l'aile gauche (aile extérieure) (1), pour se rendre compte du rhythme.

22. Attention du capitaine dirigée sur les *pointes* (*points essentiels*).

Tout mouvement repose sur certains principes caractéristiques, bien définis, d'une importance capitale essentielle, dépend essentiellement des pointes (conditions fondamentales); c'est là le point sur lequel, comme nous l'avons dit précédemment, le capitaine doit porter toute son attention. Tout le reste vient et se fait, pour ainsi dire, tout seul. C'est dire qu'en général presque tout dépend de la conduite des gradés des ailes et des chefs de pelotons; ainsi, par exemple, quand l'escadron marchant au trot exécutera une conversion, le capitaine commandant jettera tout d'abord un coup d'œil sur le guide qui forme le pivot, pour

---

(1) Ces règles ont été posées par le général avant que le règlement n'ait admis le principe du guide au centre.

voir s'il décrit son mouvement au pas en regardant droit devant lui, sans tourner les yeux sur le reste du rang, puis sur le gradé de l'aile marchante pour voir s'il conserve, sans l'allonger, le rhythme de l'allure ; ou bien, s'il s'agit d'une conversion à pivot mouvant au trot, le capitaine commandant regardera surtout le gradé qui sert de pivot au peloton de tête, pour voir s'il décrit bien un arc de cercle en ralentissant l'allure, en avançant, en portant les yeux droit devant lui et non sur le reste du rang, afin de dégager le terrain pour le peloton suivant, afin de n'occasionner aucun à-coup dans la colonne, afin de permettre au reste de la colonne de continuer à conserver le même rhythme ; ce n'est qu'ensuite que cet officier veillera à ce qu'aucun des pelotons ne déboîte extérieurement par un demi-à-droite ou à-gauche, comme cela se fait si souvent, à ce qu'ils passent tous sur le même terrain, à ce que les gradés de l'aile marchante prennent au contraire leur direction sur la 3e file du peloton précédent, du côté de l'aile marchante de ce peloton.

23. Moyens auxiliaires à employer, sans parler, sans redresser les fautes à haute voix.

On devra dès le principe veiller rigoureusement à ce qu'on ne parle pas pendant les exercices, à ce que l'on ne corrige pas les erreurs à haute voix, par cela même qu'il est extrêmement difficile de faire perdre cette habitude. Parler et corriger ne servent absolument à rien, mais nuisent au contraire à l'exécution ; on empêche de la sorte les hommes de faire attention au commandement ; cette manière de faire est du reste à tous égards déplorable, et la seule chose qu'on doive entendre c'est le commandement. Les chefs de peloton et les gradés des ailes exercent néanmoins une influence utile par leur manière de monter à cheval, par le rhythme

13.

qu'ils règlent, par la direction qu'ils indiquent, par les signes qu'ils font en tendant leur sabre, quand on change de direction et surtout quand ce changement doit s'effectuer rapidement. Les indications muettes, silencieuses, auxquelles on devra habituer la troupe, seront bien plus précieuses, plus utiles, que les cris, les appels, les conversations ; le chef de peloton qui se retourne pour redresser une erreur, déviera de la direction, imprimera par suite une fausse direction au peloton et changera généralement la cadence de l'allure.

24. Evolutions exécutées sans commandements verbaux, sans sonneries.

Je recommande d'une manière toute particulière l'exécution des manœuvres sans commandements verbaux, sans sonneries. La direction est alors marquée, qu'on marche en bataille ou en colonne avec distance, par le sabre du capitaine commandant, par la position de son cheval. C'est là un exercice excellent, qui développe considérablement l'attention et l'intelligence des hommes, qui contribue puissamment à faire naître la sûreté. Plus l'indication du mouvement sera simple et facile, plus le silence sera profond et mieux cela vaudra. Nos sonneries nombreuses, nos innombrables commandements ne servent qu'à compliquer les évolutions, à les retarder ; il importe donc de les réduire à leur plus stricte expression.

25. Exercices sur un seul rang.

Il me semble que, plus tard, pendant le cours ultérieur de l'instruction, il sera bon de faire travailler assez souvent l'escadron sur un seul rang. Ce genre de travail contribuera énormément à donner une indépendance réelle au 2e rang, à développer l'attention et l'intelligence des hommes; c'est, de plus, un exercice des plus importants, par cela même que, comme les événements se sont chargés de le prouver, on a fréquemment lieu de se servir de cette formation en temps de guerre.

Le passage à la formation sur un rang, qui consiste à former 8 pelotons avec les 4 pelotons de l'escadron, doit se faire avec calme, en bon ordre, en silence et sans effort. Le 1er rang se porte alors en avant, au trot, puis s'arrête; le 2e rang fait pelotons à-droite ou à-gauche, se porte droit devant lui, au trot, fait front par un à-droite ou un à-gauche et entre en ligne. Ou bien encore le 1er rang fait pelotons à-droite ou à-gauche au trot, marche au trot dans la nouvelle direction, fait front et halte pendant que le 2e rang vient s'aligner sur lui. Les chefs de peloton, les gradés des ailes, les serre-files sont répartis, en vertu d'ordres donnés antérieurement, entre les différents pelotons.

On doit pouvoir exécuter sûrement et correctement, sur un rang, toutes les évolutions qu'on a l'habitude de faire sur deux rangs.

26. Quelques principes au point de vue tactique.

1º Toutes les fois qu'on fera manœuvrer la troupe, qu'on ira sur le terrain, on exécutera le déploiement de la colonne; au sortir d'un défilé, on passera de la colonne de route (par trois) à la formation des pelotons, puis on passera de la colonne avec distance à la formation en bataille : ce sont là des mouvements qu'on ne saurait exécuter trop souvent;

2º A moins qu'on n'y soit absolument obligé par les dimensions du terrain, on ne se servira que fort rarement des ruptures par des à-droite ou des à-gauche. On devra, dans les manœuvres et en présence de l'en-

nemi, exécuter autant que possible tous les mouvements en ordre compact;

3º Etant en colonne de route, on fera souvent le
commandement : *A droite front !* ou *à gauche front !*
Toutes les files conversent alors du côté indiqué, tout
comme si l'on avait commandé : *A droite* ou *à gauche
par trois !* Quand la conversion sera terminée, toutes
les subdivisions se portent en avant et se déploient sur
le centre. Le capitaine commandant, au moment où il
fait ce commandement, fait sonner : *Au trot !* Peu importe alors que l'escadron se forme en ordre naturel
ou en ordre inverse. Il importe surtout qu'après s'être
déployé sur l'un des flancs, l'escadron puisse se porter
rapidement dans la direction indiquée par le sabre et
le cheval du capitaine commandant.

Tels sont, à peu près, les principes que le capitaine
commandant devra observer quand il fera manœuvrer
son escadron. Quand il se conformera à ces principes,
quand il aura trouvé les points essentiels de chaque
évolution, quand il aura su y consacrer une attention
suivie, il aura réussi à donner à son escadron la sûreté
et la cohésion; l'exécution correcte des mouvements
cessera de dépendre de circonstances fortuites qui peuvent parfois et accidentellement exercer une influence
regrettable, il obtiendra des résultats satisfaisants;
tandis que par des exercices confus, vagues, il n'arrivera qu'à une déplorable routine, qui ne donne jamais la cohésion à sa troupe, qui cède et disparaît dès
que la moindre influence défavorable se fait jour, par
cela même que tout ce qu'on a édifié est instable et incertain. La sûreté, la précision des évolutions doivent
prendre la place de ce qu'on appelle avoir de la chance
ou du malheur lors des revues d'inspection.

**c. — Dispositions et directives, relatives aux évolu-
tions les plus importantes, réglant l'exécution des
mouvements prescrits par le règlement.**

Tiré des circulaires des 21 septembre 1867, 13 avril 1868, 14 juin
1872, 31 juillet 1872, 17 août 1872, 17 mars 1873, 9 juillet 1873,
23 mars 1875, 2 mai 1875, 14 juillet 1875, de notes et manuscrits ré-
digés pendant la période de 1850-1870, et trouvés après la mort du
général.

Comme j'ai pu me convaincre que dans les mouvements et les évolutions on tient généralement peu de
compte des principes et des règles fondamentales, de
ces règles dont dépend exclusivement la sûreté, le
calme de l'exécution, comme j'ai pu me convaincre que
les vrais principes, les principes rationnels des manœuvres sont tombés dans l'oubli et en désuétude, comme
j'ai le plus ardent désir de faire revivre ces préceptes,
afin de faciliter le travail à chacun des soldats, d'épar-
gner à la troupe beaucoup de peines et d'efforts, d'obtenir des résultats satisfaisants, j'ai cru devoir faire
quelques emprunts aux prescriptions, aux directives
réglant l'exécution des évolutions prescrites par le règlement, espérant provoquer de la sorte l'application
de ces principes, qui ont surtout une valeur réelle par
rapport aux conversions à pivot mouvant, aux marches
directes, aux ruptures par peloton, au déploiement de
la colonne avec distance. Je tiens tout particulièrement
à ce que les capitaines commandants basent sur ces extraits l'instruction de leurs escadrons, parce que c'est
de la sorte qu'on arrivera à poser des principes bien
définis, à introduire plus de méthode, plus de sûreté,
plus de suite dans cette partie si importante de l'instruction, l'école à cheval et l'école d'escadron, à laisser
moins de prise au hasard.

Le règlement ne pose que des formules nues et sèches : il n'en est donc que plus nécessaire de rédiger de semblables instructions, qui ne sont que le développement, conforme à l'esprit de l'arme, des règles établies par le règlement, et dont le besoin se fait sentir de plus en plus. Tant que les formations reposeront uniquement sur la tradition, elles tomberont facilement dans l'oubli ; il faut, par suite, pour les faire revivre, pour les remémorer à chacun, faire de ces formations l'objet d'une instruction.

1. Considérations générales.

Il existe des principes certains, bien définis, qui règlent l'exécution des mouvements et évolutions ; ce sont ces principes qu'il faut observer rigoureusement, et tout officier doit connaître d'une manière bien précise les conditions auxquelles est subordonnée l'exécution correcte des mouvements ; on ne devra jamais chercher à donner à la troupe une routine mécanique due à la seule force de l'habitude, à la répétition constante des mêmes mouvements ; on doit, au contraire, procéder d'une manière rationnelle, systématique, pour familiariser chacun avec les formations, les mouvements, les évolutions du règlement, donner une instruction théorique et pratique bien complète aux cadres, aux gradés des ailes, aux chefs de peloton ; c'est là le seul moyen d'arriver à la sûreté, à la précision, le reste vient ensuite pour ainsi dire de lui-même. La vraie, la véritable science des évolutions repose sur des principes bien définis, sur des lois établies ; cette science est d'autant plus indispensable que c'est elle seule qui empêche le hasard d'exercer son action sur les mouvements, les moindres fautes de se propager, de prendre des proportions considérables, d'influer sur tout l'ensemble ; c'est elle seule qui réussit à faire disparaître

l'incertitude, à la remplacer par la sûreté et la précision. Les principes, les lois qui peuvent seules assurer
aux évolutions l'ordre, la sûreté, doivent prendre la
place de la théorie de l'éreintement. Il faut, par suite,
bien poser les principes, les enseigner à tous, et veiller à ce qu'on s'y conforme en tous points. En tête de
ces lois on inscrira les principes fondamentaux de tout
mouvement : l'*allure* et la *direction*, principes fondamentaux qui doivent être la base de notre règlement,
principes fondamentaux qu'on doit y retrouver partout.

Les indications sèches et arides que l'on trouve dans
le règlement doivent être interprétées dans le sens
réel de l'esprit qui doit animer notre arme, doivent
être vivifiées par un souffle puissant ; il faut leur donner
une âme, et, si je puis me servir de cette expression,
les spiritualiser. Quand il en sera ainsi, on pourra tirer parti de tout règlement, même s'il est mauvais. Le
règlement n'est, en effet, autre chose qu'une sorte de
vêtement auquel il importe de s'habituer, dans lequel
on doit se trouver à l'aise. Quand le véritable esprit
qui doit animer la cavalerie aura réussi à vivifier la
lettre morte du règlement, ce règlement atteindra son
but et ne pourra jamais exercer une influence désastreuse sur l'avenir de l'arme.

Que l'on commette des erreurs et des fautes pendant
les manœuvres, rien de plus naturel ; mais ce qui est
blâmable et répréhensible, c'est de voir, ce qui arrive
assez fréquemment, violer les vrais principes, les principes rationnels ; c'est de voir les fautes non pas se lo-
caliser, mais se propager et se répandre sur tout l'ensemble. L'exécution correcte des évolutions dépendra
dans ce cas toujours du hasard, et l'on n'arrivera jamais alors à une sûreté absolue. On doit se conformer
rigoureusement et strictement aux principes fonda-

mentaux, ne jamais les perdre de vue un seul instant, et chercher à les appliquer constamment dans la pratique. On paie chèrement la moindre négligence, la moindre concession.

Toute évolution a sa *pointe*, c'est-à-dire qu'elle a un but tout particulier, qu'elle repose sur une condition fondamentale, dont on doit tenir compte lorsqu'on passe à l'exécution, condition à laquelle il suffit de se conformer pour que la manœuvre réussisse toujours, pour qu'il ne se produise jamais de désordre. Ce qui peut alors arriver de pire, c'est que l'évolution manque de netteté, d'élégance ; c'est ainsi que, par exemple, l'alignement des pelotons de l'escadron pourra laisser à désirer ; mais, quoi qu'il puisse arriver, l'évolution ne manquera jamais complétement. Ce sont précisément ces conditions fondamentales qu'il importe de connaître et qu'on ne saurait enfreindre en rien. Dans le principe, il importe de ne considérer dans ces conditions essentielles que ce qui a trait aux chefs de pelotons et aux gradés des ailes, qu'il faut tout d'abord familiariser avec ces principes et initier complétement à la partie de ces conditions qui doit passer dans leur chair et dans leur sang ; ce n'est qu'ensuite qu'on s'occupera des considérations secondaires qui régissent chacune des évolutions, par cela même que les fautes commises à ce propos sont loin d'avoir un caractère inquiétant, et ne peuvent se propager comme les infractions aux principes fondamentaux.

A chacune des évolutions correspond donc une faute qui la caractérise tout particulièrement, faute qui se propage et s'accroît avec une rapidité étonnante si l'on n'oppose pas une résistance immédiate à ses progrès, si l'on ne combat pas le mal dans son origine, si l'on ne prend pas des moyens préventifs pour l'étouffer dans son germe. On doit, afin qu'ils puissent éviter les dan-

gers qui s'y rattachent, faire connaître d'une manière
bien nette aux chefs de pelotons, aux gradés des ailes,
et ces fautes capitales et les causes mêmes de ces fautes ; on doit leur donner le moyen de prévenir l'apparition de ces défectuosités, afin que ces fautes caractéristiques, qui ont tendance à reparaître constamment,
ne finissent pas par s'invétérer, par acquérir, pour ainsi
dire, le droit de cité ; on sait, en effet, qu'il est bien
plus difficile d'extirper un vice que d'enseigner le bien
et le vrai.

En se conformant à ces principes, ainsi qu'aux directives qui régissent l'exécution des différentes évolutions réglementaires, en suivant une méthode logique,
rationnelle, une méthode qui tende à étouffer ces vices,
il faudra dépenser et moins de temps et moins de forces, on arrivera plus rapidement et plus sûrement au
but, on s'affranchira de la dépendance si nuisible du
hasard et des circonstances extérieures.

2. Considérations particulières.

a. *Ruptures, déploiements, demi-tours par pelotons.*

a. a. Condition essentielle.

Les gradés qui servent de pivot doivent rester immobiles, tourner sur place, et n'ont pas de coup d'œil à
jeter sur le peloton. Le gradé de l'aile marchante continue à marcher à la même allure qu'auparavant, sans
l'allonger, sans ralentir : ce sont eux qui, lorsque la
conversion est achevée et que l'on commande : *En
avant !* règlent l'allure, maintiennent le peloton à l'allure à laquelle il marchait précédemment, afin qu'il n'y
ait ni à-coup ni changement de rhythme. On doit donc
faire à temps, pour que l'aile marchante puisse prendre
l'allure indiquée, le commandement : *Au trot !* ou *Au*

galop! L'aile marchante ne doit pas être obligée de s'arrêter, de ralentir; c'est là chose contraire à l'esprit de l'arme, c'est là un fait préjudiciable à la bonne exécution du mouvement, et nuisible pour les chevaux, que les arrêts brusques fatiguent et usent outre mesure. Toutes les fois qu'on se formera en bataille, on devra parcourir, la formation faite, un certain espace au trot ou au galop, afin de bien marquer que le déploiement est toujours suivi d'un mouvement offensif. En procédant de la sorte, on donnera aux évolutions plus d'animation, plus de netteté, plus de vie. Ce n'est qu'à titre d'exercice, et que lorsqu'il s'agira de confirmer les hommes, qu'on pourra faire rompre sans faire prendre le trot, afin de mieux voir si les hommes tournent bien à angle droit, s'arrêtent avec ensemble, si les subdivisions ne débordent pas : on ne doit pas habituer les hommes à continuer toujours à se porter en avant au trot, on doit au contraire les avoir toujours dans la main.

On veillera rigoureusement à ce que le 2ᵉ rang ne serre pas sur le 1ᵉʳ, on devra gagner du terrain vers l'aile marchante, chaque cavalier se trouvant de deux cavaliers en dehors de son chef de file, afin qu'il n'y ait pas de bousculade, que le peloton suivant prenne sa place, qu'aucun cavalier ne soit rejeté hors du rang.

Dans les ruptures de pied ferme, le gradé qui est à l'aile marchante se portera d'abord droit devant lui pour prendre une allure bien régulière et commencer ensuite sa conversion. Toutes les fois qu'on procédera différemment, le mouvement sera lent, traînant, et l'évolution tout entière aura mauvais aspect. Le gradé qui sert de pivot ne devra jamais, dans les déploiements, quand le peloton aura perdu sa distance, chercher à y porter remède. Quelle que soit l'allure à laquelle on marche, le pivot doit s'arrêter et tourner sur place. Les cavaliers resteront liés du côté de ce pivot. Mieux vaut perdre parfois sa distance, qu'on reprend une fois la conversion achevée, que de violer les principes fondamentaux d'une évolution.

Les chefs de peloton n'ont pas à décrire le même arc de cercle que leur peloton; en le faisant ils s'exposeraient à perdre leur place. Le chef de peloton exécutera à angle droit son changement de direction et pourra passer de la sorte le long du front de son peloton.

Quand on fera exécuter un demi-tour à droite pour se retirer ou pour se porter en avant, on veillera à ce que les cavaliers ne conservent pas la position oblique qu'ils avaient pendant la conversion, mais à ce qu'ils fassent, après le demi-tour, sentir de suite l'action de la jambe droite pour qu'il ne se produise pas de ces poussées encore trop fréquentes. Il faut toujours que les chevaux soient bien perpendiculaires au front et, en tout cas, mieux vaut qu'ils soient du côté du pivot que du côté de l'aile marchante. Il importe énormément que chaque cavalier puisse prendre aussi vite que possible la nouvelle direction, le nouveau front.

b. b. Fautes caractéristiques.

1º Les gradés des ailes décrivent des arcs de cercle démesurément grands, tant dans les ruptures que dans les déploiements et les demi-tours;

2º Les gradés de l'aile marchante changent de rhythme;

3º Le commandement : *En avant!* arrive trop tard, et il en résulte des chevauchements;

4º Le 2ᵉ rang serre trop sur le 1ᵉʳ rang, ou pénètre dans ce rang au lieu de gagner du terrain extérieurement;

5° Dans les ruptures de pied ferme, les gradés de l'aile marchante conversent immédiatement au lieu de faire auparavant quelques pas droit devant eux;

6° Les sous-officiers placés au pivot cherchent, quand dans les déploiements le peloton a perdu sa distance, à y porter remède;

7° Les chefs de peloton décrivent un arc de cercle au lieu de changer purement et simplement de direction;

8° Les hommes, après avoir fait un demi-tour, ne savent pas se servir de la jambe du dedans; c'est là une faute qu'il faut combattre énergiquement : car c'est grâce à l'action de la jambe du dedans qu'on parvient à se porter rapidement dans la direction nouvelle.

b. *Conversion à pivot mouvant.*

a. a. Condition essentielle.

Tout dépend du sous-officier qui sert de pivot au peloton de tête; il faut donc, à cause de la grande profondeur de chacun des pelotons, et afin de dégager le plus vite possible le point où le peloton suivant doit commencer sa conversion, qu'il décrive un arc de cercle en continuant à se porter en avant. Quand la conversion se fera au trot, il ne devra pas *passer au pas,* mais *prendre le trot ralenti* et se garder de *jeter un coup d'œil sur le peloton;* il doit au contraire regarder devant lui, fixer les yeux sur l'arc de cercle qu'il décrit, afin de se conformer aux prescriptions réglementaires. Le coup d'œil que le pivot jette dans le rang, faute que commettent les sous-officiers inexpérimentés et ignorants, ne sert à rien, si ce n'est à l'entraîner à la suite du peloton et à lui faire commettre précisément la plus grave de toutes les fautes.

Le sous-officier placé à l'aile marchante continue à

marcher à la même allure sans l'allonger ; il reste lié
et maintient le lien du peloton avec le pivot, ce qui
contribue énormément, tant au point de vue de la direction que sous celui de l'ensemble de l'exécution, à
la réussite des conversions.

Le chef de peloton surveille le mouvement de l'aile
marchante, afin de pouvoir commander : *En avant!*
au moment où la conversion est sur le point de s'achever ; le pivot reprend alors l'allure à laquelle il marchait précédemment. Aucun des pelotons ne saurait,
dans ce cas, chevaucher sur l'autre.

Le chef de peloton fait le commandement préparatoire dès que le chef du peloton précédent a fait le
commandement d'exécution ; mais il continue à marcher droit devant lui à la même allure, afin que son
peloton ne commence pas la conversion prématurément, et il veille surtout à ce que l'aile intérieure conserve le rhythme jusqu'au moment où il fait le commandement d'exécution.

Cet officier fait ce commandement lorsque le sous-
officier de l'aile intérieure, du pivot est encore à 5 ou
6 pas du point marqué pour la conversion. Le pivot
prend alors le trot ralenti (c'est-à-dire qu'il ralentit
l'allure à laquelle il marchait précédemment), et se
trouve alors, pendant la conversion, à fort peu de distance du peloton précédent. Il continue à décrire un
arc de cercle en marchant, en regardant devant lui, et
non dans le rang, jusqu'à ce qu'on commande : *En
avant!* S'il a décrit alors l'arc de cercle prescrit par le
règlement ; si, pendant la plus grande partie de la
conversion, il s'est trouvé à peu de distance du peloton précédent, il arrivera à sa distance à la fin de la
conversion.

Le gradé placé à l'aile marchante se règle pendant
la conversion sur le pivot, maintient, par suite, le lien

et la cohésion à l'intérieur du peloton, en amoindrissant l'arc de cercle qu'il décrit ; conserve l'allure à laquelle le peloton marchait précédemment, en prenant pour guide la 3ᵉ ou la 4ᵉ file du peloton précédent du côté de l'aile marchante, parce qu'en décrivant un arc de cercle trop étendu, il perdrait du terrain, sa distance, et ne pourrait conserver le rhythme de l'allure, si, comme cela se produit généralement, il prenait pour guide l'aile marchante du peloton précédent. Il en est de même pour les pelotons suivants.

Quand on se conformera à ces principes dans l'exécution des conversions à pivot mouvant, les derniers pelotons de la colonne ne seront plus obligés de s'arrêter avant de commencer leur conversion ; ils ne seront plus obligés, en quelque sorte, à déboîter extérieurement, à commettre, par suite, la faute la plus grave de toutes : *car c'est en se réglant sur le pivot que l'on doit décrire l'arc de cercle, afin de faire le moins de chemin possible, afin de maintenir une allure uniforme dans la colonne,* allure qui doit rester la même, sans qu'on ait besoin ni de ralentir avant la conversion, ni de l'allonger après. Il est aisé de se rendre compte de la bonne exécution des conversions à pivot mouvant en colonne : il suffit de s'assurer, quand 20 ou 40 pelotons exécuteront successivement une conversion à pivot mouvant, que la tête et la queue marchent à la même allure, tout en conservant les distances nécessaires pour le déploiement. C'est là un résultat qu'il est aisé d'obtenir, pourvu qu'on observe les principes rationnels, qu'on suive un système raisonné.

Il importe qu'après avoir terminé la conversion à pivot mouvant, le peloton de tête se porte bien droit devant lui. Toute faute qu'on commettrait alors se paierait, comme cela arrive d'ailleurs pour toutes les **évolutions de cavalerie, au moment de l'exécution du** mouvement suivant, et il arrive souvent que les rencontres, les chocs qui résultent de cette faute, coûtent la vie ou causent souvent des accidents graves à des hommes ou à des chevaux.

Récapitulons donc, en les résumant, les principes fondamentaux de cette évolution, dont l'emploi est aussi fréquent que son importance est grande :

1° Les pelotons ne doivent pas commencer leur conversion avant le commandement : *Marche !* (1) fait par leurs chefs de peloton respectifs. Les commandements : *Tournez !* et celui : *Droite !* ou *Gauche !* doivent être bien séparés, bien distincts, afin que la troupe acquière le calme désirable, la tranquillité voulue ;

2° Le chef de peloton ne doit pas entraîner son peloton à commencer trop tôt sa conversion, en changeant lui-même de direction avant d'avoir commandé : *Marche !*

3° Le chef de peloton fera le commandement : *Marche !* quand le peloton sera arrivé à 5 ou 6 pas du point marqué pour la conversion, afin que le pivot puisse bien arrondir son arc de cercle. Il fera le commandement : *En avant !* quand l'aile marchante sera sur le point d'achever sa conversion ;

4° Le pivot décrira un arc de cercle aussi grand que possible en se portant en avant (si le peloton était au trot, en marchant au trot ralenti), afin de dégager à temps le point de conversion pour le peloton suivant, et de ne pas l'obliger à déboîter extérieurement, faute d'espace, ce qui se produit si souvent et ce qui fait que, dans les conversions à gauche, tous les chevaux

---

(1) Le commandement allemand : *Conversion ! Marche !* correspond à notre commandement : *Tournez ! Droite !*

se trouvent décrire à un moment donné un demi-à-droite et, dans les conversions à droite, un demi-à-gauche. Dans les conversions à gauche, le pivot doit décrire un arc de cercle à gauche, en plaçant son cheval à gauche, en faisant dominer l'action de la jambe gauche ; dans les conversions à droite, il décrit un arc de cercle vers la droite, place son cheval à droite et se sert de la jambe droite. Le pivot du peloton suivant doit arriver, avant de converser, à peu de distance du pivot du peloton précédent. Au commandement : *En avant!* chaque peloton se trouvera à sa distance et dans l'alignement, et continuera à marcher à la même allure si la conversion s'est exécutée correctement ;

5° Le sous-officier placé à l'aile marchante conserve l'allure à laquelle il marchait précédemment pendant toute la durée de la conversion. C'est là, d'ailleurs, un principe qui s'applique à toute espèce de conversion : ce sous-officier contribue à maintenir les hommes liés du côté du pivot et prend sa direction sur la 3e ou la 4e file du peloton précédent du côté de l'aile marchante, afin de ne pas décrire un arc de cercle trop étendu ;

6° Le pivot doit regarder devant lui et non dans le rang pendant tout le temps de la conversion, parce qu'en regardant dans le rang il ne peut s'occuper de sa mission, dévie vers l'intérieur, ce qui est précisément le plus grave des défauts, celui-là même qu'on veut combattre à tout prix ; de même, encore, on ne devra pas chercher à reprendre trop tôt la direction sur le gradé de l'aile intérieure du peloton précédent ; on devra attendre, pour le faire, que la conversion soit achevée et qu'on ait commandé : *En avant!*

Ne nous leurrons donc pas. Nous avons besoin, pour exécuter ce mouvement correctement et comme je viens de le dire, d'une méthode excellente, suivie et appliquée fidèlement, parce qu'elle seule peut faire disparaître les mauvaises habitudes que nous avons contractées. Ce n'est qu'en suivant constamment un système rationnel, en se conformant strictement aux principes consacrés, en se plaçant tantôt près du pivot, tantôt près de l'aile marchante, qu'on arrivera à former (et c'est là le point particulièrement important) de bons sous-officiers, capables et sûrs. Il ne suffit donc pas de faire exécuter les conversions à pivot mouvant à gauche et à droite, il faut, en outre, s'exercer aux différents alignements au trot et familiariser les gradés des ailes avec ce genre d'exercices. Ainsi, si l'on marche en colonne avec distance, la droite en tête, la tête conversera à gauche, puis à droite ; dans la colonne, la gauche en tête, elle conversera à droite, puis à gauche. C'est là le premier mouvement dans lequel le capitaine doit confirmer son escadron. Quand ce mouvement se fait avec sûreté, on a déjà réalisé un grand progrès. Après chacune des conversions à pivot mouvant, on se formera en bataille, en ayant soin de faire à temps la sonnerie : *Au trot !* afin que toute la colonne reste en mouvement et que les ailes extérieures règlent bien l'allure. La marche directe au trot ne sera plus dès lors qu'un simple jeu. De toutes les évolutions, de tous les mouvements, les plus essentiels sont : les conversions à pivot mouvant et les marches directes. Avant de passer à autre chose, il faut que ces exercices s'exécutent correctement, sûrement, par cela même que le mode de leur exécution influe considérablement sur toutes les autres évolutions. L'escadron, en effet, qui est bien réglé dans son allure et dans sa direction, connaît, par suite, parfaitement les quatre directions perpendiculaires et les quatre directions obliques du terrain d'exercice, et sait, par conséquent, s'orienter sans peine.

I.   14

b. b. Fautes caractéristiques.

1º **Les** chefs de peloton commandent trop tard : *Marche !* dans les conversions;

2º Les gradés, qui servent de pivot, jettent un coup d'œil sur le peloton, au lieu de regarder droit devant eux;

3º Les gradés, placés au pivot, décrivent un arc de cercle trop court pendant la conversion;

4• Les pivots ont une tendance à serrer pendant la conversion sur le 2e rang du peloton précédent, ce qui retarde le peloton suivant et l'oblige à déboîter extérieurement en faisant un demi-à-droite ou à-gauche;

5º Les gradés de l'aile marchante ont une tendance à se jeter en dehors, à décrire un arc de cercle démesurément étendu, afin de pouvoir reprendre le plus tôt possible leur chef de file.

c. *Marches directes en bataille.*

a. a. Condition essentielle.

La condition essentielle, à laquelle toute marche directe doit satisfaire, consiste en ce que la ligne doit, en se portant en avant, rester parfaitement parallèle au premier alignement, en ce qu'il ne doit se produire ni oblique à droite dans la marche en avant, ni oblique à gauche dans la marche en retraite. Cette faute grossière, mais bien fréquente, qui fait que l'aile gauche flotte et ballotte de tous côtés, est tantôt en avance, tantôt en retard, serre tantôt vers la droite, ou reçoit, au contraire, une poussée venant de la droite, qu'en un mot cette aile gauche ne marche pas à la même allure que l'aile droite, provient de ce que les chefs des 3e et 4e pelotons continuent à jeter les yeux sur les chefs de 2e et 1er pelotons. Tous les chefs de peloton doivent regarder droit devant eux et marcher à une même allure. Le chef du 2º peloton doit venir en aide à ce sentiment du rhythme en jetant de temps à autre un coup d'œil à gauche, le chef du 3º peloton en regardant parfois à droite : il ne pourra plus alors se produire d'hésitations, de flottements, et les deux ailes continueront à marcher à la même allure. La régularité et l'homogénéité de l'allure à l'aile droite comme à l'aile gauche, sans que la ligne se rompe et cesse d'être alignée, même quand elle est fort étendue, sont le meilleur criterium, la vraie pierre de touche de la marche directe.

Les principes mêmes qui régissent l'alignement d'une troupe formée en bataille s'appliquent également à elle quand elle est en mouvement. Tout dépend alors, sous ce rapport, des chefs de pelotons, de la régularité du rhythme, du contact aisé, non pas de l'alignement par le coup d'œil jeté à droite et à gauche, tout comme à pied, où tout dépend du pas régulier et du coude à coude, avec cette seule différence toutefois que, par cela même que l'on peut, à cheval, varier à l'infini le rhythme des allures, il importe de veiller plus rigoureusement qu'à pied à l'observation de la cadence, et de prescrire absolument l'alignement par les coups d'œil donnés latéralement. Le cavalier en marche regarde droit devant lui, suit son chef de peloton à deux pas, ni plus ni moins, s'efforce de rester toujours à la même allure, grâce à l'habitude qu'il a dû contracter à la suite du travail individuel et dans le manége, ne jette qu'accidentellement un rapide coup d'œil à droite et à gauche, pour s'assurer plus parfaitement de son alignement et de son allure. S'il regarde trop fréquemment ou exclusivement d'un côté, il se portera involontairement à son insu de ce côté, et c'est là précisément la plus grande de toutes les fautes. De même que dans une troupe arrêtée il importe par-dessus tout que les chevaux soient placés bien droit, de même dans une troupe en mouvement il est indispensable que les chevaux soient placés bien droit, et c'est là ce qu'on ne saurait obtenir qu'en regardant devant soi, qu'en s'alignant en avant sur les chefs de peloton. Commander : *Regardez droite!* ou *gauche!* c'est ordonner de prendre le contact de ce côté, de céder à la pression venant de ce côté, mais non pas de s'aligner de ce côté. Il en résulte que le capitaine commandant ne doit presque jamais se placer sur le prolongement de l'une des ailes, ne doit jamais, étant à cette place, contrôler et rectifier l'alignement et la direction; mais qu'il doit jouer ce rôle, remplir cette mission en se plaçant devant le centre de son escadron, comme je l'ai déjà dit précédemment, afin précisément de faire disparaître tout prétexte, toute cause d'alignement sur les ailes.

Il n'existe, pour l'alignement et la direction de la cavalerie, pas d'autres principes que les suivants :

1° Prendre la direction, s'aligner, de pied ferme comme en mouvement, toujours sur les chefs de peloton;

2° Conserver sans cesse la cadence et la direction initiales;

3°·Placer les chevaux très-droit quand on est de pied ferme, les faire marcher bien droit quand on est en mouvement;

4° Etablir un contact aisé qu'on reprendra progressivement si on vient à le perdre; en général, redresser progressivement et peu à peu les fautes qu'on commet.

Les mouvements en ligne sont l'élément vital essentiel de la cavalerie, et comme c'est ainsi formée qu'elle charge, il importe donc d'autant plus d'observer fidèlement les principes qui régissent ces mouvements; ce n'est qu'ainsi qu'on parviendra à faire mouvoir rapidement, à faire arriver sur l'ennemi, des lignes d'un front étendu, marchant à une allure vive, sans hésitations, sans flottements, en bon ordre, avec calme, sûreté et décision. Il faut, par suite :

Que la direction soit prise rapidement, sûrement et simultanément par toutes les différentes unités constitutives de la ligne. En campagne, il sera souvent nécessaire de changer de direction, soit à cause des mouvements faits par l'ennemi, soit en raison de la configuration du terrain, soit en raison des intentions du chef, soit en raison de considérations tactiques, afin de gagner les flancs de l'ennemi ; il faut, par suite, consacrer tous ses soins à habituer la cavalerie à changer rapidement de direction ; s'il n'a pas été procédé de la sorte, on aboutira fatalement au désordre et à la confusion. Mais, pour pouvoir prétendre arriver à un résultat favorable, il importe d'exercer fréquemment les troupes à pied comme à cheval, en se conformant strictement aux principes consacrés, qu'on doit appliquer ici dans toute leur plénitude ; il importe de les habituer à marcher presque constamment sur la diagonale, à prendre des fronts obliques, à changer de direction par des demi-à-droite ou à-gauche, à passer d'un front oblique à un autre ; on devra commencer par faire exécuter ces exercices à pied, par sections et par pelotons, afin de préparer logiquement la répétition de ces exercices à cheval. Ce n'est qu'exceptionnellement qu'on se déploiera sur un front perpendiculaire ; on se formera habituellement sur un front oblique. On devra veiller soigneusement à habituer les hommes à céder à la pression qui vient du côté du guide (1), et s'opposer à ce que, comme

---

(1) Ces directives ont été rédigées avant l'adoption du règle-

cela se présente encore assez fréquemment, le guide soit obligé de céder à la pression du reste de l'escadron, rien qu'afin d'empêcher qu'il ne se produise du désordre. On fera fort bien de prescrire au guide, qui sera, par exemple, le gradé de l'aile droite, d'appuyer un peu vers la gauche pour habituer le cavalier à céder peu à peu à la pression qui vient de ce côté; de même, en ordre inverse, le gradé de l'aile gauche du 1er peloton appuiera un peu à droite, afin de faire céder le reste du rang à cette pression, d'empêcher les cavaliers de se laisser ballotter au hasard, de les obliger à devenir des cavaliers actifs, indépendants, faisant prédominer l'action de celle de leurs jambes qui doit ranger leurs chevaux. Le gradé qui sert de guide ne doit jamais, sous aucun prétexte, céder à la pression; dans les marches en avant, il ne doit pas se laisser jeter à droite; dans les marches en ordre inverse, il ne doit pas, comme cela arrive souvent, se laisser pousser vers la gauche.

b. b. Fautes caractéristiques.

1° Le capitaine commandant, pour rectifier l'alignement et s'assurer de la direction, se place sur l'une des ailes au lieu de se placer en avant du centre; c'est ainsi qu'on habitue les hommes à s'aligner par les yeux, à changer de rhythme et de direction;

2° Les chefs des 3e et 4e pelotons ont toujours une tendance à se régler sur ceux des 1er et 2e, ce qui équivaut à organiser complétement l'alignement par les

---

ment du 9 janvier 1873, qui a consacré le principe du guide au centre; quoi qu'il en soit, elles n'ont pas perdu toute leur valeur, par cela même que les fautes qu'elles signalent sont caractéristiques et fréquentes, même avec l'alignement et le guide au centre, bien qu'elles soient peut-être un peu plus rares que jadis.

yeux, dont les conséquences forcées sont les variations dans le rhythme et l'abandon de la direction ;

3° Les cavaliers ne regardent pas droit devant eux et ne suivent pas leur chef de peloton à deux pas de distance ;

4° On a toujours la tendance d'obliquer à droite dans la marche en avant, et à gauche dans la marche en retraite ; il en résulte que, quand on s'arrête, la troupe est formée sur une ligne oblique par rapport à la ligne qu'elle occupait avant le mouvement ;

5° Le 4ᵉ peloton est tantôt en avance, tantôt en retard ; tantôt il se hâte, tantôt il s'arrête, tantôt il flotte et il hésite ; dans tous ces différents cas, il se produit toujours des poussées vers la droite ou vers la gauche ; dans le 1ᵉʳ peloton, au contraire, les hommes sont trop serrés, trop rapprochés les uns des autres ;

6° Dans les marches en avant, le gradé de l'aile droite appuie vers la droite sous l'effet de la pression ; dans les marches en retraite, c'est le gradé de l'aile gauche du 1ᵉʳ peloton qui cède à cette pression.

d. Ruptures par peloton.

a. a. Condition essentielle.

La condition essentielle que devront remplir ces ruptures est la suivante : l'escadron marchant, par exemple, en bataille au trot, on veut rompre par pelotons : le 1ᵉʳ peloton reste au trot et continue à se porter droit devant lui ; les 2ᵉ, 3ᵉ et 4ᵉ pelotons font halte. Le chef du 2ᵉ peloton commande : *Demi-à-droite, au trot !* dès que le 2ᵉ rang du 1ᵉʳ peloton est arrivé à hauteur de la tête des chevaux du 1ᵉʳ rang du 2ᵉ peloton. Ce peloton se porte d'abord en avant au trot, droit devant lui, puis il oblique graduellement à droite pour venir se mettre en colonne derrière le 1ᵉʳ, de manière à ce que

chacune de ses files se trouve exactement derrière la
file correspondante du 1er peloton, à ce que le peloton
se trouve bien à sa distance réglementaire; le chef de
ce peloton commande alors : *En avant !* Jusqu'à ce moment, le sous-officier de l'aile droite du 3e peloton doit
prendre pour chef de file le gradé de l'aile gauche du
2e peloton et se maintenir à un pas de distance du
2e rang du 2e peloton ; il en est de même pour le 4e peloton. Ce n'est que quand le chef du 2e peloton a com-
mandé : *En avant!* que le gradé de l'aile droite du
3e peloton cesse de se diriger sur le gradé de l'aile
gauche de ce 2e peloton et commence, sans cesser
d'obliquer à droite, à venir se mettre graduellement
en colonne derrière ce peloton. De même, pour le 4e peloton, le gradé de l'aile droite ne cessera également de
se régler sur le gradé de l'aile gauche du 3e peloton
que lorsque le chef de ce peloton aura commandé : *En
avant!*

Si l'on rompt par la gauche, les sous-officiers placés
à l'aile gauche de chaque peloton doivent prendre pour
direction le gradé de l'aile droite du peloton précédent,
et rester à leur distance de rang, un pas, jusqu'au moment où le chef de ce peloton commande : *En avant!*
Ce n'est qu'à partir de cet instant qu'ils viennent successivement et graduellement se mettre en colonne, en
ayant soin d'augmenter progressivement la distance,
de manière à se trouver à leur place au moment où
leur chef commande: *En avant!*

Les pelotons de queue prennent donc leur place dans
la colonne et leur distance *successivement* et non *simultanément*, comme on peut encore le remarquer parfois.
Ce n'est que par cette entrée successive dans la colonne,
par cette marche oblique en avançant, que le mouvement sera correct et s'exécutera sûrement sans laisser prise au hasard. Les pelotons ne devront donc pas

converser par un demi-à-droite ou à-gauche, mais chacun des cavaliers doit avoir son genou en arrière du
genou de son voisin, la tête de son cheval à une demi-
encolure de la tête du cheval de son voisin; chaque
peloton devra rester sur un front parallèle à celui du
peloton de tête qui a continué à marcher droit devant
lui.

b. b. Fautes caractéristiques.

1° Les gradés des ailes (ceux de l'aile droite dans les
ruptures par la droite, ceux de l'aile gauche dans les
ruptures par la gauche) abandonnent trop tôt la direction sur le guide de l'aile opposée du peloton précédent, c'est-à-dire avant que le chef de ce peloton ait
commandé : *En avant !*

2° Deux pelotons arrivent souvent en même temps
derrière le peloton de tête; le commandement : *En
avant !* se fait alors simultanément et l'entrée dans la
colonne des différents pelotons cesse d'être successive ;

3° Des pelotons exécutent un demi-à-droite ou à-
gauche au lieu d'obliquer simplement à droite ou à
gauche, ce qui provient d'ailleurs généralement de ce
que :

4° L'aile, du côté de laquelle se fait le mouvement,
exagère la direction et oblique bien plus qu'elle ne se
porte en avant.

c. *Déploiement de la colonne avec distance.*

a. a. Condition essentielle.

Tous les déploiements doivent s'exécuter de façon à
ne pas faire perdre une minute, de manière à ce que la
ligne soit formée le plus vite possible. Dans les déploiements en éventail par des demi-à-droite ou à

gauche, les pelotons devront donc veiller à ne pas obliquer outre mesure, par cela même qu'en agissant de la sorte on perd et du temps et de la place. Il faut toujours obliquer en avançant.

Dans la formation vers la gauche en avant en bataille, les gradés de l'aile gauche de chacun des 2e, 3e et 4e pelotons devront continuer à se régler sur le gradé de l'aile gauche du 1er peloton, jusqu'à ce que l'on commande : *En avant!* pour entrer en ligne. Ce n'est qu'à partir de ce moment que le peloton commence à gagner du terrain latéralement en avançant, en ayant soin, dès qu'il a obliqué d'une quantité égale au front d'un peloton, de marcher droit devant lui pour entrer en ligne.

De même, dans la formation vers la droite en avant en bataille, les gradés de l'aile droite des 2e et 1er pelotons doivent se régler sur le gradé de l'aile droite du 3e peloton, jusqu'à ce qu'on commande : *En avant!* à ce peloton. Ce n'est qu'à ce moment qu'on commence à gagner du terrain latéralement. Le sous-officier de l'aile droite du 1er peloton se règle sur le gradé du 2e peloton, jusqu'à ce qu'on ait commandé : *En avant!* à ce peloton. En procédant de la sorte, tous les pelotons arriveront en ligne en obliquant, tout en continuant à avancer, se déploieront par le plus court chemin et à l'aide des moyens les plus rapides. Il faut, pour cela, que chaque peloton ne gagne latéralement que l'espace égal à un front de peloton, qu'aucun peloton ne s'enchevêtre, qu'aucun peloton ne commence à se porter droit devant lui, après avoir trop prononcé son oblique, chose qui se produit encore bien fréquemment dans les manœuvres de l'école de régiment.

Les pelotons doivent d'ailleurs se porter en ligne *au trot* et même *au galop,* par cela même que le passage à une allure plus ralentie fait perdre du temps et de l'espace, et qu'il importe absolument d'éviter que les pelotons déployés courent les uns après les autres. Les pelotons qui se déploient doivent venir s'arrêter à côté du peloton qui sert de base à la formation et qui a continué à marcher droit devant lui, parce que, lorsque les pelotons traversent le front, il se produit souvent des poussées, des mouvements obliques vers l'aile sur laquelle doit se prendre la direction.

Les pelotons ne devront pas, en se déployant, exécuter des conversions, mais bien se porter en avant par des obliques à droite ou à gauche, et entrer en ligne parallèlement au peloton de tête, à la base de la formation.

Quand il s'agira de se former en bataille et qu'on ne devra pas continuer à marcher, les chefs de peloton, en arrivant à hauteur du 2ᵉ rang des pelotons arrêtés et déjà alignés, commanderont : *Halte!* Le chef de peloton veillera à ce que tout son monde s'arrête à ce commandement. Après s'être arrêté pendant un instant, il remet son peloton en mouvement pour le porter sur l'alignement et commande : *Yeux à droite!* (ou *à gauche!*) *Alignement!* Le peloton se porte alors sur la ligne, en restant à deux pas de son chef. Ces commandements ne doivent pas être faits que *pour la forme;* on les fait pour qu'ils soient virtuellement et réellement exécutés.

Les déploiements au galop doivent se faire à une allure plus vive que celle usitée généralement, et les pelotons ne devront pas obliquer outre mesure, afin de ne pas retarder la formation et de n'avoir pas à parcourir trop de terrain en marchant droit devant eux. Cette faute est causée en grande partie par les sous-officiers de l'aile extérieure qui déboîtent prématurément, de peur de n'avoir pas la place pour se porter en avant, au lieu de rester à leur chef de file jusqu'à ce qu'on commande : *En avant!* au peloton de tête.

Afin d'obvier à tous ces malentendus, à tous ces contre-temps, il importe d'appliquer à l'escadron isolé les prescriptions du règlement de manœuvres, de veiller à ce qu'au commandement : *En ligne de colonnes!* on rompe par pelotons, par la droite, et qu'au commandement : *Déploiement!* on se déploie toujours par la gauche, sans s'occuper de la question de savoir si on se trouvera formé en ordre inverse ou en ordre naturel. Il est évident que, d'après le commandement qu'on aura fait, on pourra rompre par la droite comme par la gauche, et déployer réciproquement par la droite comme par la gauche la colonne avec distance.

b. b. Fautes caractéristiques.

1º Les gradés de l'aile extérieure (aile marchante) ne conservent pas assez longtemps le chef de file primordial et n'attendent pas que l'on commande : *En avant!* au peloton de tête;

2º Les pelotons débordent tellement les uns sur les autres, que les pelotons de queue obliquent par trop avant de se porter sur la ligne et font, par suite, de grands détours;

3º Les pelotons qui se sont déployés au moment de se porter sur la ligne exercent une pression vers l'aile sur laquelle se prend l'alignement, au lieu de se régler sur elle, faute qui peut facilement amener un changement dans la direction du front;

4º Le galop, que l'on prend pour les déploiements au galop, est généralement trop ralenti.

f. *Passer de l'ordre en bataille à la demi-colonne en faisant rompre par peloton demi-à-droite ou à-gauche.*

Il est indispensable de familiariser la troupe avec la

formation et les mouvements en demi-colonne, parce
que cette demi-colonne est d'un emploi des plus fréquents pendant les manœuvres, parce que cette formation sert à tromper l'ennemi, à gagner ses flancs; mais
il faut aussi que la troupe ainsi formée puisse, surtout
en grande masse, agir avec d'autant plus de sûreté
que le désordre pourra sans cela se mettre facilement
dans ses rangs, et que, quand il s'agit de grandes
masses, les fautes se propagent avec une rapidité
inouïe. Les escadrons doivent donc être complétement
familiarisés avec l'emploi de la demi-colonne; les
gradés des ailes, dont le rôle est alors des plus importants, doivent être bien au fait de leurs devoirs,
pour que les évolutions en demi-colonne puissent se
faire avec une sûreté égale par brigade comme par
escadron, sans avoir à redouter ni désordre ni enchevêtrement. Il faut donc procéder à ce propos d'une
manière tout à fait systématique, exécuter les mouvements au pas, puis au trot, et tout d'abord en marchant sur des lignes droites. Ce n'est qu'ainsi qu'on
arrivera au but réel : à déborder les flancs de l'ennemi
en se portant en avant. L'officier qui commande la
manœuvre, pour pouvoir bien se rendre compte de
l'ensemble de l'exécution, fera bien de se placer sur
l'aile extérieure de son escadron.

a. a. Condition essentielle.

Quand on exécute une rupture à l'aide d'un demi-à-
droite par peloton, on ne fait qu'un demi-à-droite,
c'est-à-dire qu'on prend une direction diagonale. Le
commandement : *En avant !* ou la sonnerie : *Au trot !*
ou *Au galop !* doit donc ne pas se faire attendre, afin
que les pelotons n'aient pas trop prononcé leur conversion. Les gradés de l'aile gauche doivent donc
rester à la distance réglementaire du sous-officier de

I.   15

l'aile gauche du peloton précédent, se tenir constamment à même hauteur, ne jamais rester en arrière, afin qu'on puisse, en se déployant, rétablir complétement le front primordial. Quand les pelotons comptent 12 files, les gradés de l'aile droite se tiennent à 2 pas de distance du peloton précédent et prennent pour direction la 3ᵉ file à partir de l'aile gauche de ce peloton; quand le peloton a 11 files, la 2ᵒ file. Les chefs de peloton marchent à côté du 2ᵉ rang du peloton précédent.

Il en est de même pour les ruptures par un demi-à-gauche par peloton. Les gradés de l'aile droite se maintiennent à la distance voulue du gradé de l'aile droite du peloton de tête et à sa hauteur, sans rester jamais en arrière, afin que, comme cela arrive encore fréquemment, surtout à l'école de régiment, il ne se produise ni enchevêtrement de la demi-colonne, ni désordre. Tous les gradés de l'aile droite doivent rester constamment à la même hauteur, afin que l'on puisse, quand on se reformera en bataille, reprendre le même front, la même direction qu'auparavant. Les gradés de l'aile gauche, dans un peloton de 11 files, restent à 1 pas de distance du peloton précédent (à 2 pas, si les pelotons ont 12 files) et se règlent sur la 2ᵉ file, à partir de l'aile droite de ce peloton, dans le 1ᵉʳ cas; sur la 3ᶜ, dans le 2ᵉ.

b. b. Fautes caractéristiques.

1ᵒ On est généralement enclin à toujours trop obliquer, au lieu de se porter en avant;

2ᵒ Les pelotons restent en arrière du front primordial; c'est là la chose la plus nuisible. Il est bien plus rare de voir déborder ce front, et cela n'arrive que quand on exagère l'obliquité de la direction, quand on a commis cette faute qu'il importe d'éviter;

3º Les gradés de l'aile extérieure restent en arrière. Cette faute se propage et s'augmente alors de peloton en peloton, et il arrive alors que, quand on se reforme en bataille, on se forme sur une ligne toute différente;

4º Le peloton, placé à l'aile qui donne la direction, exagère la direction oblique et force, par suite, les autres pelotons à prendre une direction autre que celle résultant de la formation originaire.

g. *Déploiement de la demi-colonne.*

Il convient d'appliquer ici les principes mêmes qui régissent le déploiement de la colonne avec distance. La faute que nous avons signalée à ce propos, et qui consiste dans la tendance des pelotons à exagérer le mouvement oblique, se fait d'autant plus sentir ici que, dans la demi-colonne, les pelotons marchent généralement dans une direction trop oblique et doivent alors souvent rectifier leur erreur en appuyant vers le côté opposé.

h. *Marche dans la direction indiquée par le peloton de tête* (en avant en colonne).

Les pelotons de queue ne doivent pas exagérer le mouvement de demi-à-droite ou à gauche, mais se porter de préférence en avant. Il suffit d'ailleurs de se conformer aux principes que nous avons indiqués à propos des ruptures par pelotons, avec cette seule différence que les pelotons de queue ne restent pas arrêtés.

i. *Rupture par peloton pour passer à la demi-colonne.*

Quand on rompra par pelotons à gauche, les gradés de l'aile droite ne devront pas rester en arrière au commandement : *En avant!* Quand on rompra par pelotons à droite, les gradés de l'aile gauche des pelotons de queue devront, au commandement : *En avant!* se trouver à hauteur des gradés de l'aile droite, sous peine d'apporter de graves perturbations au déploiement. C'est là une faute qu'on commet fréquemment, presque constamment, quand on n'y veille pas rigoureusement.

La distance et la direction sont les mêmes pour cette évolution que pendant la marche oblique par pelotons employée pour passer à la demi-colonne. Les principes qui servent à cette rupture sont les mêmes que ceux indiqués en *d* pour les ruptures par peloton.

k. *Marche oblique.*

a. a. Condition essentielle.

Au commandement de : *Oblique à droite! Marche!* chacun des cavaliers et non pas seulement le gradé de l'aile se portera en avant, en ayant son cheval placé dans la direction du demi-à-droite; chacun d'eux ayant son genou en arrière du genou de son voisin, la tête de son cheval à hauteur de la moitié de l'encolure du cheval de son voisin. Le gradé de l'aile droite ne fera que dessiner un demi-à-droite et se portera surtout en avant, en ayant soin de ne pas changer de direction.

Il en est de même pour le demi-à-gauche. Le gradé de l'aile gauche de l'escadron ne doit pas exagérer l'obliquité de son demi-à-gauche et doit continuer à se porter en avant dans la direction, sous peine de jeter le trouble et de causer des pressions dans son escadron. Chaque cavalier doit prendre immédiatement cette direction au commandement : *Demi-à-droite!* (ou *à gauche!*) *Marche!*, conserver le rhythme de l'allure, ne jamais en changer, et fermer la jambe droite dans le demi-à-droite, la jambe gauche dans le demi-à-gauche. Le degré d'obliquité de la marche doit être constant et ne doit pas varier à tout instant pendant que cette marche s'effectue.

b. b. Fautes caractéristiques.

1° Les cavaliers ne se portent pas toujours à la fois et de la même manière dans la direction prescrite ;

2° Les ailes ont une tendance à exagérer l'obliquité, au lieu de se porter en avant;

3° On exécute généralement une conversion demi-à droite ou à gauche, au lieu d'une marche oblique.

l. *Les conversions de l'escadron.*

a. a. Condition essentielle.

Les conversions de l'escadron sont régies par les principes mêmes des conversions à pivot mouvant par peloton, avec cette seule différence que le gradé qui sert de pivot, au lieu de marcher au trot ou au galop ralenti, marche franchement au pas.

Le chef du peloton qui forme l'aile marchante ne conservera pas tout à fait le rhythme de l'allure, par cela même qu'il y a encore au-dessus de lui tout un demi-peloton qui doit conserver ce rhythme en conversant. Si donc cet officier conservait le rhythme auquel on marchait avant la conversion, il entraînerait à sa suite son peloton, et force lui sera donc de ralentir quelque peu.

Le chef du peloton qui sert de pivot doit bien dessiner sa conversion, par cela même que le gradé placé au pivot, et à un demi-peloton au-dessous de lui, doit lui-même décrire un arc de cercle. Si cet officier ne suivait pas le mouvement, il arriverait alors que le pivot serait en avance sur lui et que le peloton formerait une ligne courbe autour de son chef, chose qui, bien qu'elle se produise fréquemment, ne saurait être tolérée.

Quand une troupe en marche exécutera une conversion, on devra veiller avant tout à ce que, comme on l'a déjà dit pour la conversion par pelotons, le pivot décrive un arc de cercle bien prononcé et, en avançant, à ce qu'il regarde devant lui, plaçant son cheval à droite dans la conversion à droite, et à gauche dans la conversion à gauche. Plus il dessinera franchement le mouvement et mieux cela vaudra; ce n'est que dans la conversion à pivot fixe qu'il doit rester immobile.

Le gradé de l'aile marchante doit, après qu'on a fait le commandement de : *Marche!*, marcher encore droit devant lui pendant deux ou trois longueurs avant de commencer la conversion; c'est là le seul moyen d'exécuter correctement la conversion. Il devra conserver bien exactement le rhythme de l'allure, se garder de l'allonger et de jeter un coup d'œil sur le reste de la ligne.

Le chef de peloton commandera : *En avant!* au plus tard lorsque l'aile marchante sera arrivée à une longueur du point final de la conversion.

b. b. Fautes caractéristiques.

1° Le gradé de l'aile marchante marche trop vite; celui placé au pivot trop lentement;

2° Le pivot reste en place dans la conversion, au lieu de décrire, en marchant franchement le pas, un arc de cercle en avançant;

3° Le pivot jette un coup d'œil sur le rang, et il se produit alors des poussées dans la conversion à gauche, parce que les chevaux sont placés à droite; dans la conversion à droite, parce qu'ils sont placés à gauche;

4° Le gradé de l'aile marchante allonge l'allure.

m. *L'Ecole de l'escadron.*

a. a. Condition essentielle.

Il faudra, toutes les fois qu'on voudra faire un changement de direction par trois, s'arrêter, avant d'exécuter ce changement de direction au pas. C'est là un principe qu'il importe d'appliquer, surtout quand l'escadron marche au trot ou au galop avant ce changement de direction, parce que rien ne contribue plus puissamment à l'exécution nette et sûre du mouvement, et ne prévient plus efficacement la perte des distances. Le changement de direction une fois exécuté, tout le monde doit rester immobile, et, dans l'à-droite, les n°s 1, dans l'à-gauche, les n°s 3, ne devront, sous aucun prétexte, comme cela se présente si fréquemment, se porter en avant après avoir achevé le mouvement.

L'école d'escadron doit être exécutée avec netteté, exactitude et correction, en conservant bien strictement les distances réglementaires, et l'on ne doit jamais apercevoir de cavaliers à la recherche de leur place.

Dans les ruptures par deux, on veillera à ce que les n°s 1 et 3 du premier rang se mettent en mouvement à propos. S'il en est différemment, l'escadron perd toute cohésion, et les derniers rangs de deux seront obligés de marcher à une allure plus vive que celle de la tête. C'est là une faute capitale, par cela même qu'on viole ainsi le premier de tous les principes : *l'unité, la régularité du rhythme.*

Pour passer de la colonne par deux à la colonne par

trois, pour faire un à-droite ou un à-gauche par trois, chaque rang devra veiller à rester bien exactement à sa distance, et, si l'on marche au pas ou si l'on est arrêté, à n'exécuter le mouvement que successivement, sans serrer sur le rang précédent, par suite, sans allonger l'allure. On doit commander au trot au moment où le dernier rang exécute son mouvement. Il en est de même pour la formation des pelotons. Les capitaines commandants doivent être rompus à ces évolutions, et, là encore, le mot : *Trop tard !* ne saurait passer pour une excuse. On doit commencer à procéder de la sorte dès le début, afin d'être sûr de bien faire quand il s'agira d'évolutions importantes. Aucun détail n'est jamais insignifiant au point qu'on puisse le négliger sans inconvénient.

Quand on sera formé ainsi en colonne profonde, on pourra apercevoir plus facilement les retards subis par la queue, qui ne doit pas attendre que la tête ait fait son mouvement pour commencer le sien, parce qu'en agissant de la sorte il faut se presser, se dépêcher, changer le rhythme de l'allure, qui doit être toujours le même en tête comme en queue, et qui doit permettre à toute la colonne de s'écouler sans à-coup.

Dans les conversions à pivot mouvant, les files de tête doivent avoir soin de converser en avançant, afin de dégager le terrain pour les rangs suivants, qui n'auraient pas sans cela la place voulue et qui seraient obligés de déboîter extérieurement.

Les capitaines commandants doivent, pour faire leurs commandements, se porter à hauteur du centre de leur escadron, afin d'être entendus par tous. Les commandements et les sonneries doivent être faits en se tournant du côté de la queue, afin de lui faciliter le mouvement. Rien ne produit un effet plus triste et moins militaire que de voir la queue perdre sa distance et se presser ensuite pour la reprendre.

b. b. Fautes caractéristiques.

1° On ralentit l'allure en colonne par deux ou par trois ; le rhythme doit cependant rester toujours le même que quand la troupe marche en bataille ou en colonne avec distance ;

2° La troupe, mais surtout les files de queue, qui attendent que la tête ait achevé son mouvement, tendent trop à se conformer aux commandements ;

3° On se hâte, on s'arrête, on change la cadence de l'allure ;

4° Quand on rompt par deux, les n°s 1 et 3 du premier rang commencent leur mouvement trop tard ; il en résulte que :

5° La colonne perd sa cohésion, que les derniers rangs sont obligés d'allonger l'allure ;

6° Les rangs perdent leur distance quand on passe de la colonne par deux à la colonne par trois et, réciproquement, par un à-droite ou un à-gauche. Plusieurs rangs se forment alors à la fois ;

7° Les conversions à pivot mouvant s'exécutent d'une manière incorrecte : on déboîte extérieurement au lieu d'arrondir l'arc de cercle ;

8° Les chevaux reculent dans les changements de direction ; cela tient à ce que les hommes ne se servent pas de leurs jambes. Dès que les chevaux reculent, le changement de direction est mal fait, et l'on porte inévitablement le désordre dans le peloton suivant :

n. *Marche pour défiler par peloton.*

a. a. Condition essentielle.

La marche pour défiler au pas, qu'on ne doit jamais exécuter au commencement, mais rien qu'à la fin de la manœuvre, est, sous le rapport de l'examen, tant de la position des hommes que de celle des chevaux, une conséquence, une suite du dressage, de l'éducation logique donnée aux chevaux et aux hommes, une con-séquence du travail individuel. Elle n'a de valeur que par là.

Les ruptures par peloton pour défiler doivent se faire par l'aile gauche rapidement et lestement. Il faut, pour cela, que les gradés de l'aile gauche se portent d'abord bien droit devant eux et ne conversent qu'ensuite à droite. En conversant de suite, ils ne peuvent pas prendre l'allure voulue, et tout le mouvement devient traînant.

On devra prendre avec soin les distances pour dé-filer. Ces distances sont, pour un peloton de 11 files, de 13 pas comptés de la queue des chevaux du peloton précédent à la tête des chevaux du premier rang du peloton suivant. Les chefs de peloton, qui se trouvent toujours à 2 pas en avant de leur peloton, doivent s'habituer à bien prendre ces distances.

Les capitaines commandants doivent rester à 4 pas des chefs de peloton. Généralement, ils se placent toujours trop près de l'escadron précédent, et ont l'air d'être des serre-files de cet escadron. C'est là chose qu'on ne saurait tolérer et qui fait fort mauvais effet.

L'aile droite du 2e rang de chacun des pelotons est formée de soldats choisis, instruits, bien montés. Che-vaux et cavaliers doivent avoir bonne tournure. Il faudra, avant tout, marcher bien franchement le pas, sans se jeter à droite. Aucun cavalier ne laissera son cheval trottiner, se désunir, ne sera déplacé, sans qu'il soit pour cela nécessaire de défiler au pas raccourci. Le pas sera bien franc, bien carré. On marchera à l'allure du pas telle que l'a fait un dressage conscien-cieux; c'est là le point essentiel. Le deuxième point se

rapporté à la position libre, dégagée, naturelle du cavalier, qui tiendra la tête haute sans l'enfoncer dans
les épaules, qui sera bien droit dans sa selle. On ne
devra apercevoir dans le défilé aucune trace de raideur, de contraction.

L'alignement ne se prendra jamais par les yeux, sous
peine d'être défectueux, à cause même de l'inquiétude
individuelle. L'alignement par les yeux cause des flottements, des hésitations, des à-coup. On se réglera, au
contraire, par la régularité de l'allure, par l'aisance du
contact. Ce n'est qu'en arrivant à hauteur du premier
point que les hommes tournent la tête du côté de la
personne devant laquelle on défile. On ne devra ni
s'arrêter tout à coup, parce que le voisin est en retard,
ni se porter brusquement en avant, parce qu'il est en
avance, par cela même que jamais on ne doit tomber
dans les fautes commises par autrui. Le défilé se fera
avec plus d'ordre, de calme, de régularité, si, pendant
ce temps, on a eu le soin de prendre un contact un peu
plus aisé. Toutes les fois que l'alignement se prendra
par les yeux, l'aile gauche sera disposée obliquement
et le pas sera raccourci. Ce sont là deux fautes qui
disparaissent pour peu qu'on se porte gaiement et
franchement en avant.

Le 2° rang se règle uniquement à l'aide de la distance d'un pas qu'il doit laisser entre lui et le 1er rang.
Quand on s'alignera par les yeux, l'aile gauche sera
toujours trop éloignée du 1er rang et ne saurait, par
suite, être formée parallèlement à ce rang.

b. b. Fautes caractéristiques.

1° L'aile gauche converse mollement, pour se former
par pelotons pour défiler ;

2° Les pelotons ne marchent pas à la distance voulue
pour le défilé ;

3º Les capitaines commandants se placent trop près de l'escadron précédent ;

4º La marche au pas est inégale, saccadée, trop lente ;

5º On s'aligne par les yeux, on perd, par suite, la cadence ; il en résulte des hésitations, des flottements, des à-coup, des poussées vers la droite. L'aile droite est en retard, surtout au 2ᵉ rang.

3. Observations finales.

Dans ce qui précède, j'ai posé les principes et le système en vertu desquels doivent s'exécuter les évolutions, les directives et les dispositions qui règlent les différentes manœuvres de l'escadron, parce que j'ai pu reconnaître que s'il y a partout une bonne volonté manifeste, il est encore mille choses que l'on ne comprend pas, sur lesquelles les idées et les opinions sont bien vagues, qu'en un mot, on manque de méthode. Or, comme la méthode est précisément indispensable, comme ce n'est qu'en procédant en vertu d'un système bien défini qu'on arrive à produire quelque chose de stable et d'utile, j'ai cru devoir exposer ici les principes qui me semblent de nature à profiter au service du roi, à faciliter la tâche de chacun. Je recommande donc de veiller attentivement à l'observation de ces principes. Il ne suffit pas de lire et de parcourir une fois une semblable instruction : cela ne sert pour ainsi dire à rien. Les capitaines commandants devront agir comme moi : faire des emprunts à ces instructions et appliquer pratiquement, virtuellement ces principes.

La méthode même qui règne dans ces directives effrayera peut-être quelques officiers, qui lui feront le reproche d'être par trop pédante et dogmatique. Il ne saurait cependant en être autrement. Toutes les fois que *la méthode n'étouffe pas l'esprit*, elle ne cause aucun

dommage. Au contraire, on formera au moins, grâce à
elle, des ouvriers consciencieux, habiles (qu'on me par-
donne cette expression et qu'on ne l'interprète pas
dans un mauvais sens, car nous sommes, sous un certain rapport, tous des ouvriers, et nous le sommes
surtout pendant notre passage dans les grades inférieurs), et ce sont les ouvriers et non pas les grands
génies tout seuls qui préparent la victoire. Le génie est
assurément indispensable à l'homme de guerre; mais
il doit s'appliquer à autre chose qu'à la troupe qui
combat, qui est engagée. De plus, le génie lui-même
ne saurait complétement se passer de la méthode, car
la méthode est *la mère de l'ordre, de l'ordre, base de
toute organisation, de toute opération militaire, base surtout des évolutions de la cavalerie, qui, moins que tout
autre, ne peut se passer de lui, en raison même de sa
mobilité.*

Ces quelques paroles s'adressent aux gens qui peuvent craindre que les formes un peu rigoureuses dans
lesquelles j'ai renfermé ces principes ne tuent l'esprit.
Qu'ils ne s'y trompent pas : j'ai fait à l'élément .spiri-
tuel, intellectuel une place bien plus grande qu'ils ne le
pensent.

d. — Principes relatifs à la charge, à la mêlée et au ralliement.

Tiré des circulaires du 14 juin 1872, 31 juillet 1872, 17 mars 1873,
12 mai 1873, 9 juillet 1873, 26 avril 1874, et de notes manuscrites
de 1850 à 1870.

La *charge* est l'élément vital proprement dit de notre
arme; c'est la sphère réelle de son action, le point culminant vers lequel doivent tendre tous nos efforts, la
pierre de touche de toute l'instruction. Il faut que, dans

la charge, l'ordre, le calme, la sûreté, la cohésion s'unissent à la rapidité, à l'entrain. Les cavaliers doivent prendre correctement et sûrement l'allure indiquée par les sonneries, et il faut veiller rigoureusement à ce que quelques chevaux ne se traversent pas, ne prennent pas le galop quand on marche au trot, ne changent pas de pied quand on marche au galop, ne détruisent pas le lien et la cohésion dans les rangs de la troupe.

Une charge n'a de chance de réussir que lorsque l'escadron est en état de marcher pendant un certain temps en bon ordre, avec calme et sûreté, à un bon galop de chasse, sans s'emballer, sans se désordonner, sans sortir de la main de ses chefs, sans prendre le galop de charge avant que l'on ait fait le commandement de : *Chargez !*

C'est seulement lorsque, par *l'éducation individuelle du cheval et du cavalier, par les évolutions à rangs serrés, par les exercices*, on sera arrivé à faire marcher une troupe au galop, en conservant les chevaux bien équilibrés, bien dans la main de leurs cavaliers, que la charge pourra réussir ; c'est alors seulement que tous les cavaliers pourront arriver à rangs serrés et simultanément sur l'ennemi.

Les qualités d'une bonne charge sont :

1° *La plus grande cohésion possible.* Les cavaliers resteront bien unis sur le centre et ne s'ouvriront pas sur les ailes. Mais le mot *cohésion* ne veut pas dire que les cavaliers se presseront, se serreront les uns contre les autres ; ces pressions, ces poussées ne produisent que le désordre, forcent certains cavaliers à sortir du rang, et multiplient, par suite, le nombre des rangs. Les gradés des ailes, loin d'obliquer vers l'extérieur, devront être habitués à maintenir le lien à tous les rangs de l'escadron ;

2° *Pas de profondeur, pas de retardataires au 2° rang ;*
3° *Les rangs seront toujours distincts l'un de l'autre ;*

> *a.* Ligne des officiers, les chefs de peloton loin en avant de leur troupe.
> *b.* Le 1er rang.
> *c.* Le 2° rang, à 2 ou 3 pas du 1er.
> *d.* Les sous-officiers serre-files.

On ne devra jamais voir une charge se faire sur 6 ou 8, ou même sur 10 lignes ; l'escadron ne devra pas devenir plus profond. C'est là chose à laquelle il faut tenir sévèrement la main.

4° Marcher au galop allongé pendant 600 ou 800 pas, régulièrement, tranquillement, sans se dépêcher, sans que les chevaux sortent de la main ;

5° Prendre le train de charge, en lui donnant le plus de rapidité, d'entrain, de décision possible, à 120 ou 150 pas seulement.

Les chevaux devront, pour cela, avoir été travaillés individuellement à cette allure ; mais on ne pourra exécuter correctement le galop de charge que lorsque l'on a consacré tous ses soins à travailler au galop allongé, qui devra être régulier et égal.

Le succès de toute charge est, en outre, subordonné aux conditions fondamentales suivantes :

1° Le chef doit, avant l'attaque, avoir reconnu l'ennemi ;

2° Le chef doit, *sans attendre un ordre spécial*, charger au moment opportun ; il ne doit jamais *ni se laisser attaquer par l'ennemi, ni l'attendre de pied ferme : on doit toujours attaquer le premier ;*

3° Dans les charges, les escadrons sont toujours précédés par des éclaireurs qui reconnaîtront le terrain et indiqueront les meilleurs chemins à prendre. Au moment du choc, il est indispensable que le front soit entièrement dégagé en avant des escadrons ; les éclaireurs se porteront donc rapidement sur les ailes de l'escadron ou se jetteront sur les flancs de l'adversaire. Au temps du grand Frédéric, le capitaine commandant avait le droit de sabrer tout éclaireur qui se trouvait pendant la charge sur le front de l'escadron. C'est là ce qui prouve combien on tenait déjà à cette époque à ce que le front soit bien dégagé, afin qu'il ne se produise aucun désordre dans les rangs ;

Le grand Roi dit, en outre, dans une de ses Instructions : « 10 hommes envoyés sur les flancs et sur les derrières de l'ennemi font plus d'ouvrage que 100 hommes en avant du front. »

4° On doit, aussi souvent que possible, faire exécuter la charge en ordre inverse, afin d'y habituer les hommes, afin qu'ils ne soient pas étonnés de charger dans cet ordre, qui doit passer à l'état de seconde nature. Aucun capitaine commandant ne doit hésiter à se former et à charger en ordre inverse dès que l'ennemi se montre dans cette direction :

5° Pendant l'attaque au trot ou au galop, il faut toujours évolutionner et changer autant que possible de direction, tant afin de gagner les flancs de l'ennemi, de le déborder, que pour pouvoir s'opposer avantageusement et victorieusement à ses mouvements. Le choc doit toujours se produire dans une direction autre que celle du départ de l'attaque. C'est là une conséquence inévitable, forcée des conditions tactiques qui nous sont faites actuellement. Les escadrons ne sauraient donc jamais être trop mobiles.

Il faudra donc, pendant l'attaque, exécuter des changements de front, des à-droite, des à-gauche, des obliques à droite ou à gauche, des ruptures par pelotons dans une direction oblique, puis se déployer de nouveau, rompre en avant en colonne, et reformer la ligne un peu plus loin pour prendre une direction plus oblique. Ce n'est que rarement, qu'exceptionnellement qu'on chargera droit devant soi. Il est de règle, au contraire, et l'on ne saurait d'ailleurs y tenir trop rigoureusement la main, *de charger en avançant et en gagnant en même temps les flancs de l'ennemi;*

6° Il faut surtout bien savoir disposer et régler la charge : les chevaux devront arriver sur l'ennemi sans être essoufflés et en possédant la plénitude de leurs moyens, afin d'être en état de poursuivre l'ennemi qui s'enfuit et de résister à une troupe en bon ordre qui viendrait soutenir l'ennemi qu'on a chargé et mis en fuite.

En temps de paix, il est de règle de commencer l'attaque au pas, puis de passer au trot, de marcher à cette allure pendant 1,000 pas environ, et de ne prendre qu'ensuite le galop. On entamera le galop à 600 pas et même à 800 quand on chargera contre l'infanterie ; on prendra le galop de charge au commandement : *Marche! Marche!* à 120 ou 150 pas.

L'exécution d'une charge prendra, par conséquent, le temps suivant :

	Minutes.	Secondes.
1000 pas au trot. . . . . =	3	20
600 pas au galop. . . . . . =	1	12
150 pas au galop de charge =	»	9
Total 1750 pas. . . . . =	4	41

Si l'on charge contre l'infanterie :

800 pas au trot. . . . . . . =	2	40
800 pas au galop. . . . . . =	1	36
150 pas au galop de charge =	»	9
Total 1750 pas. . . . . =	4	25

Telles sont les conditions actuelles d'une charge

normale, charge dans laquelle le trot occupe une place
prépondérante. Le terrain, les circonstances, etc., etc.,
modifient d'ailleurs quelque peu ces chiffres et ces
données.

Dans les exercices, il sera fort bon que le chef fasse
charger sa troupe contre lui. Le centre de l'escadron
doit alors arriver droit sur lui. Si cet officier change
fréquemment de place pendant la charge, il faudra
que l'on ait soin de modifier la direction de la charge
en raison des déplacements de l'objectif, et de se diriger sur cet objectif à l'aide de changements de front,
afin de pouvoir prendre le galop de charge en temps
utile et au bon endroit.

7° Afin d'augmenter progressivement les moyens des
chevaux, afin de les mettre peu à peu en haleine, il
faut les habituer à franchir d'assez grands espaces au
trot et au galop, en colonne et en ligne, en conversant
et en évolutionnant.

Frédéric le Grand voulait que sa cavalerie, après
avoir parcouru 2,000 pas à un bon galop, pût tenir le
galop de charge pendant 200 pas. C'est là, d'ailleurs,
un mouvement qu'il faisait exécuter dans les revues
spéciales.

Il importe de procéder progressivement sous ce
rapport, afin que les chevaux ne perdent pas leur état
et leur apparence. Le meilleur moyen d'y arriver consiste à faire exécuter de bons temps de trot et de galop
sur le terrain de manœuvre, puis à commander un déploiement et à continuer à marcher à cette allure en
faisant faire des conversions à la troupe. C'est de la
sorte qu'on se procure la mesure la plus exacte des
progrès qu'on réalise de jour en jour.

Comme je l'ai déjà dit et comme on ne le répéterait
jamais trop souvent, on ne pourra jamais consacrer
trop de soins, d'attention, d'intelligence au travail au

galop allongé. Cette allure est exclusivement le résultat, la conséquence du rassemblement, de l'assouplissement, du travail au galop ralenti, dans lequel les
chevaux marchent avec l'encolure légère et l'arrièremain assouplie. Quand on n'aura pas rompu les chevaux par le galop raccourci, le galop allongé sera
toujours incertain, inégal, violent, la cohésion disparaîtra, ainsi que l'équilibre, et la moitié des chevaux
gagneront à la main.

Il sera bon, pendant les exercices préparatoires, de
faire exécuter des conversions au galop allongé, afin
qu'on soit parfaitement maître et des chevaux et des
cavaliers. Ce n'est que lorsque tous les chevaux et tous
les cavaliers seront bien calmes, lorsque la ligne se
portera bien régulièrement, bien également en avant,
que l'on pourra faire le commandement : *Marche !*
Marche ! commandement que les officiers devront proférer à haute voix et avec énergie.

8º Par cela même que la charge est l'élément vital
de notre arme, la pierre de touche de toute notre instruction, qu'on ne saurait lui consacrer trop de soin,
on doit se garder d'éviter cette évolution, de se contenter de faire exécuter des charges lors des inspections, sous le prétexte de ne pas énerver et de ne pas
animer les chevaux ; on doit, au contraire, y apporter
toute son attention et les faire exécuter le plus souvent, le plus complétement possible. Ce n'est qu'ainsi
qu'on arrivera à une action correcte.

Je dois m'élever bien nettement contre l'opinion
qu'on cherche encore à faire prévaloir et qui consiste
à prétendre que les charges ne réussissent jamais
mieux que lorsqu'on ne s'y est jamais exercé. De pareilles charges échouent toujours.

Quand on a affaire à de jeunes cavaliers, le meilleur
moyen pour rétablir l'ordre et le calme après une

charge consiste à faire exécuter le même mouvement, mais en ne faisant prendre à la troupe que le galop allongé, ce qui revient à procéder ici comme on l'a fait après le galop individuel en carrière, où l'on a soin de faire prendre immédiatement après le trot ou le galop.

Si nous n'avions que de vieux soldats, il serait inutile de prendre ces mesures de précaution, tandis qu'avec nos jeunes soldats il faut, tout en tendant à obtenir la plus grande rapidité, veiller sans cesse à ce que les cavaliers aient toujours leurs chevaux en main.

Pour arriver à ce résultat, il faut faire charger chaque jour dans des directions différentes. Quand on charge toujours dans la même direction, les chevaux connaissent l'endroit où l'on prend le galop et le train de charge et deviennent de jour en jour moins calmes.

De même, pour être plus complétement maître de ces hommes et de ces chevaux, il sera bon de ne commander que rarement : *Marche! Marche!* mais de s'étendre sur les préliminaires de la charge, de faire exécuter des changements de front au galop, puis de passer au trot.

Enfin, on ne doit jamais faire charger ni par pelotons, ni par lignes, ni par escadron avant que le chef ait acquis la preuve que tous ses chevaux marchent tranquillement à un bon galop de chasse, sans dévier de leur ligne, sans changer de pied; c'est là une condition indispensable. Sans cela, en effet, les chevaux deviennent nerveux, violents, inquiets, surtout s'ils sont incomplétement dressés, insuffisamment assouplis.

9º Ce n'est que fort rarement qu'on fera exécuter pendant les exercices *la charge en fourrageurs*, d'abord parce qu'elle est d'une exécution facile, ensuite parce qu'on porterait ainsi un grave préjudice à la charge en ligne, qui constitue l'évolution la plus importante de notre arme, le point culminant de notre instruction.

La charge en fourrageurs en instruction n'a de valeur que pour le ralliement, qui en est la conséquence. Or, on peut habituer les troupes à ce ralliement, en supposant une mêlée à la fin d'une charge en ligne.

La charge en fourrageurs devient donc d'autant moins utile sous ce rapport, en instruction, qu'il est extrêmement facile de rallier les fourrageurs en faisant sonner : *Halte!* Il sera bon néanmoins de faire exécuter parfois une charge en fourrageurs, à la suite de laquelle on se proposera de battre intentionnellement en retraite, afin d'entraîner l'ennemi à sa suite et de le faire charger à son tour en ordre dispersé, parce qu'il importe alors d'avoir bien tout son monde dans la main, parce que tout le succès de l'opération dépend alors de l'adresse des chevaux, de la rapidité avec laquelle les hommes se reformeront en ordre compact au commandement : *Front!*

A la sonnerie : *Appel!* ou : *En retraite!* faite pendant la marche en avant, chacun des cavaliers fait pour son propre compte un demi-tour à gauche et se retire au galop ; à la sonnerie de : *Front!* chaque cavalier fait demi-tour à gauche et se reforme en ordre compact, et on fait immédiatement après charger en ligne. C'est là, d'ailleurs, une manœuvre qui a réussi plusieurs fois à la cavalerie prussienne dans les campagnes de 1806, 1814 et 1866.

10° La cavalerie n'est jamais plus faible que pendant les premiers instants après la charge. Il importe donc d'y remédier le plus vite possible, de rétablir rapidement le calme, l'ordre, la cohésion, afin d'être le plus tôt possible prêt à parer à toute éventualité.

Rien n'est donc plus utile que d'habituer, par des exercices fréquents, une troupe à se rallier rapidement dans n'importe quelle direction, à se reformer soit en bataille, soit en colonne avec distance, à se porter en avant à la sonnerie : *Refrain !* Il importe surtout de pouvoir évolutionner de suite avec un escadron rallié à la hâte, sans distinction de rangs et de numéros. Les escadrons doivent savoir se disperser et se rallier rapidement. Celui qui a sous la main la dernière fraction en bon ordre reste maître du champ de bataille. Le grand Frédéric a dit : « Il faut inculquer aux hommes qu'un dragon isolé ne peut rien faire et qu'un escadron est capable de grandes choses. »

Afin d'habituer les hommes à se rallier rapidement, afin de pouvoir faire succéder immédiatement l'ordre le plus parfait au désordre qui résulte de la mêlée et de la charge en fourrageurs, il faut après le galop de carrière faire passer les hommes au trot, puis supposer une mêlée dans laquelle les hommes se disperseront de tous côtés, en pointant et en sabrant. A la sonnerie : *Refrain !* l'escadron doit se rallier le plus rapidement possible derrière son chef, qui indique par son sabre et par la position de son cheval la direction que l'escadron aura à prendre. Il importe que dans le ralliement chaque cavalier rejoigne son peloton et son rang afin que l'on puisse reconstituer rapidement les rangs et que l'escadron soit en mesure d'évolutionner au bout de peu de temps ; peu importe, en revanche, que les hommes reprennent exactement leur place et leur numéro dans le rang et se retrouvent à côté du voisin qu'ils avaient précédemment. On devra habituer les hommes à se rallier d'abord au trot, puis au galop, puis au galop de *fanfaro*, puis au galop de carrière.

Après avoir exécuté les exercices préparatoires, le ralliement se fera *avec la plus grande rapidité possible* en carrière et en avançant, mais jamais de pied ferme. La sonnerie *Au trot !* ne s'applique qu'à ce *mouvement en avant* et non au ralliement qui s'effectuera à la sonnerie *Refrain* et en carrière. C'est là un principe absolu.

On habituera l'escadron à se rallier après la charge dans n'importe quelle direction, sauf en arrière, et de préférence obliquement et en avançant. On aurait tort d'effectuer le ralliement sur une ligne formant un angle obtus, car on ne saurait admettre que l'ennemi est partout; dès qu'il fait exécuter une charge, le capitaine commandant doit procéder en vertu d'une idée de guerre, et rallier par suite sa troupe soit perpendiculairement, soit sur une ligne oblique. On devra habituer la troupe à se reformer non-seulement en bataille, mais encore en ligne de colonnes, à une sonnerie qui suivra la sonnerie : *Refrain d'escadron!* Si, avant la charge, l'escadron se trouvait en ordre inverse, il se ralliera dans cet ordre; il faut donc habituer les hommes à se rallier de cette façon.

Un auteur des plus compétents en matière de cavalerie a dit : « La cavalerie qui sait se rallier et se reformer le plus vite reste maîtresse du champ de bataille et remporte toujours la victoire. »

On s'efforcera donc d'habituer les hommes à se rallier rapidement, à se reformer sur deux rangs serrés, même après une mêlée et une dispersion complètes, afin de les amener à reprendre sans peine leur place dans le rang; il faut pour cela que, même au milieu du bruit du combat, les hommes sachent *obéir de suite à la sonnerie du ralliement*, s'orienter rapidement, diriger habilement et sûrement leurs chevaux afin de pouvoir se porter là où ils le veulent.

Le moral et la discipline feront le reste; mais c'est sur les exercices fréquents, presque journaliers, que repose en réalité l'exécution correcte, sûre, de la charge et du ralliement. C'est là ce qui doit devenir pour nous une habitude, c'est là ce qui doit passer dans la chair et le sang de nos hommes, et c'est de plus parmi toutes les évolutions l'une des plus importantes.

e. — Indications relatives à la manière de présenter un peloton et un escadron à cheval.

Tiré des circulaires du 14 juin 1872, 31 juillet 1872, 12 mai 1873, 9 juillet 1873, et de décisions antérieures.

Les quelques règles qui suivent, et qui m'ont servi jadis à présenter des pelotons et des escadrons, ne sont pas seulement une récapitulation des prescriptions royales et réglementaires données à ce propos, elles contiennent de plus l'exposé de mes idées sur l'éducation, la conduite et la présentation des troupes de notre arme, idées qui m'ont été inspirées par les instructions des généraux les plus éminents sous lesquels j'ai eu l'honneur de servir, et qui font d'ailleurs partie pour la plupart des traditions de notre arme. En posant ces principes j'ai surtout cherché à trouver une base plus solide, plus stable, un point de départ dont les conséquences se sont manifestées, par cela même que j'ai de la sorte réussi à élucider considérablement les idées relatives à la conduite, à la présentation des pelotons et escadrons, à m'engager dans la voie qui mène à la sûreté, à la netteté.

Je souhaite de tout mon cœur que les principes, que je vais exposer ici, profitent à notre arme, soient utiles aux officiers qui les auront médités attentivement; mais mon vœu le plus ardent, c'est de voir apparaître et se développer de plus en plus : l'entrain, l'animation, la vie, la mobilité, la décision, l'énergie, l'intelligence, la prévoyance, le désir réel, vivace, des chefs d'arriver toujours à temps et jamais trop tard sur le point qu'on leur a désigné; c'est, en un mot, de voir prendre les chemins les plus courts, de voir exécuter les évolutions les plus simples.

Il importe d'allier le maximum de vitesse, de rapidité, avec l'ordre le plus parfait, avec l'ordre qui implique en lui l'idée du calme. Cette vitesse, cette rapidité doit être développée à l'extrême, sans porter pour cela la moindre atteinte au maintien de l'ordre, qui n'est assuré réellement que par le commandement et la direction.

Ce n'est que lorsqu'elle aura satisfait à ces diverses conditions que notre arme sera à la hauteur de sa mission, de son rôle qui devient de jour en jour plus rude et plus difficile.

I. Règles et principes essentiels relatifs à la présentation d'un peloton à cheval.

1° Les chefs de peloton, quand ils présenteront leur peloton à cheval, feront exécuter les mouvements et évolutions qui suivent :

Ce que l'on est convenu d'appeler l'école d'escadron, c'est-à-dire les changements de direction par trois; les ruptures par trois par la droite et par la gauche sur le prolongement des flancs; passer de la colonne par trois à la colonne par deux, faire demi-tour par trois; faire demi-tour en marchant à droite en colonne; les à-droite et les à-gauche, les demi-à-droite et demi-à-gauche en marchant en colonne par trois. Passer de la colonne par trois à la formation en bataille. Passer de l'à-droite ou de l'à-gauche en colonne par trois à la formation en bataille; étant en bataille, faire face en arrière, et se remettre face en tête.

Puis viennent les marches directes en bataille, d'abord sur les lignes directes, puis sur la diagonale, les marches obliques, les changements de direction par conversion à droite, à gauche, demi-à droite, demi-à gauche, les demi-tours à droite et à gauche; les conversions nécessaires pour passer d'un front diagonal à un autre ; faire faire halte à une troupe marchant au trot et la faire repartir au trot.

Ensuite viennent les marches directes au galop en avant d'abord, puis sur les lignes obliques, le passage du galop au trot et les arrêts ; les évolutions doivent être sagement réglées par le chef et reliées intentionnellement les unes aux autres. Ainsi, par exemple, un officier ne devra pas faire exécuter aux deux mains les mêmes mouvements de l'école d'escadron. S'il a fait à une main exécuter un demi-tour individuel, il fera faire à l'autre main un demi-tour par trois : s'il a fait exécuter à une main un déploiement de la colonne par trois, à l'autre main il déploiera la colonne par trois sur un de ses flancs par un à-droite ou un à-gauche. Quand on exécutera l'école d'escadron à main droite, le chef de peloton fera exécuter à la tête une conversion à pivot mouvant à gauche. Cet officier ne devra pas faire exécuter consécutivement plusieurs conversions du même côté : il devra au contraire commander des changements de direction, tantôt à droite, tantôt à gauche, tantôt demi-à droite, tantôt demi-à gauche, tantôt un demi-tour à droite, tantôt un demi-tour à gauche, alterner les évolutions sur les lignes droites avec les mouvements obliques, en un mot, il ne devra jamais faire exécuter le même mouvement deux fois de suite à la même main, mais il lui faudra au contraire varier les mouvements qu'il fait exécuter en présentant un peloton ; cette manière de faire rend la présentation plus intéressante et permet à l'officier inspecteur de se rendre mieux compte des idées, des vues, de l'intelligence, du jugement de ce chef de peloton, de la méthode qu'il a suivie pour préparer cette présentation. *Tout ce qui est mécanique, tout ce qui n'est que le produit de la routine, doit disparaître complétement.*

2º Quand on laissera toute liberté, toute latitude au chef de peloton, il devra ne faire exécuter que des mouvements avec lesquels ses hommes sont déjà familiarisés et qu'ils exécutent avec sûreté et rapidité.

3º Aucun de ces mouvements ne devra se faire au pas. Les évolutions devront s'exécuter pour le moins au trot. Il sera bon de suivre dans les exigences une progression ascendante. On passera donc des allures lentes aux allures vives, du trot au galop, des mouvements en ligne droite aux mouvements obliques, qui ont une importance capitale, d'un front oblique à un autre front oblique.

4º Le chef de peloton ne doit pas être collé, pour ainsi dire, à son peloton; il ne doit pas se placer trop près de son peloton, mais bien à une distance telle (plutôt trop loin que trop près), que chacun de ses hommes pourra l'apercevoir sans peine, entendre, comprendre ses commandements. Il doit se placer en avant du centre de son peloton et songer, surtout quand il fait du vent, aux moyens de se faire entendre et obéir simultanément par tous ses hommes, aussi bien par la tête que par la queue de son peloton.

5º Un chef qui saura se mouvoir habilement et utilement en avant de sa troupe, qui ne se démènera pas vainement, sans raison, sans but, mais qui guidera son cheval régulièrement, sûrement, sagement, produira toujours un excellent effet; il faut toujours en effet, quand un chef de peloton prend une allure vive, que la raison en soit bien apparente; en général, il doit toujours marcher devant le centre de son peloton et à la même allure que lui.

6º La manière même dont le chef de peloton fait les commandements, l'intonation qu'il leur donne, contribuent énormément à la réussite ou à l'insuccès de la présentation. Le commandement d'exécution doit être bien distinct du commandement préparatoire et il faut laisser un certain intervalle entre eux. L'intonation du commandement préparatoire est calme, posée, tranquille, prolongée; c'est par là qu'on arrive à inculquer à la troupe les principes de calme, devenus indispensables même dans les mouvements les plus rapides. Le commandement d'exécution doit être ferme, énergique, bref, accentué, net; toutes les fois qu'il emploiera cette intonation, l'officier pourra être sûr que l'exécution du mouvement sera correcte, preste, rapide. Tout commandement doit être fait à voix assez haute pour que chacun des hommes l'entende bien clairement.

Le chef de peloton ne doit négliger l'intonation ni lors de la présentation, ni lorsqu'il est seul et qu'il fait travailler un peloton. Il ne doit jamais faire de commandement à mi-voix, mollement, sans accent, car l'exécution dépend de l'intonation du commandement; en se négligeant de la sorte, un officier donne de mauvaises habitudes à sa troupe et la démoralise.

7º Les commandements devront être faits à propos, en temps utile : Par exemple quand il fait exécuter une conversion à son peloton, le chef ne doit pas faire trop tard le commandement : *En avant!* C'est là cependant une faute qu'on commet encore bien fréquemment. Il doit commander : *En avant !* assez à temps pour que l'aile marchante ne soit obligée ni de ralentir, ni de s'arrêter, ni de déboîter extérieurement, et de telle manière qu'elle puisse bien rester dans la direction qui lui est indiquée sans qu'il se produise de temps d'arrêt dans le mouvement.

Dans les doublements, quand il s'agit de passer de la colonne par deux à la colonne par trois, ou dans les déploiements quand on passe de la colonne par trois à la formation en bataille, le chef de peloton veillera à ce que la queue ne soit pas obligée de passer au pas, et commandera : *Au trot !* à temps pour que les files de queue restent au trot et que le peloton prenne le **trot** au moment où ces files vont entrer en ligne. Le commandement *Au trot !* se fera donc au moment où les files de queue changent de direction.

Le chef doit jeter un coup d'œil et faire son commandement en se tournant du côté de ceux de ses hommes qui généralement exécutent le moins bien et le plus lentement les évolutions, du côté de ceux qui ont toujours le temps et qui attendent que les autres aient dessiné le mouvement; c'est là ce qui arrive généralement à la queue à propos des changements d'allure. Il est aisé d'obvier à ce grave inconvénient en accentuant le commandement et en se tournant de ce côté au moment où on le prononce.

8° Les commandements : *Escadron en avant !* et *Escadron demi-tour !* doivent se prononcer comme les commandements préparatoires, d'un seul trait, sans interruption; il en est de même pour *pied à terre !* et *à cheval !* Dans ce dernier cas, les hommes doivent dans l'exécution tenir compte des temps fixés par le règlement. Le commandement : *Alignement !* s'accentue différemment selon qu'il s'agit de s'aligner en se portant en avant à ce commandement ou de rectifier l'alignement sur place. Quand on devra s'aligner sur un front nouveau, on laissera un certain intervalle entre les mots : *Alignez — vous !* Si au contraire l'alignement se prend sur place, le commandement se fera d'un seul trait. Les commandements : *A vos rênes !* et *Alignement !* sont deux commandements distincts et, bien qu'on ait l'habitude de les relier l'un à l'autre, chacun d'eux comporte une exécution spéciale. Au commandement : *A vos rênes !* chaque cavalier reprend la position réglementaire, redresse son cheval, le place perpendiculairement au front; ce seront là les prélimi-

16.

naires indispensables de tout alignement : au commandement : *Alignement !* on prend les distances réglementaires, le premier rang se plaçant à deux pas du
chef de peloton, le deuxième à un pas du premier.

9° Le chef de peloton commencera la présentation
par une marche au trot et ne passera qu'ensuite par
une conversion à l'exécution de l'école d'escadron : la
présentation se terminera par une marche de front au
trot ou au galop.

10° Le terrain dont on dispose sera distribué et divisé judicieusement ; le chef de peloton devra s'orienter
et s'arranger de manière à avoir toujours la place nécessaire à chacune de ses évolutions. Il ne doit pas
s'arrêter et terminer la présentation quand il a amené
son peloton tellement près des limites du terrain qu'il
ne lui reste plus la place dont il a besoin pour le
porter en avant.

11° Les évolutions ne doivent pas se suivre de trop
près, il faut que l'on ait le temps de se rendre compte
du mode d'exécution de chacune d'elles. Le chef de
peloton devra faire marcher son peloton, donner une
certaine ampleur aux mouvements : une évolution ne
doit pas succéder directement à l'évolution qui la précède, ne doit pas se confondre avec elle, au point qu'on
entamera un nouveau mouvement, à peine l'évolution
précédente achevée. C'est là d'ailleurs ce que l'on fait,
quand on tire mal parti du terrain, quand on n'a rien
prévu, quand on est incapable de s'orienter, quand on
manque de place. C'est là un reproche auquel personne
ne doit s'exposer, quelque peu nombreuse que puisse
être la subdivision qu'on a sous ses ordres : l'officier
doit toujours savoir se reconnaître, s'orienter, prévoir
ce qui va arriver, ne rien faire tardivement ; ce sont là
en effet des fautes tout à fait contraires à l'esprit de
l'arme, des erreurs qu'un officier de cavalerie doit tou-

jours se garder de commettre. La présentation doit,
d'un bout à l'autre, avoir un caractère réel et sérieux
d'animation, de vie, de mouvement. Le chef de peloton,
qui s'efforce de se conformer à ces principes pendant
les exercices et lors de la présentation de son peloton,
montrera son peloton sous un jour des plus avantageux, réussira à mettre en pleine lumière l'instruction
et le savoir de ses hommes, et produira une impression
des plus favorables sur l'esprit de l'inspecteur; il
pourra dès lors se préparer à diriger des unités plus
considérables, telles qu'un escadron, et acquérir sans
peine l'habitude, la routine nécessaire à tout officier de
cavalerie.

II. Règles et principes essentiels relatifs à la présentation d'un escadron qui manœuvre à cheval.

1° En général.

Toutes les fois que l'instruction d'un escadron sera
complète et parachevée, tout homme du métier s'en
apercevra au premier coup d'œil. Il verra de suite que :

a. Tous les cavaliers, ceux de la tête comme ceux de
la queue, obéissent immédiatement, simultanément
et avec ensemble aux commandements et aux sonneries ; ils exécutent un mouvement dès qu'ils enten-
dent une sonnerie ; à la sonnerie, *Halte !* tout le monde
s'arrête et personne ne recule.

b. L'on se porte en avant aux allures indiquées par
les sonneries ou les commandements, preuve manifeste
d'un fait bien important : c'est que les hommes sont et
restent bien maîtres de leurs chevaux dans les rangs.

c. Dans les ruptures, les formations, les demi-tours,
les sous-officiers placés au pivot, quelle que soit l'allure à laquelle on marchait précédemment, fût-ce
même au grand galop, s'arrêtent sans s'inquiéter de ce

que fait le reste du peloton, et les sous-officiers placés
à l'aile marchante conservent bien exactement le
rhythme de l'allure.

d. On observe les principes fondamentaux qui régissent un mouvement d'une importance aussi capitale
que la conversion à pivot mouvant ; il faut alors, quand
le mouvement s'exécute en colonne, qu'il ne se produise aucun de ces à-coup, aucun de ces temps
d'arrêt qu'il est si facile d'apercevoir, qu'on ne déboîte
pas vers l'extérieur, par suite qu'on se lie bien du côté
du pivot, afin de ne pas perdre de terrain, de rester à
sa distance, de conserver, c'est là le point essentiel, le
rhythme de l'allure.

e. Dans toutes les conversions à pivot mouvant, soit
par peloton, soit par escadron, le pivot décrit un arc
de cercle assez vaste et en avançant.

f. Les hommes exécutent exactement les commandements de leur chef de peloton sans s'occuper de savoir
si le peloton commet ou non une erreur ; c'est là un
point essentiel.

g. Toutes les évolutions reposent sur le principe de
la régularité, de l'égalité du rhythme. On ne viole
jamais ce principe fondamental, soit que l'on marche
en colonne, soit que l'on exécute une marche en bataille, soit que l'on ait, ou en colonne ou en ligne,
perdu momentanément sa distance, ce principe fondamental qui seul engendre la sûreté, qui seul nous
protége contre le hasard et les influences extérieures
si nuisibles à la troupe, qui lui seul ménage et conserve les chevaux. Celle des subdivisions qui enfreint
le plus souvent ces principes, qui s'en écarte le plus,
est aussi celle de toutes qui monte le plus mal à cheval, qui est la moins bien instruite.

h. L'escadron est devenu adroit et maniable : c'est
là ce qui se manifestera simplement par le fait que

l'escadron peut, après n'importe quelle évolution, se porter rapidement et en bon ordre dans une direction quelconque, perpendiculaire ou oblique, en retraite ou en avant, à la sonnerie : *Front!* soit en passant de la formation en bataille à la demi-colonne, soit en rompant cette demi-colonne.

i. Les gradés des ailes connaissent le rôle qu'ils ont à jouer dans les ruptures par peloton et dans les déploiements.

k. On observe tous les principes relatifs à la marche directe; on veille rigoureusement à ce qu'on ne s'aligne pas par les yeux, à ce que le chef du 3ᵉ peloton ne suive pas ceux des 1ᵉʳ et 2ᵉ pelotons dans leurs fluctuations vers l'une des ailes.

l. Le deuxième rang reste toujours à un pas de distance du premier rang, sur lequel il aura soin de ne pas s'appuyer, sur lequel il ne serrera pas; au contraire, le deuxième rang doit faire preuve d'autant d'indépendance que le premier rang, et se tenir à deux ou trois pas de lui.

Je prétends et j'affirme qu'un homme du métier, dès qu'il aura reconnu qu'un escadron met en pratique et observe strictement ces principes fondamentaux, aura dès lors acquis la conviction intime des soins et de l'attention que le capitaine commandant aura apportés à l'instruction de son escadron; il ne s'agit plus alors que de mettre en relief le savoir de l'escadron en le présentant habilement. L'officier qui présente son escadron, dont l'instruction sera parachevée, peut, en effet, s'il s'y prend maladroitement, faire un grand tort aux qualités de ses hommes, tandis qu'au contraire avec un peu d'habileté, on peut dissimuler aux yeux d'un homme moins au fait de son métier, nombre de lacunes dans l'instruction, nombre de manquements aux principes. La manière même dont le chef se tient devant sa troupe, sa manière de monter à cheval, qui doit être énergique, vive, sans être toutefois agitée et turbulente, le fait qu'il aura son cheval dans la main, qu'il le dirigera avec adresse, sont loin d'être dénués d'importance; il faut de plus que, pour faire ses commandements, il se place à la distance et au point voulus, afin de se faire bien entendre par tous, qu'il prononce tranquillement et posément les commandements préparatoires, sans se hâter, afin de ne pas troubler ses cavaliers, qu'il laisse l'intervalle voulu entre eux et les commandements d'exécution, qu'il lance ces derniers commandements en les accentuant avec une intonation énergique, d'une voix brève, qui influe sur le mode d'exécution. Toutes les fois que le commandement d'exécution est fait mollement, longuement, l'exécution du mouvement traîne et languit.

Telles sont les exigences qu'on est en droit d'avoir à l'égard des officiers, tels sont les devoirs que leur crée une simple évolution. Toutes les fois que l'officier s'efforcera de remplir sa tâche, y mettra toute son âme, s'intéressera réellement à son métier, s'y adonnera de cœur et de corps, toutes les fois qu'il cherchera à faire le mieux possible, ses hommes seront attentifs, dévoués, actifs, zélés, s'intéresseront à leur service, feront des progrès sensibles, et tendront sans cesse à faire mieux encore.

Chacun des capitaines commandants qui aura consacré son attention, ses soins, son intelligence, son savoir à l'instruction de son escadron, tiendra naturellement à le présenter lui-même sous un aspect favorable, à faire ressortir ses qualités. C'est là un résultat qu'il atteindra indubitablement pour peu qu'il ait observé les principes sur lesquels repose la présentation de l'escadron.

Ces principes et règles sont :

2° *En particulier*.

Les suivantes :

a. Le capitaine commandant doit se rappeler sans cesse que dans notre arme tout dépend du chef, que sa manière de monter à cheval, ses mouvements, la direction dans laquelle il se place, sa tenue, exercent une influence considérable sur sa troupe, sur la présentation, sur le jugement qu'on porte sur elle. Les officiers méconnaissent souvent leurs devoirs; nombre d'entre eux pensent qu'en se démenant, en se remuant, en changeant de place à tout instant, ils remplissent leur devoir et produisent un bon effet. Il est cependant loin d'en être ainsi, et leur conduite ne sert alors qu'à jeter le désordre dans les rangs de la troupe. Il est indispensable qu'un officier de cavalerie monte à cheval avec énergie, avec entrain, mais il ne doit prendre les allures vives que pour se porter sur le point où il doit se trouver, sur le point où sa présence est nécessaire; jamais il ne doit prendre inutilement le galop, fût-ce même pendant une foulée; à le voir à cheval, on doit s'apercevoir qu'il est solide et fixe dans sa selle, qu'il est sûr de lui, et en même temps plein d'entrain et d'ardeur. Quand l'escadron marchant en bataille exécutera une conversion, le capitaine commandant se portera au galop sur la ligne qu'occupera cet escadron, la conversion terminée, et commandera en faisant face à l'escadron : *En avant!* ou *Halte!* De même, lorsque l'escadron se déploiera au galop, cet officier se portera en avant au galop et commandera *Halte!* en lui faisant face. Le capitaine commandant ne devra jamais rester collé à son escadron, ne devra jamais se tenir trop près de lui; il faut au contraire qu'il marche à une certaine distance.

b. Les officiers doivent s'habituer à faire les commandements voulus, réglementaires, parvenir à un savoir tel qu'il ne puisse jamais leur arriver de se tromper. L'intonation doit être correcte et naturelle ; le commandement préparatoire sera prononcé avec calme; celui d'exécution, au contraire, qui sera bien séparé, bien distinct du premier, se fera avec l'énergie nécessaire pour provoquer la rapidité et la décision dans l'exécution.

On ne fera faire, lors des inspections d'escadron, aucune des sonneries de régiment à la suite desquelles les capitaines commandants sont tenus de répéter le commandement.

Le capitaine commandant doit faire exécuter la sonnerie en temps utile : et tant pour augmenter la simplicité, que pour donner aux évolutions un caractère plus réellement militaire, il fera bien d'habituer son trompette à porter l'instrument à ses lèvres au commandement de *Sonnerie !* puis à celui de : *Au trot !* ou *Au galop !* au lieu de lui dire : « Sonnez, etc., ou bien, « quand tel peloton, quand telle file sera arrivée à tel endroit, vous sonnerez au trot ». C'est à lui et non au trompette qu'il appartient de choisir le lieu et le moment où l'on devra sonner.

c. On ne doit jamais, dans les inspections, entendre autre chose que les commandements ou les sonneries. On doit défendre sévèrement aux hommes de prononcer le moindre mot.

d. L'officier qui présente sa troupe tient son sabre la pointe en l'air, la poignée le plus près possible de la hanche droite. En défilant et en marchant par un, il fera le salut du sabre en arrivant à hauteur du premier point et avant de passer devant la personne devant laquelle il défile : il continuera à marcher à la même allure jusqu'à deux longueurs de ce chef, puis prendra le galop pour venir se placer à sa droite. En général, les officiers, qui présentent leur troupe, se rangent trop tôt et n'attendent pas pour le faire qu'ils aient bien carrément passé devant l'inspecteur.

Quand plusieurs subdivisions marcheront par un, le capitaine commandant défilera en tête de la première, en faisant le salut du sabre ; mais ne repassera pas avec les subdivisions suivantes.

Quand l'escadron devra passer par un devant l'inspecteur pour exécuter le maniement du sabre, le capitaine commandant devra également faire le salut du sabre. Quand on défilera la droite en tête, les trompettes précéderont cet officier ; ils marcheront au contraire en queue de l'escadron si l'on a rompu par la gauche.

e. L'escadron qui va être passé en revue doit être formé à proximité du point sur lequel l'inspecteur entrera sur le terrain de manœuvres : cet escadron ne doit en aucun cas être formé à l'autre extrémité du terrain. L'escadron fera autant que possible face du côté par lequel cet inspecteur doit arriver et l'on veillera à ce qu'il y ait en avant de l'escadron un espace complétement libre, le champ nécessaire, un terrain sur lequel on puisse exécuter une charge.

f. On devra autant que possible éviter de former l'escadron de pied ferme : la lenteur et la fréquence des alignements sont la mort de notre arme; on ne doit aligner une troupe que quand on va la porter en avant et la déployer. Tout le monde s'arrête au commandement : *Halte !* ; personne ne recule, ni n'appuie. Placer les chevaux droits, c'est s'aligner, par cela même que l'alignement ne prend qu'un instant quand on a procédé de la sorte, parce qu'on se trouve à la distance voulue des chefs de peloton, en un mot parce qu'on a pris l'alignement en avant.

g. Les commandements : *A vos rênes!* et *Alignement!* ne doivent pas être faits d'un seul trait, tout comme, et c'est là ce qui arrive encore fréquemment, s'ils ne faisaient qu'un. Chacun de ces commandements a besoin d'être exécuté séparément. Au commandement : *A vos rênes !* les cavaliers n'ont qu'à rester tranquilles en redressant leurs chevaux, en les plaçant perpendiculairement au front, parce que sans cela il n'y a pas d'alignement possible. Au commandement : *Alignement !* on rectifie l'alignement, on se place *à la distance normale des chefs de peloton et des cavaliers du premier rang*. Le règlement établit d'ailleurs une différence dans l'intonation du commandement : *Alignement !* selon les circonstances ; on commandera d'un trait : *Alignez-vous !* quand l'alignement se prendra sur place, et : *Alignez—vous !* quand pour s'aligner il sera nécessaire de changer de place, de bouger.

Les commandements : *Pied à terre !* et *A cheval !* se font d'un seul trait, bien que les hommes soient, dans l'exécution, obligés de se conformer aux temps établis par le règlement.

La manière dont on fait les commandements contribue énormément au mode d'exécution. Même en temps ordinaire, et en dehors des inspections, un officier ne doit jamais se laisser aller à négliger l'intonation, c'est-à-dire à commander à mi-voix sans accentuer. Une troupe n'exécutera jamais correctement, nettement un commandement fait de la sorte, elle ne soignera pas l'exécution, et c'est ainsi qu'on élève mal une troupe, qu'on lui donne de mauvaises habitudes.

h. Le capitaine commandant ne commandera jamais l'alignement quand il déploiera son escadron sans continuer à marcher ; ce commandement sera fait alors par les chefs de peloton, et l'alignement de l'escadron se fait d'ailleurs tout naturellement, puisque chaque peloton entre en ligne successivement et pour son propre compte.

i. Quand on déploiera la colonne avec distance, ou la colonne par trois (colonne de route), l'officier devra commander ou faire sonner : *Au trot !* au moment où le dernier peloton, le dernier rang exécutera son mouvement, c'est-à-dire que ce peloton ou ce rang ne devra pas être obligé de prendre le pas et pourra rester au trot.

k. Il ne devra pas se produire d'à-coup, de temps d'arrêt; les ailes marchantes dans les ruptures, les déploiements, les demi-tours, ne devront donc pas être obligées de s'arrêter, mais devront pouvoir continuer à rester en mouvement; il faut donc que la sonnerie ou le commandement : *En avant !* soient faits à propos et à temps : l'aile marchante doit conserver bien correctement le rhythme de l'allure, que le pivot aura à reprendre au commandement : *En avant !*

l. Le capitaine commandant, quand on marchera en colonne, devra faire ses commandements et faire sonner en se tournant dans la direction de la partie de la colonne où, comme l'expérience le lui a démontré, on n'obéit pas toujours immédiatement à ces commandements, c'est-à-dire dans la direction de la queue, par exemple quand il s'agit de prendre le trot en colonne par trois ou par deux, de faire un à-droite ou un à-gauche ou de passer au pas.

3° *Il peut, lors d'une présentation, se produire deux espèces de faits.*

Ou bien l'inspecteur laissera l'officier, qui lui présente sa troupe, libre de lui faire exécuter des évolutions à son choix, ou bien au contraire il déterminera les mouvements qu'il désire voir exécuter devant lui. Dans ce dernier cas, il y aura lieu d'appliquer plus particulièrement les principes indiqués au 2°; l'officier devra seulement, lorsque l'instructeur se sera

contenté d'indiquer en bloc toute une catégorie d'évolutions, telles que les conversions à pivot mouvant, les
ruptures et les déploiements, les marches directes, les
mouvements obliques de la demi-colonne, l'école de
l'escadron, distribuer logiquement les évolutions, ne
rien négliger, et veiller à rester à une distance telle
des extrémités du terrain qu'il ne soit jamais forcé
d'avoir recours, pour se tirer d'affaire, à des mouvements traînants, en contradiction avec l'esprit de
l'arme; c'est là d'ailleurs un point auquel l'officier
devra faire encore bien plus sérieusement attention,
lorsque l'inspecteur le laissera libre d'évolutionner à
sa guise. Dans ce dernier cas, on fera bien de se conformer aux principes indiqués au 2° et en outre

4° Aux règles développées ci-dessous.

a. Quand on présente une troupe, on doit procéder
en vertu d'une idée, qu'on a pesée, qu'on a mûrie, et arriver bien préparé sur le terrain. Il faut tout d'abord qu'on
ait bien déterminé, bien arrêté à l'avance les mouvements
qu'on a l'intention de faire, qu'on ait fixé la manière,
le mode, l'ordre de leur exécution, afin de faire ressortir le plus possible le savoir et l'habileté de la
troupe. L'officier ne doit pas se fier à une illumina-
tion soudaine, à une inspiration d'en haut, comme on
le fait souvent avec une insouciance inouïe. L'inspiration heureuse ne vient en aide au moment opportun
qu'à celui qui s'est occupé sérieusement de sa troupe,
qui s'est préparé consciencieusement, qui procède logiquement, rationnellement. Il faut donc tout d'abord
s'occuper de poser les principes, la routine vient ensuite. Rien ne doit se faire mécaniquement, inconsciemment, sans but, sans intention, sans réflexion;
tout, au contraire, doit être *bien pesé, bien digéré.*

b. La présentation d'un escadron ne devra pas en général durer plus de trois quarts d'heure.

c. Pendant une inspection, on ne devra jamais demander à la troupe de faire un mouvement qu'on n'est pas absolument sûr de lui voir exécuter correctement; c'est là une règle fondamentale dont on ne saurait se départir lorsqu'on a le choix des mouvements.

d. Lors de la présentation, on suivra une progression logique, on passera du mouvement simple au mouvement compliqué, du mouvement facile au mouvement difficile, des allures ralenties aux allures vives, on ne devra pas commencer par embarquer la troupe au galop; on exécutera d'abord des mouvements au trot, puis au galop, puis enfin au galop allongé. Les exigences devront donc aller en croissant.

e. Le capitaine commandant s'efforcera de faire exécuter devant l'inspecteur, si ce n'est la totalité, du moins le plus grand nombre des mouvements du règlement, afin que l'inspecteur ne soit pas obligé de réclamer l'exécution de certains mouvements dont il aurait remarqué l'omission.

f. On ne fera pas exécuter de contre-marches; c'est d ailleurs une évolution qui est en opposition complète avec l'esprit de l'arme : on ne fera pas non plus rompre pour marcher en arrière par trois.

g. On fera le plus rarement possible les commandements : *Halte!* et *Alignement!*; on évitera surtout ce dernier commandement; ce ne sera qu'à la dernière extrémité, quand ce sera absolument nécessaire pour rétablir l'ordre, qu'on pourra commander l'alignement, en faisant sortir non pas individuellement quelques hommes, mais bien les pelotons.

h. On évitera soigneusement les répétitions; jamais on n'exécutera le même mouvement deux fois à la même main : ainsi, par exemple, on ne fait jamais prendre deux fois le guide au trot sur la même aile ; a-t-on fait prendre le guide au trot d'un côté, on le fera prendre au galop.du côté opposé. Il faut varier, animer, idéaliser, raffiner, les évolutions pour faire ressortir les qualités manœuvrières de la troupe et la netteté de l'exécution.

i. L'officier doit, avant tout, faire marcher sa troupe à une allure bien franche, lui faire parcourir la plus grande partie du terrain, achever complétement un mouvement avant de passer à un autre. Les mouvements ne devront pas, par suite, se succéder sans interruption ; on ne fera pas tourner, pivoter la troupe sur place, on se gardera d'enchevêtrer deux mouvements ; en procédant de la sorte, on arrive au désordre, à la confusion, et sans parler même des difficultés que crée à la troupe une pareille manière de faire ; il convient de remarquer que des escadrons très-bien dressés, et dont l'instruction est complète, peuvent seuls être, sans trop de danger, traités de la sorte, et que de plus ce mode de procéder est tout à fait en contradiction avec l'esprit de l'arme.

On s'arrangera de façon à avoir toujours du terrain devant soi, à ne pas travailler toujours dans l'un des coins du champ de manœuvres, à ne pas se trouver acculé à l'une de ses extrémités. Notre arme doit tirer largement et complétement parti du terrain. On ne doit jamais faire succéder immédiatement un mouvement à un autre, bien moins encore interrompre l'exécution d'un mouvement, parce que l'on manque de place, parce qu'on n'a pas su se servir du terrain. C'est là une faute qu'un officier ne doit pas commettre ; il doit prévoir ce qu'il veut faire, être bien orienté, apprécier exactement le terrain qu'il lui faut pour son mouvement ; si, par exemple, il fait rompre par **pelotons,** mouvement pour lequel il a besoin de pas mal d'espace en avant de son front, il ne faudra pas qu'il fasse converser le peloton de tête avant que les pelotons de queue aient pris leur place dans la colonne. Un officier, qui agirait de la sorte, ferait preuve de peu de coup d'œil, et de plus les évolutions de ce genre sont toujours déplaisantes à l'œil. L'officier doit savoir bien diviser son terrain, se ménager toujours la place nécessaire pour chacune des évolutions, car sans cela il ne pourra jamais faire marcher un escadron à une allure vive et il sera obligé d'avoir, pour se tirer d'affaire, recours aux contre-marches (1), c'est-à-dire à un mouvement dont je condamne l'emploi. Un escadron, par exemple, se trouve à l'une des extrémités du terrain et doit rompre par un, il n'y a aucune raison pour faire exécuter une contre-marche à droite afin de faire face en arrière dans l'ordre naturel : il est bien plus simple de faire un demi-tour à droite ou à gauche par peloton, de se trouver en ordre inverse et de faire rompre par un. En procédant de la sorte, on mettra en pratique le principe qui prescrit de prendre toujours le chemin le plus court, de choisir toujours les évolutions les plus simples, sans avoir égard à la formation. On ne saurait jamais se conformer trop strictement à ce principe par cela même que c'est grâce à ce moyen qu'on ne pourra plus nous jeter à la face ce reproche si dur pour notre arme : *Trop tard !*

k. Comme je l'ai déjà dit, il faut que la présentation de l'escadron se fasse en vertu d'un certain programme progressif, raisonné. Il sera bon de préluder par une marche en avant au trot; on ne doit jamais marcher à une allure plus lente que le trot; quand on voudra

---

(1) Ces directives ont été écrites pour la plupart avant la publication du règlement d'exercices du 9 janvier 1873.

passer au pas pour laisser souffler les chevaux, on n'aura le droit de le faire que pendant la *retraite*, après un demi-tour, parce que l'on se conformera alors à ce qui se passerait en réalité, et que la troupe sera supposée se retirer au pas. On exécutera ensuite une conversion par peloton, puis une conversion à pivot mouvant, un déploiement et une marche directe ; on rompra ensuite au trot dans la direction opposée, on exécutera une conversion à pivot mouvant, un déploiement et une marche en avant pour rompre ensuite par pelotons et se reformer après en bataille. On exécuterait alors les conversions par escadron déployé, les ruptures pour passer à la demi-colonne, toujours au trot, puis on passerait au travail au galop et on exécuterait à cette allure bon nombre des évolutions précédentes et de préférence les ruptures et les formations. Après ces différents mouvements, on devra passer à l'exécution de la charge et couronner alors l'idée générale qui a présidé à toute la séance ; puis après la charge on manœuvrerait en formant un front et une aile. Pendant la charge, il faut toujours évolutionner, c'est-à-dire manœuvrer pour gagner les flancs de l'ennemi. Après toute charge, on fera représenter le combat au commandement : *Mêlée*, et on ralliera tout son monde sur un front nouveau.

Tel serait à peu près le programme d'une présentation, programme qui laisse, on le voit, toute latitude, toute liberté d'action à l'esprit et à l'initiative de l'officier en ce qui touche l'arrangement des détails et l'ordre des évolutions. L'officier doit seulement avoir un peu de coup d'œil : il doit bien diviser son terrain, et la place ne doit jamais lui manquer.

La présentation de l'escadron offrira naturellement, quand on ne disposera que d'un terrain restreint et étroit, plus de difficultés que quand on pourra se servir de vastes espaces sur lesquels il est facile de manœuvrer, de vastes espaces qui seuls répondent au véritable esprit de notre arme.

Il faut alors, quand on sera arrivé à proximité des limites du terrain, faire exécuter un déploiement en bataille en ordre inverse; puis, dès que le dernier peloton sera entré en ligne, commander : *Front!* et porter la ligne entière en avant; on aura alors devant soi tout le terrain, on pourra alors faire exécuter toutes sortes d'évolutions. On peut encore dans ce cas faire rompre en arrière en demi-colonne, puis commander : *Front!* et se trouver par suite formé diagonalement.

Tout cela vaut mieux que les éternelles conversions à pivôt mouvant, qui peuvent passer, non sans raison, pour une preuve de la pauvreté d'esprit et du manque de coup d'œil et d'idée de l'officier. L'officier devra mettre tout son amour-propre à faire exécuter des changements de front et de direction rapides, imprévus, inattendus, des déploiements soudains sur l'un des flancs, mouvements qui tous font ressortir les qualités manœuvrières et la souplesse de la troupe, mouvements qui sont en tous points conformes à l'esprit de notre arme. C'est en cela que consiste l'un des principaux devoirs de l'officier.

Les évolutions suivantes, entre autres, peuvent être rangées parmi celles qui contribuent à assurer la rapidité du déploiement sur l'un des flancs.

a. a. Etant en ordre inverse, rompre à droite ou à gauche en demi-colonne; à la sonnerie : *Front!* les pelotons se portent par trois quarts d'à droite ou d'à gauche en bataille sur un front diagonal.

b. b. Se déployer en ordre inverse à la sonnerie : *Front!*

c. c. Exécuter dans la demi-colonne tous les mouvements dans lesquels il y a lieu pour rompre ou de converser ou de se ployer, et parmi ceux-ci les marches dans la direction indiquée par la tête.

l. Le fossé et la barrière devront jouer autant que possible, dans les évolutions, le rôle de défilé. On devra pendant les exercices mettre à profit toute occasion de sauter. Dans le cas où il serait difficile de procéder de la sorte en raison de la position même des obstacles, on ne fera sauter ces obstacles qu'à la fin de la séance, mais il est nécessaire de faire sauter les chevaux en présence de l'inspecteur.

m. L'officier doit, même quand il fait exécuter *les* mouvements les plus simples, les évolutions réglementaires, se considérer comme en présence de l'ennemi et manœuvrer en conséquence; il doit donner la mesure de l'habileté, de la souplesse, des qualités manœuvrières dont sa troupe ferait preuve devant l'ennemi.

Il en résulte par suite que l'école d'escadron ne doit être exécutée que sur l'ordre formel de l'inspecteur. C'est là d'ailleurs ce qui découle encore d'autres exigences.

n. Un des côtés servira de front principal, un côté adjacent de flanc, et l'on suppose que ces deux côtés sont menacés par l'ennemi; la moitié, au maximum de l'autre côté, c'est-à-dire la ligne, bissectrice de l'an-

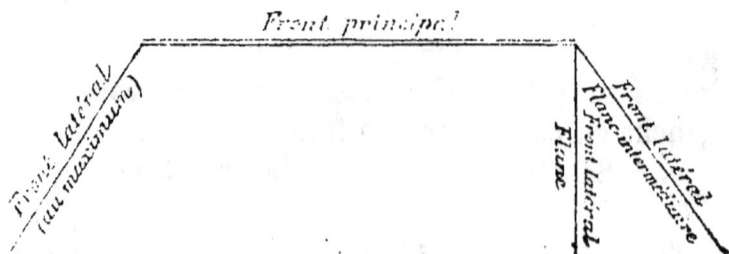

gle, pourra seule être considérée comme menacée ;
on obtient de la sorte *un front principal et trois fronts
latéraux*. Deux de ces derniers forment un angle obtus
avec le front principal et le troisième un angle droit
avec lui.

L'officier devra tenir compte de ces suppositions et
y conformer ses évolutions.

o. On ne devra jamais exécuter, parce que cette évolution est absolument invraisemblable, un grand mouvement de flanc en poussant en avant des flanqueurs,
qui, en décrivant un arc de cercle des plus étendus,
couvriront le front nouveau sur lequel l'escadron viendra
s'établir. Quand on exécutera de semblables mouvements de flanc, on pourra mieux dire : un pareil déploiement de l'escadron sur son flanc, lorsque l'escadron sera couvert en avant du front qu'il occupait
précédemment par des flanqueurs, il sera sage d'envoyer d'autres flanqueurs sur le front nouveau sur
lequel cet escadron viendra s'établir et de faire rallier les anciens flanqueurs sur le quatrième peloton
de l'escadron.

p. Quand, lors d'une inspection, on supposera un
combat en se basant sur certaines idées, on ne devra
jamais, parce que c'est là chose illogique et tout à fait
contraire à l'esprit et à la tactique de l'arme, arrêter
l'escadron et attendre qu'il ait été rallié par le quatrième peloton qui avait formé les flanqueurs, ou qui
avait débordé les ailes de l'ennemi, ou qui avait poursuivi cet ennemi. L'escadron, au contraire, devra se
porter en avant pour le recueillir, et on veillera strictement à ce que ce peloton oblique le plus rapidement
possible pour dégager le front et ne pas porter le désordre dans les rangs de l'escadron. Les flanqueurs et le
quatrième peloton devront donc obliquer d'une manière
assez sensible, comme le règlement le prescrit d'ail-

leurs (1) ; il est, en effet, logique de voir le quatrième peloton et les cavaliers détachés, au lieu de se rallier sur le front de l'escadron, au lieu de parcourir deux fois plus de chemin qu'il ne le faut et d'évolutionner en pure perte, obliquer vers les ailes, dégager le terrain dont l'escadron a besoin pour exécuter une charge en ligne, menacer en même temps les flancs de l'ennemi, et arriver sur ses flancs au moment où l'escadron l'attaque de front ; c'est là chose assez facile et qui fait sur l'ennemi beaucoup plus d'effet, que lorsque ce quatrième peloton et les cavaliers détachés viennent renforcer le véritable front d'attaque de l'escadron.

q. On devra faire exécuter, immédiatement après la charge, des évolutions ayant un caractère sérieux de vraisemblance ; ou bien l'ennemi a été repoussé, et alors on le fera poursuivre soit par des flanqueurs, soit par le quatrième peloton qui se jettera sur ses flancs, soit par l'escadron entier, qui se sera au préalable rallié rapidement à la sonnerie : *Refrain d'escadron !* ; ou bien la charge a échoué, et l'on devra se replier immédiatement *dans une direction perpendiculaire à celle du front d'attaque ;* la retraite devra être couverte dans ce cas, ou par des subdivisions encore intactes qui chargeront de flanc l'ennemi qui poursuit les troupes battues ou par des flanqueurs qui escarmoucheront avec cet ennemi, et dirigeront sur lui un feu bien nourri ; enfin, dans le cas où l'on n'aura sous la main ni flanqueurs, ni soutiens, ni réserves intactes, on devra, après s'être retiré pendant un certain temps et afin d'arrêter l'ennemi, détacher *en retraite* des flanqueurs, auxquels on ordonnera d'entretenir des feux nourris et de suivre à une certaine distance le mouvement rétrograde de l'escadron. Mais jamais il n'y aura lieu de se retirer, après

(1) **Règlement du 9 janvier 1873.**

la charge, dans une direction oblique, de faire soit en avant, soit en arrière, une conversion à pivot mouvant ou d'exécuter des évolutions, inapplicables en temps de guerre, en opposition radicale avec la réalité, complétement invraisemblables et qui ne servent qu'à donner une idée absolument fausse de la situation et des choses.

Tous ces mouvements, tant après que pendant la charge, doivent offrir l'image exacte de la réalité, doivent être l'expression réelle, exacte, d'une phase de combat. C'est là surtout ce qui doit apparaître lors d'une présentation, lors d'une inspection. Quand l'éducation de l'escadron sera parachevée, chacun des chefs devra supposer une idée en vertu de laquelle il manœuvrera, afin de se faire par la pensée une idée exacte des situations multiples qui se présentent en campagne. On ne se bornera donc plus à admettre dans le thème que l'ennemi se présente de front, ou sur le flanc qui forme angle droit avec lui, ou sur le flanc oblique intermédiaire entre ces deux lignes, qu'on ne saurait par suite se former que sur deux fronts qui se coupent à angle droit et sur un front diagonal intermédiaire entre eux. Le thème doit être plus vaste : on supposera, par exemple, que l'ennemi attaque de front, qu'il reçoit des renforts, qu'il fait un mouvement de flanc, qu'il exécute une feinte retraite pour nous attirer à sa suite et nous amener à prêter le flanc à une autre attaque, etc., etc.

En un mot, on devra supposer des hypothèses telles qu'elles se présenteront en campagne, des situations normales, et régler, en raison de ces hypothèses, les mouvements, les évolutions d'une manière absolument simple, absolument naturelle, telle qu'on le ferait dans la réalité pour parer aux différents incidents, pour faire face aux éventualités les plus diverses. Il est indispensable que l'officier s'imagine et croie qu'il se trouve dans chacune de ces situations, qu'il se représente et la situation dans laquelle il se trouverait et ce qu'il conviendrait de faire faire dans ce cas à son escadron, afin qu'il soit toujours maître de lui et à hauteur des circonstances.

Toutes les fois que les commandants procéderont de la sorte, ils développeront sensiblement l'instruction militaire de leur escadron; en se conformant à ces principes lorsqu'il s'agira de présenter leur escadron, ils recevront la récompense de leurs efforts et de leur peine; ils arriveront, et c'est là chose qui tient énormément à cœur à chacun d'eux, à présenter leur troupe sous un aspect pleinement favorable et satisfaisant.

Ce n'est qu'en se tenant à l'application consciencieuse de principes rationnels qu'on arrive à acquérir une routine réellement utile et profitable. Ce n'est qu'en s'assimilant ces principes, qu'en procédant systématiquement, que l'on arrive à pouvoir presque inconsciemment et d'instinct, agir dans le bon sens et prendre à propos, avec décision, sans perdre un temps précieux à de longues réflexions, les mesures nécessaires. Ce qu'il faut pour cela dès le principe, c'est l'école, c'est le système ; c'est alors qu'on pourra arriver à méditer, à s'assimiler ces principes, à les faire passer dans sa chair, dans son sang, à les appliquer en pratique, *à sa façon et avec une initiative et une indépendance complètes.*

5. — Exercices tactiques d'un ou plusieurs escadrons.

Tiré des circulaires du 14 juin 1872, 12 mai 1873, 12 septembre 1873, 3 juillet 1875.

L'instruction tactique de l'escadron comprend trois périodes :

La première de ces périodes est affectée exclusivement à l'exécution des formations prescrites par le règlement;

Dans la deuxième période, les évolutions sont moins nombreuses, par cela même qu'on s'occupe et du front et des flancs, qu'on se forme sur trois fronts au maximum, qu'on cherche à arriver à la représentation la plus exacte d'une phase de combat, surtout à propos de la charge, comme on a d'ailleurs prescrit de le faire lors des présentations.

Pendant la troisième période enfin, on suppose une idée réelle de guerre, une de ces situations dans lesquelles on peut se trouver pendant un combat, à laquelle il faut par suite adapter tous les mouvements; c'est la période la plus instructive et la plus intéressante pour les soldats comme pour les officiers.

Il sera bon, pendant la dernière période du travail du printemps, du travail sur le terrain, de donner certaines missions aux capitaines commandants, soit à chacun d'eux séparément, soit à deux d'entre eux qui opéreront l'un contre l'autre, soit à plusieurs de ces officiers qui devront se soutenir réciproquement, venir appuyer des escadrons déjà engagés avec les escadrons qui représentent l'ennemi. Tels sont les exercices qui constituent la troisième période de l'instruction des escadrons :

1º Pour ce qui est des devoirs du commandant d'escadrons dans le premier cas, des devoirs que lui crée une manœuvre contre un ennemi supposé, il faut évidemment que, quelque simples que puissent être les données du thème, cet officier agisse comme il le ferait, en réalité, en campagne. Ce qui dans les manœuvres peut et doit être fictif, c'est l'*ennemi ;* mais on ne doit jamais supposer un *terrain. Le terrain doit toujours être admis tel qu'il est.*

2º Dans le deuxième cas, on fait combattre deux escadrons l'un contre l'autre ; on pourra, par exemple, procéder de la manière suivante :

On place les deux escadrons, séparés par la plus grande distance possible, aux deux points diagonalement opposés du terrain ; on les forme, soit en bataille sur le terrain même, soit en colonne de route sur la route qui mène au terrain. Ces escadrons doivent alors continuer à couvrir leur ligne de retraite qui est située en arrière d'eux et perpendiculairement à leur formation primordiale, se rapprocher l'un de l'autre, évolutionner l'un contre l'autre, afin de chercher à se déborder mutuellement sur les flancs et à se charger. Chacun des chefs des deux troupes doit chercher à imposer certaines évolutions à son adversaire et éviter, en revanche, de s'en laisser imposer.

On doit admettre en principe qu'on ne peut plus rompre en colonne dès qu'on est arrivé à cinq cents pas de l'ennemi. Il est rare que dans les charges les deux troupes se rencontrent de telle manière que leurs ailes se couvrent exactement ; généralement, au contraire, on débordera sur les flancs et chaque chef de peloton doit, par suite, dès qu'il aura découvert la moindre trace d'une intention semblable dans les mouvements de l'ennemi, diriger de sa propre initiative un peloton, de façon à ne pas charger dans le vide, mais à tomber sur les flancs ou sur les derrières de l'ennemi. Dix hommes qui chargent l'ennemi de flanc, font plus que cent hommes qui le chargent de front.

3° Quand on donne à plusieurs escadrons (généralement à deux), des ordres différents mais tendant à un but unique, quand ces escadrons doivent se prêter un mutuel appui et résister à un ou deux autres escadrons, il y aura, en général, lieu d'appliquer les principes indiqués ci-dessus au 2°. L'un des escadrons, formant dans ce cas la deuxième ligne, marchera à distance de ligne, c'est-à-dire à 250 ou 300 pas en arrière du premier escadron, soit directement derrière lui, soit en le débordant légèrement, mais sans jamais diminuer cette distance, afin de ne pas être entraîné malgré lui dans le combat que livre le premier escadron. Si le premier escadron ne s'est pas encore engagé, la deuxième ligne se conforme à ses mouvements; au contraire, si le premier escadron s'est engagé, la deuxième ligne peut, ou le soutenir avec une partie de son monde afin de décider l'issue du combat en tombant sur les flancs et sur les derrières de.l'ennemi, ou se tenir prête à recueillir la première ligne et à charger de flanc les troupes ennemies qui poursuivent le premier escadron. Mais, toutes les fois qu'on ne *disposera pas d'une troisième ligne,* on ne devra jamais engager la totalité de la deuxième ligne; ce serait, en effet, agir en opposition complète avec la destination de cette deuxième ligne, qui a pour mission de dégager et de soutenir la première. C'est de la sorte qu'on doit procéder, en général, pour apprécier sainement la situation; le jugement qu'on portera sur les chefs en dépend.

On doit faire combattre fréquemment les escadrons les uns contre les autres, et les capitaines commandants doivent bien se convaincre que tout mouvement de la troupe doit être l'expression d'une idée, d'une intention de son chef, idée fausse ou juste, nette ou vague, qui prouve dans ce dernier cas que l'on ne sait guère ce que l'on veut faire. L'indécision est le plus grave des défauts pour un officier de cavalerie. Mieux vaut rester en place que faire pivoter de côté et d'autre, que se porter en avant pour reculer quelque temps après, que faire exécuter des évolutions indécises et confuses.

Il sera bon aussi, pendant ces exercices tactiques, d'habituer fréquemment les troupes à se déployer rapidement à l'entrée d'un défilé; c'est là un mouvement qui doit devenir pour elles une deuxième nature; les chemins qui mènent au terrain d'exercice permettent toujours d'exécuter ce déploiement. Chacun des pelotons doit être déployé *immédiatement* et sans retard, dès que les dimensions du terrain le permettent; il en est de même pour chacun des escadrons. C'est là un déploiement que l'on doit faire journellement et qui doit s'exécuter avec la plus grande rapidité, afin d'allier *l'ordre le plus parfait à la vitesse la plus grande.* L'ordre et la vitesse sont deux facteurs inséparables et solidaires l'un de l'autre; s'il faut céder quelque peu sur l'un de ces deux points si importants, ce sera alors sur la vitesse que devra porter la concession, par cela même qu'il est indispensable de maintenir toujours *l'ordre le plus parfait.* Mais il faut tendre néanmoins à arriver à l'alliance la plus absolue, la plus intime, *de l'ordre et de la vitesse.* Le meilleur moyen pour y arriver consiste à prendre *les chemins les plus courts,* à adopter *les formations les plus simples.* Ces formations sont celles qui permettent à la troupe, quel que soit l'ordre dans lequel elle se trouve, et dans n'importe quelle situation, de passer le plus rapidement de l'ordre en colonne à l'ordre en ligne et réciproquement : ces chemins sont ceux qui mènent sans détour sur le point qu'on se propose d'atteindre; ce sont donc les lignes obliques, diagonales et non les routes à angle droit. L'escadron qui prend les chemins les plus courts et les formations les plus simples est celui dont l'éducation est la plus complète.

III. — Le Régiment.

1. — Aperçus préliminaires.

Tiré des circulaires des 9 juillet 1873, 3 juillet 1874, 3 août 1874,
3 juillet 1875.

Afin de se préparer plus logiquement aux manœuvres de régiment proprement dites, afin d'avoir moins à faire à ce propos, afin d'arriver à acquérir, même avant de commencer ces manœuvres, un certain degré de sûreté tant dans les évolutions de plusieurs escadrons placés sous les ordres d'un seul chef que dans la manière dont chacun des capitaines commandants dirigera son escadron considéré comme faisant partie intégrante du régiment, afin que ces exercices éprouvent moins les chevaux, afin de se présenter lors des grandes manœuvres d'automne dans l'état le plus satisfaisant possible, il est, selon moi, absolument indispensable de faire, toutes les fois que la chose sera possible, et qu'on se trouvera dans des circonstances normales, exécuter des manœuvres de régiment au moins une fois par semaine, à partir du mois de juillet, aux escadrons stationnés dans la même garnison.

On réussira de cette manière à familiariser complétement les capitaines commandants avec l'école de régiment, avant que s'ouvre la période de ces évolutions, à leur inculquer une connaissance approfondie des devoirs que leur impose pendant ces exercices la conduite de leur escadron, et c'est là une chose indispensable, capitale, un point essentiel. Les manœuvres de régiment proprement dites ne serviront plus dès lors qu'à développer l'habileté des officiers, qu'à les amener à comprendre vite, à prendre de suite une résolution en présence de cas extraordinaires, de mouvements non prévus par le règlement, à augmenter la mobilité, la souplesse, la rapidité, les qualités manœuvrières de la troupe.

Il faut pour cela manœuvrer et évolutionner sans donner à l'avance aucun thème, précisément afin que chacun des chefs en sous-ordres ignore complétement ce qu'il sera chargé de faire. On devra procéder de même lors de la présentation des régiments, se garder d'établir ou de communiquer un dispositif écrit ou verbal, de se préparer, par une ou plusieurs répétitions générales, à l'exécution de ce que l'on fera. Personne ne doit savoir ce qui va se passer. Tout doit être nouveau pour chacun.

Tous les commandements doivent alors se faire sans préparation antérieure, alors seulement que tout le monde sera à cheval; il faudra se conformer uniquement aux commandements et aux sonneries. Une faute vient-elle à se produire, soit par suite d'un malentendu, d'une sonnerie ou d'un commandement mal interprétés, c'est alors chose insignifiante, et en tout cas infiniment préférable à une exécution correcte, mais essentiellement mécanique, de mouvements qu'on a répétés fréquemment et qui sont prévus et réglés par un programme écrit. L'officier qui, ayant commis une faute, réussit à la corriger rapidement et habilement, donnera alors une idée très-favorable de la souplesse, des qualités manœuvrières de sa troupe, de son jugement, de son initiative. Des faits de ce genre contribueront à faire porter un jugement des plus flatteurs et sur l'officier et sur la troupe.

2. — Principes essentiels et conditions fondamentales des manœuvres de régiment.

Tiré des circulaires du 22 juillet 1872, 17 avril 1872, 9 juillet 1873, 14 juillet 1873, 22 juillet 1873, 25 juin 1874, 20 août 1874 et 3 juillet 1875.

a. Un principe essentiel à mes yeux, c'est que *l'escadron sera et restera toujours l'unité tactique indépendante,* et qu'on se gardera d'exagérer la minutie qui consiste à vouloir que les intervalles entre les escadrons soient toujours observés. Le régiment n'a pas besoin de marcher avec ses cinq escadrons, comme un escadron avec ses quatre pelotons ; les escadrons, considérés chacun isolément, sont des unités parfaitement constituées. Voilà à mes yeux un principe fondamental qu'on ne saurait trop prendre en considération. Plus chacun de ces escadrons possédera, chacun pour soi, de cohésion et d'indépendance, lors des évolutions de régiment, et plus les différents mouvements de l'école de régiment, et surtout les mouvements essentiels, ceux en ligne déployée s'exécuteront avec calme, avec sûreté et en bon ordre. Il ne doit se produire ni flottement, ni hésitation dans les escadrons, ils n'auront ni à s'éviter, ni à serrer les uns sur les autres, chacun d'eux, sans se laisser impressionner ni émouvoir par quoi que ce soit, marchera sûrement et fermement droit devant soi, chacun des changements de direction se fera avec netteté et rapidité.

Pour cela il faut que chacun des capitaines commandants mène son escadron d'une main sûre et que les gradés des ailes ne se rapprochent ni ne s'éloignent sous aucun prétexte des escadrons voisins pour conserver leurs intervalles ; c'est là en effet ce qui rompt les escadrons. Ces gradés doivent au contraire, sans se préoccuper de l'accroissement ou de la diminution des intervalles, conserver constamment le rhythme et la direction et se régler à cet effet sur les chefs de peloton. Le capitaine commandant fait à l'école de régiment un commandement discret toutes les fois que dans l'intérêt même de la cohésion de l'ensemble il croit devoir se rapprocher de l'escadron voisin ; mais ce n'est pas là une raison pour croire qu'il importe par-dessus tout de conserver toujours les intervalles. Toutes les fois que chacun des escadrons marchera correctement dans la direction générale, aucun d'eux n'aura besoin d'obliquer ; il s'agit donc avant tout de pouvoir prendre rapidement et exactement la direction. Ce n'est que lorsqu'on observera scrupuleusement ces principes qu'un gros corps de cavalerie pourra se mouvoir en bon ordre dans un terrain coupé et accidenté.

Même en place, il sera contraire à l'esprit de l'arme de chercher à diminuer les intervalles par des à-droite ou des à-gauche, des demi-à-droite ou des demi-à-gauche ; on fera beaucoup mieux d'attendre les commandements et de porter remède à ces défauts en obliquant lorsqu'on marchera en avant ou en retraite.

Il va de soi que dans la formation de parade, les intervalles d'escadron ne doivent pas être supérieurs à six pas.

b. Je recommande ensuite de veiller à ce que, dans les marches directes, *le deuxième rang conserve son indépendance*, à ce qu'il reste à la distance voulue, au galop à deux pas, pour les uhlans à trois pas quand on croise la lance. Il importe de veiller rigoureusement à l'observation de ce principe et d'en rendre les maréchaux de logis chefs personnellement responsables. Dès qu'on perdra de vue, qu'on violera ce principe, les marches directes seront absolument dépourvues de calme, d'ordre, de sûreté, et cependant l'application de ce principe fondamental laisse souvent beaucoup à désirer.

c. J'insiste également sur la nécessité pour tous les escadrons, lorsqu'ils suivront des directions diagonales obliques, *de prendre les chemins les plus courts, d'exécuter les évolutions les plus simples*, afin d'arriver *le plus rapidement, le plus directement possible* sur le point voulu, sans s'occuper de savoir si le régiment se trouvera formé en ordre inverse ou en ordre naturel. C'est là en effet une considération tout à fait secondaire. La seule chose essentielle, *c'est la conservation de l'ordre, de la cohésion*. On cherchera à augmenter le plus possible la rapidité, à la développer à l'extrême, sans toutefois compromettre par là *le maintien de l'ordre*. Ce n'est qu'en procédant de la sorte que nous arriverons à éviter ce reproche le plus dur à entendre pour notre arme : *Trop tard!*

Il faut par suite, et il importe d'y exercer fréquemment les escadrons, éviter les mouvements inutiles. Plus de détours, plus de chassés-croisés en avant, en arrière, à droite, à gauche, pour changer de formation; il faut choisir les évolutions les plus simples pour arriver rapidement sur le point voulu, pour prendre la formation prescrite.

Par exemple, si les escadrons ont à s'aligner en arrière, les escadrons ne doivent pas dépasser le front et se porter ensuite en avant; il faut qu'après le demi-tour on n'ait pas à commander en avant, mais rien que : *Halte! Alignement!* Ce sont là en effet des lacunes qu'on ne saurait tolérer, des licences inutiles et contraires à l'esprit de l'arme, qui font perdre du temps, qui sont une preuve patente du manque de précision et d'exactitude.

De même, lorsqu'après avoir terminé les manœu-

vres on commandera de se former sur un certain
point et dans un certain ordre pour défiler, il faudra
que l'évolution se fasse le plus rapidement possible.
Rien n'est plus pénible, plus lamentable que de voir la
cavalerie perdre un temps précieux et commettre des
fautes quand on lui donne un ordre semblable.

Chacun des chefs doit s'orienter au plus vite, prendre son parti rapidement, pour ainsi dire sans réfléchir, et procéder immédiatement à l'exécution. C'est
là chose que nous ne saurions trop recommander à nos
lecteurs et sur l'importance de laquelle nous ne saurions trop insister. La mobilité et la rapidité sont pour
notre arme des éléments vitaux qui seuls lui permettent de prétendre au succès.

Je résume donc les trois points qui précèdent :

1º L'escadron est et demeure l'unité tactique fondamentale nécessaire au maintien de l'ordre et de la cohésion indispensables pour l'exécution du plus important de tous les mouvements, la marche directe.

2º Le deuxième rang reste à sa distance, à deux
pas quand on marche au galop et suit vigoureusement le mouvement du premier rang pendant la
charge.

3º On évitera avec soin les mouvements inutiles, les
allées et les venues, l'incertitude, le manque de précision dans les évolutions. Prendre les chemins les plus
courts, choisir les évolutions les plus simples.

d. On veillera scrupuleusement et rigoureusement à
ce que dans tous les exercices on conserve *un rhythme
égal, uniforme, une direction constante,* bases fondamentales sur lesquelles reposent l'ordre et la sûreté. C'est
là chose que je ne me lasserai pas de répéter.

Se produit-il quelques fautes légères, elles ne prendront jamais de proportions inquiétantes, elles ne se

18

propageront jamais jusque dans les autres escadrons, pourvu que l'on conserve le rhythme.

Afin de bien faire prendre la direction, le commandant du régiment devra, dans les marches en avant et en retraite, *indiquer et toujours à haute voix les points* qui serviront d'objectifs; il désignera de même l'escadron qui servira d'escadron de direction et sur lequel on prendra les distances quand on sera formé en ligne de colonnes. Ce sont là des indications indispensables qu'on ne saurait omettre, par cela même qu'elles épargnent une foule de commandements et qu'elles préviennent le désordre. Selon que le terrain ou les mouvements de l'ennemi le rendront nécessaire, on donnera à cet escadron un nouveau point de direction et les escadrons suivants marcheront alors dans la nouvelle direction et prendront leur distance sur cet escadron, sans qu'il soit besoin ni de nouveaux commandements, ni de nouvelles indications.

Le capitaine commandant un escadron d'aile sur lequel on doit prendre l'alignement de pied ferme commettrait une faute des plus graves *en faisant sortir* le chef du deuxième peloton à partir de l'aile de direction; il entraînerait de la sorte le régiment à faire un à-droite ou à-gauche; il violerait le principe si important de la conservation de la direction, causerait la disparition de la cohésion du régiment, par cela même que les intervalles d'escadron s'augmenteront et que ces mouvements de demi-à-droite ou à-gauche créent des vides dans la formation. Il faut donc absolument proscrire cette manière de faire, et quand le capitaine commandant voudra faciliter l'alignement, il devra faire sortir *les deux chefs de pelotons les plus voisins* de l'aile sur laquelle se prend cet alignement.

e. L'inversion devient un fait habituel, un principe, par cela même qu'étant en colonne, on se déploiera toujours à la sonnerie *Front!* du côté de l'ennemi, et pendant les manœuvres, du côté des chefs, sans s'occuper nullement si par suite de ce mouvement on se *trouvera formé en ordre naturel ou non*. Non-seulement on développe de la sorte les aptitudes manœuvrières de la troupe, mais on supprime et on fait disparaître, de plus, toute cause d'erreurs et de malentendus par cela même que la sonnerie *Front!* a cessé de correspondre à une formation en ordre naturel.

f. Il est important que *tous les escadrons du régiment formé en colonne se trouvent à une distance égale*. Si, par suite d'une cause quelconque, d'un détachement par exemple, un de ces escadrons ne se trouve pas à sa distance normale, le capitaine commandant doit reconnaître immédiatement l'existence de ce fait et profiter avec tact et intelligence d'une des premières évolutions du régiment, pour reprendre sa distance sans qu'on s'en aperçoive et par les moyens les plus simples. L'inégalité des intervalles ne saurait jamais amener une collision, un choc entre les escadrons, par cela même qu'on déploie la ligne de colonnes sans s'occuper des intervalles, et indifféremment que l'on ait rompu par la gauche, ou par pelotons demi-à-droite ou demi-à-gauche, du côté même sur lequel s'est faite la rupture.

g. Dans tous les déploiements il est indispensable *de ne former le régiment en bataille qu'après avoir au préalable déployé les escadrons*, afin de former un front le plus rapidement possible, fût-ce même par échelons.

h. *L'action des officiers de tout grade sur leur troupe*, soit qu'il s'agisse de faire exécuter de nouvelles évolutions, de changer de direction, de converser par la tête de la colonne, soit au contraire qu'il s'agisse d'empêcher la propagation d'une faute ou de réparer une erreur de direction, *devra être immédiate, aussi rapide, aussi énergique que possible*.

i. **Dans** le cas où le commandant du régiment **ne donnerait** que *des ordres succincts*, il sera sage de **sa** part de ne point réunir auprès de lui les capitaines commandants ; il devra penser que l'exécution **sera** alors plus rapide, se contenter de faire les commandements en avant du front.

k. Afin de prévenir autant que possible toute cause de malentendu et d'introduire dans l'instruction et dans le commandement les abréviations si nécessaires au moment de l'action, il est indispensable d'adopter une *certaine terminologie, des désignations techniques* pour les mouvements, pour les formations, pour les évolutions dont l'usage est le plus fréquent.

Voici d'ailleurs les plus importants de ces termes techniques :

a. *Protection des flancs :* Vers l'extérieur, pour se couvrir contre l'ennemi qui attaque un de nos flancs.

b. *Attaque de flanc :* vers l'intérieur, pour déborder l'ennemi qui nous attaque de front.

c. *Flanc droit, flanc gauche :* Il s'agit ici de *notre* flanc et non de celui de l'ennemi.

d. *Ligne de colonnes :* Disposer parallèlement les uns à côté des autres, les escadrons formés en colonne avec distance.

e. *Colonne serrée (Masse) :* Les escadrons sont disposés les uns à côté des autres, en colonne avec distance, mais sans laisser d'intervalle entre eux.

f. *Colonne avec distance :* Le régiment entier est formé en colonne avec distance.

g. *Colonne de régiment :* Les escadrons les uns à côté des autres.

a. a. Déployée avec intervalle de déploiement.

b. b. Serrée à distance de peloton.

La ligne de colonnes et la colonne serrée seront d'un emploi plus fréquent que les colonnes de régiment, mais il est bon de considérer que la colonne serrée n'est rien autre que la colonne de régiment ayant rompu par pelotons vers l'un de ses flancs.

l. Il est indispensable que les officiers sachent bien employer tous ces termes, afin qu'il soit possible d'éviter les malentendus, cette cause si funeste de désordres.

Si, par exemple, au lieu de *Colonne avec distance* et de *ligne de colonnes* on commande *Colonne avec distance par escadron,* on cause évidemment un malentendu, et le mot *peloton* doit disparaître absolument de ces commandements. C'est là une erreur encore assez fréquente, et nous ne saurions trop nous attacher à l'exactitude, à la correction la plus grande dans le commandement.

m. Toutes les fois que faire se peut, il faudra préférer les sonneries aux commandements et les officiers devront, dans l'intérêt même de la rapidité de l'exécution et de la transmission de l'ordre, faire un emploi des plus étendus des sonneries.

n. Les trompettes chargés d'exécuter les sonneries devront sonner en tournant le pavillon de leur trompette *du côté de la troupe :* si la sonnerie n'a pas été comprise, ils devront d'eux-mêmes la recommencer de suite. Les trompettes des capitaines-commandants doivent répéter presque immédiatement cette sonnerie. Les trompettes des ailes ne répètent pas les sonneries qui comportent l'exécution d'une évolution, afin précisément d'éviter toute cause de retard dans ces évolutions.

Une sonnerie d'escadron ne sera faite et répétée que par les trompettes de cet escadron.

o. La sonnerie *Serrez!* sera employée pour faire passer de la ligne de colonnes à la colonne serrée, parce que ce mouvement est aujourd'hui d'un usage fréquent, à cause même de la place proéminente prise dans la tactique actuelle par la ligne de colonnes : il est donc nécessaire d'affecter une sonnerie à cet effet, et l'on évite de la sorte l'introduction d'une sonnerie nouvelle; enfin, bien que cette sonnerie ait une double signification, on ne court nullement le danger d'amener de la sorte des malentendus. Il faudra faire exécuter la même sonnerie pour passer de la colonne en distance à la colonne serrée.

p. Quand, étant en colonne serrée, on veut faire des mouvements soit en arrière, soit vers l'un des flancs, et quand on fait sonner : *Front !* le déploiement se fait comme lorsqu'on est formé en ligne de colonnes, dans la direction *de l'ennemi*, c'est-à-dire dans la direction du chef qui a fait sonner : *Front !*

q. Quand, étant en bataille, on a fait rompre par escadron, on ne devra jamais, à la sonnerie *Front !* passer directement de la colonne par escadron à distance entière à la formation en bataille. A cette sonnerie on devra revenir à la ligne de colonnes faisant face du côté de l'ennemi, c'est-à-dire du chef qui a fait sonner *Front !* sans se préoccuper de ce que l'on a formé la colonne par escadron, par une rupture à l'aide d'une conversion par escadron.

r. Toutes les fois que dans la formation au trot et au galop on interrompra le mouvement par la sonnerie *Front !* faite avant que le dernier peloton soit arrivé en ligne, avant que tous les pelotons aient conversé, par cela même qu'il importait de se déployer vivement sur un nouveau front, il faut, pour éviter toute cause, toute possibilité de malentendus, que, conformément au principe en vertu duquel le déploiement se fera toujours sur le chef qui a fait exécuter la sonnerie, c'est-à-dire du côté de l'ennemi, il faut, dis-je, que l'on sonne : *Front !* **en avant de** *celle des fractions* **du régiment qui a déjà** exécuté *sa conversion à pivot mouvant, qui se trouve par suite établie dans la direction nouvelle,* précisément afin de pouvoir indiquer par là au reste du régiment, qui n'a pas encore conversé, la ligne sur laquelle il devra venir se former.

s. La poursuite de l'ennemi par les escadrons des ailes à la sonnerie : *Fanfaro !* est désormais chose prescrite par le règlement (1).

Les escadrons qui exécutent la poursuite ne doivent pas couvrir le front du régiment entier, ils ont simplement à se porter *droit devant eux* en ordre dispersé.

t. Ce que je recommande surtout, c'est de faire une foule de mouvements sur la diagonale, sur les lignes obliques, d'habituer par des exercices constants la troupe à se conformer aux sonneries faites par le trompette du régiment, de faire exécuter fréquemment les mouvements sur deux lignes, sur un rang et particulièrement de se familiariser avec la demi-colonne. Tout cela absorbe complétement le temps dont on dispose, pour peu qu'on veuille arriver à la sûreté absolue si indispensable d'ailleurs : il importe donc de laisser de côté, de proscrire tout ce qui est superflu et inutile, tel que les déploiements de pied ferme, les ruptures et formations de pied ferme, les conversions du régiment sur un escadron des ailes, les déploiements par peloton et par escadron. En revanche, on devra simuler, après une charge, la mêlée telle qu'elle se présenterait dans la réalité, afin d'habituer la troupe au désordre inséparable d'un combat de ce genre, faire exécuter fréquemment des *rallie-*

---

(1) Titre V de la nouvelle édition du Règlement d'exercices de la cavalerie du 9 janvier 1873, approuvé par l'Empereur le 4 juin 1874.

ments *rapides* dans n'importe quelle direction, en avant ou latéralement, mais toujours sur l'officier. Après une charge en fourrageurs ou la mêlée, il sera bon de donner le signal du ralliement en faisant sonner le *refrain du régiment !* dans la direction même dans laquelle se portera le commandant du régiment, dans la direction qu'il indique avec la pointe de son sabre. Afin que ce point de ralliement soit marqué d'une manière plus apparente, il sera bon d'y porter l'étendard et deux sous-officiers qui se placeront derrière le colonel. Les capitaines commandants feront aussitôt sonner le *refrain de l'escadron*, afin de mieux indiquer à leurs hommes la direction dans laquelle ils devront se rallier. Quand on aura chargé en ordre inverse, on se reformera au moment du ralliement *en ordre inverse*. C'est là un principe absolu.

3. — Directives relatives à l'exécution des mouvements et évolutions les plus importantes.

Tiré des circulaires du 22 juillet 1872, 31 juillet 1872, 17 août 1872, 9 juillet 1873, 22 juillet 1873, 3 juillet 1874, 23 juillet 1874, 3 août 1874, 19 juin 1875.

a. — Marches directes.

Les marches directes sont régies par les principes suivants : On doit tenir rigoureusement la main à ce que chaque escadron marche bien droit devant lui et pour son propre compte, tout comme s'il ne faisait pas partie du groupe du régiment ; il faut, par suite, que les sous-officiers des ailes reçoivent l'ordre de prendre les *points de vue*, les points de direction indiqués par le capitaine commandant, de ne jamais s'en écarter sous le prétexte que les intervalles ont disparu momentanément ou ont cessé d'être de six pas. Les intervalles

sont faits précisément pour que les fluctuations inévi
tables qui se produisent dans les escadrons voisins,
n'exercent aucune influence et ne se propagent pas sur
les escadrons voisins. Les cinq escadrons du régiment
ne marchent pas les uns à côté des autres comme les
quatre pelotons d'un escadron; chacun d'eux forme
une unité tactique indépendante. Quand ces intervalles
viennent à s'accroître d'une manière constante, ou bien
quand un escadron oblique du côté de l'escadron voisin à un point tel que l'intervalle devient par trop
insuffisant, l'officier qui commande cet escadron y
remédie en faisant obliquer par un demi-à-droite ou
un demi-à-gauche, mais dans ce cas encore il faudra
se garder d'obliquer *trop tôt*, parce qu'en général une
poussée dans un sens est suivie par une poussée dans
le sens opposé, et que la faute se propage alors jusque
dans les autres escadrons, et ce sont ces ondulations
que l'existence des intervalles est destinée à prévenir.

Ce ne sont là que des faits essentiellement exception-
nels qui ne doivent pas se produire quand on a affaire
à des escadrons bien instruits, bien dressés, qui marchent bien droit devant eux et qui n'obliqueront inconsciemment ni à droite dans une marche directe en
avant, ni à gauche dans une marche en retraite. Le
meilleur moyen de remédier à ces fluctuations du régiment vers la droite ou vers la gauche, consiste à faire
prendre toujours la direction, dans les marches directes
du régiment, comme dans les charges, sur le centre (1),
c'est-à-dire sur le troisième escadron à partir de l'aile
droite. Toutes les fautes qu'on commet sont alors moins
graves, par cela même que le front est moins grand,
puisqu'il est réduit de moitié.

------

(1) C'est d'ailleurs ce que prescrit le Règlement du 9 janvier 1873..
Ces directives sont antérieures à la publication de ce Règlement.

Le parallélisme du mouvement est encore plus nécessaire pour les marches directes du régiment que pour
les marches directes d'escadrons isolés, pour peu toutefois qu'on tienne à exécuter avec calme, avec sûreté,
en bon ordre et aux allures vives, ce mouvement le
plus important de tous, ce mouvement dont dépend
exclusivement la bonne exécution de la charge, l'élément vital proprement dit de notre arme. Plus la ligne
est longue, plus le mouvement devient difficile, et ce
n'est que grâce à l'observation rigoureuse des principes rationnels, des principes fondamentaux que le
mouvement peut s'exécuter correctement. Pour cela il
faut avant tout que *chacun des escadrons marche avec*
indépendance et sûreté, qu'on ne tolère d'infraction aux
principes que dans le cas où cette violation est indispensable au maintien de l'ordre général de l'ensemble.

L'accroissement des intervalles est moins nuisible
que la perte de la cohésion, de l'ordre, du calme dans
le sein même des escadrons; il faut avant tout que
les escadrons se meuvent avec une sûreté complète,
avec une cohésion constante qui ne doit jamais se
perdre.

Si chacun des escadrons marche à une allure irrégulière, le commandant du régiment arrivera sans grande
peine à rétablir une allure régulière. De même que les
fluctuations d'un escadron vers la droite ou vers la gauche ne doivent pas se transmettre aux escadrons voisins,
de même aussi ces fluctuations ne doivent pas se produire
en avant et en arrière. Les escadrons voisins ne doivent
pas se laisser induire en erreur par ces ondulations, et
doivent continuer à se porter en avant à une allure toujours égale, sans se laisser entraîner par ces flottements. Il en résulte alors que les deux ailes du régiment continuent à marcher toujours à la même allure,

qu'on n'exécute aucun changement involontaire de di·rection, et qu'après avoir marché mille pas, le régiment se trouvera formé sur une ligne parallèle à celle qu'il occupait avant de commencer la marche directe.

Comme nous l'avons déjà dit, la marche directe est un élément vital pour notre arme ; c'est grâce à l'exécution correcte des marches directes qu'on parvient à pouvoir évolutionner rationnellement devant l'ennemi ; il faut donc s'exercer avec un soin tout particulier à l'exécution fréquente de ces marches directes, surtout des marches au galop.

On doit tendre à obtenir et à *développer la vitesse* tout en s'efforçant de maintenir constamment *l'ordre et le calme*, aucun escadron ne doit s'échapper quand on marche au galop allongé, ne doit faire naître la crainte de le voir échapper à la main de son chef. Jamais un escadron ne devra prendre contre la volonté de son chef le galop de carrière, sans qu'on ait fait le commandement ou la sonnerie de la charge.

b. — Mouvements en colonne.

a. a. En ligne de colonnes.

La formation en ligne de colonnes présente de grands avantages : elle permet au capitaine commandant d'avoir toujours sa troupe dans la main, d'y maintenir l'ordre, qui est menacé dans la formation en ligne, par cela même que le désordre qui se produit dans l'un des escadrons se propage et se transmet plus facilement, quand on est déployé en bataille, aux escadrons voisins. Cette formation se prête merveilleusement aux mouvements en terrain varié, permet de profiter sans peine de tout le terrain accessible, d'éviter en ne faisant que de petits détours insignifiants les parties impraticables du terrain. Les escadrons, dans ce dernier cas,

se rapprocheront les uns des autres, et dès qu'on aura
dépassé l'obstacle, on reprendra les intervalles réglementaires; on a toujours assez de place et d'espace
pour cela. Les marches en avant sous le feu de l'ennemi coûtent moins de monde en ligne de colonnes
qu'en bataille; il est donc avantageux, lorsqu'on
s'avance à l'attaque, de rester aussi longtemps que possible en ligne de colonnes. On peut, en ligne de colonnes, exécuter des changements de front bien plus
facilement qu'en bataille; cette formation présente en
outre l'avantage de laisser assez d'intervalle entre les
escadrons, pour que des escadrons repoussés puissent
traverser les intervalles, bien qu'en règle générale les
lignes ne doivent jamais se traverser, parce que l'ennemi qui poursuit les cavaliers repoussés parviendrait
trop facilement à pénétrer à leur suite dans les intervalles.

b. b. En colonne serrée.

La colonne serrée, par cela même que la formation
est compacte, facilite énormément les manœuvres; il
suffit en effet, pour la mouvoir, de diriger judicieusement la tête.

Les mouvements en colonne serrée ont une valeur
considérable, d'abord parce qu'on aura souvent lieu
d'évolutionner en masse en temps de guerre, ensuite
parce que cette formation permet d'égaliser sans peine
le *ryhthme des différents escadrons*, de rendre les escadrons *souples et mobiles* de tous les côtés, de les habituer à se mouvoir avec sûreté dans les *huit directions
différentes* sur le terrain d'exercices (les quatre directions droites et les quatre directions obliques).

On arrivera à ce but en se portant par peloton au
trot sur l'alignement, en faisant exécuter des conversions à pivot mouvant; mais ces moyens devront

succéder à l'emploi des mouvements en colonne serrée, parce que ces derniers mouvements sont plus difficiles à exécuter que ceux en colonne serrée. La colonne serrée n'est, en effet, rien autre que la masse qu'on a fait rompre par peloton vers l'un de ses flancs. Le régiment, quand il est formé en colonne avec distance, occupe une trop grande profondeur; il en résulte qu'il se produit facilement des oscillations dans le rhythme quand on n'a pas eu le soin de consacrer le temps et l'attention voulus à ces exercices; il en est de même pour les changements, pour les flottements qui se produisent dans la direction, flottements qui exercent une action des plus nuisibles sur les alignements au trot et au galop, ainsi que sur les marches directes qui suivent ces alignements.

c. c. En colonne avec distance.

Cette colonne sert surtout pour les mouvements vers l'un des flancs, qui sont liés intimement avec les changements de front. Elle s'applique donc surtout à la deuxième ligne qui est formée en ligne de colonnes. Après avoir fait passer de la ligne de colonnes à la colonne avec distance, l'officier donne une direction à la tête, ou lui fait faire une conversion à pivot mouvant, commande des alignements au trot, au galop, puis il déploie la colonne et fait enfin exécuter la charge.

Il arrivera alors, et c'est chose inévitable, que l'on se déploiera en ordre inverse, qu'on chargera dans cet ordre; il faudra donc qu'on répète fréquemment ces mouvements. Par exemple : on s'est formé en ligne de colonnes par la droite (sur le 1er escadron) et il est nécessaire de menacer le flanc droit de l'ennemi, il faut donc exécuter une marche vers le flanc gauche; les têtes des escadrons conversent à gauche; il en résulte que les premiers pelotons des escadrons se trou-

vent en tête, et qu'au moment du déploiement les
4es pelotons de chaque escadron se formeront à leur
droite. Il en est de même quand on s'est formé en ligne
de colonnes par la gauche (sur le 5e escadron), et quand
on exécute un déploiement au trot ou au galop pour
menacer le flanc gauche de l'ennemi. Les 4es pelotons
se trouvent alors en tête et occupent la droite quand
on se déploie.

La colonne avec distance étant très-mobile, et comme
il est toujours facile de donner à la tête une direction
rationnelle, on fera fréquemment usage en campagne
de cette formation, qui permet d'exécuter rapidement
une marche de flanc.

d. d. En demi-colonne.

Les mouvements en demi-colonne par peloton et par
escadron sont extrêmement utiles pour exécuter des
mouvements de flanc en avançant et pour gagner les
flancs de l'ennemi; je recommande donc d'attacher une
grande attention, une attention toute particulière, à
ces mouvements. Il faut donc que le travail en demi-
colonne se fasse d'une manière rationnelle, et tous ces
mouvements doivent s'exécuter sans flottement.

**c. — Formation des principales colonnes et passage
d'une de ces colonnes à une autre.**

a. a. Formation en ligne de colonne.

1° Etant en colonne serrée.

Pour passer en marchant de la colonne serrée formée à l'aide d'une rupture par pelotons ou de la
colonne par escadrons à distance entière à la ligne de
colonne, le commandant du régiment commande ou
fait sonner: En ligne de colonnes! et les capitaines

commandants font immédiatement les commandements voulus.

L'escadron de direction (ce sera le 3e escadron, toutes les fois qu'on n'en aura pas désigné un autre) se porte en avant au trot jusqu'à ce qu'un autre escadron ait pris de chaque côté de cet escadron son intervalle réglementaire et que les chefs de ces escadrons aient fait au moment où ils arrivent à hauteur le commandement : *En avant!* A ce moment le chef de l'escadron de direction commande : *Au pas!* Les autres escadrons font un demi-à-droite (ou à-gauche) au trot jusqu'à ce qu'ils aient gagné leur intervalle et entrent en ligne au commandement : *En avant!*. Si l'on se forme sur l'un des escadrons des ailes qu'il faudra désigner dans ce cas, le chef de cet escadron commandera : *Au pas!* dès que le chef de l'escadron voisin fait, en entrant en ligne, le commandement : *En avant!*

La formation se fait de la même manière de pied ferme ; les escadrons, qui se forment à droite et à gauche de l'escadron de base, obliquent à droite et à gauche, ou bien, quand la formation se fait sur un escadron désigné par le colonel, les chefs d'escadron répéteront le commandement et exécuteront la formation immédiatement. L'escadron de direction ou l'escadron sur lequel on se forme, se porte en avant au trot au commandement de son chef, gagne ainsi un espace équivalent au front d'un peloton, plus quatre pas, et s'arrête ensuite au commandement : *Halte!* Les autres escadrons conversent par pelotons et font, dès qu'ils ont gagné l'intervalle réglementaire, *Front,* du côté voulu, et aussitôt après, *Halte.*

2° Etant en colonne avec distance.

Pour passer de la colonne avec distance à la ligne de colonnes, le colonel commande ou fait sonner :

Formez la ligne de colonnes! Le chef de l'escadron de tête commande alors : *En avant!* et continue à marcher à la même allure, ou bien, si la formation se fait la colonne étant arrêtée, il parcourt au trot un espace équivalent au front d'un peloton, passe au pas et commande : *Halte!* Les chefs des autres escadrons commandent : *Tête de colonne, demi-à-droite* ou *à-gauche!* et conduisent leurs escadrons à la place qu'ils doivent occuper dans le régiment, en commandant, dès que le peloton de tête a gagné l'intervalle voulu : *Tête de colonne, demi-à-gauche* ou *à-droite!* Puis : *Escadron! Au pas!* ou *Halte!*

3° *Etant en demi-colonne par pelotons.*

Dès que le commandement est fait, les escadrons se portent en avant en se réglant sur la direction de la tête ; les pelotons de tête restent dans la direction primordiale. L'escadron d'aile se porte en avant d'une quantité égale au front d'un peloton, s'arrête ou passe du galop au trot ou du trot au pas. Les autres escadrons entrent successivement en ligne en prenant leurs intervalles.

4° *Etant en colonne de route.*

Au commandement ou à la sonnerie : *Formez la ligne de colonnes!* fait lorsque le régiment est formé en colonne de route par trois, les différents escadrons se forment d'abord au commandement de leurs chefs en colonne avec distance et se portent ensuite à la place qu'ils doivent occuper dans le régiment.

b. b. Formation en colonne serrée.

1° *Etant en ligne de colonnes.*

Pour passer de la ligne de colonnes à la colonne serrée, soit de pied ferme, soit en marchant, le colonel commande : *Régiment! en colonne serrée!* ou bien il fait faire la sonnerie pour serrer ; il peut encore commander : *Sur tel escadron, en colonne serrée!* La colonne serrée se forme sur place à l'aide d'une conversion par peloton; ces pelotons serrent ensuite et viennent se former en ligne.

2° *Etant en colonne avec distance.*

Quand il voudra faire passer de la colonne avec distance à la colonne serrée, le colonel commande : *Têtes d'escadrons, en avant!* ou fait exécuter la sonnerie pour serrer les intervalles. Le capitaine qui commande l'escadron de base commande : *En avant!* parcourt à l'allure à laquelle on marchait précédemment, ou bien, si l'on déploie la colonne de pied ferme, au trot une distance égale au front d'un escadron, passe au pas ou commande : *Halte!* Les chefs des autres escadrons commandent : *Demi-à-droite* (ou *à gauche*)! *Marche!* (ou *au trot!*) puis *En avant!* quand on est arrivé à six pas de distance de l'escadron de tête, et amènent leur escadron à hauteur de l'escadron de tête.

3° *Etant en colonne de route.*

Le déploiement se fait alors de la même manière que quand on est formé en ligne de colonnes au commandement : *Têtes d'escadrons, en avant!* ou à la sonnerie pour serrer.

c. c. Formation en colonne avec distance.

1° *Etant en ligne de colonnes.*

a. Pour passer de la ligne de colonnes à la colonne avec distance sans exécuter au préalable une conversion par peloton, le colonel commande : *Régiment!*

dans chaque escadron, tête de colonne à droite (ou à gauche!), ou bien, quand l'escadron de l'aile doit continuer à marcher droit devant lui : 1er *(ou 2e) escadron en avant! dans chaque escadron, tête de colonne à droite (ou à gauche!)* Les commandants d'escadron font alors les commandements d'avertissement nécessaires et les chefs de peloton font les commandements d'exécution.

b. Afin d'éviter qu'on tourne à angle droit, afin de prendre la direction oblique vers l'intérieur, nécessaire pour gagner le flanc de l'ennemi, il sera bon, au lieu de se conformer à ce que nous venons de dire, de procéder comme suit :

a. a. Avertissement du colonel : *Dans chaque escadron tête de colonne à droite* (ou *à gauche!*) les commandants d'escadrons font alors les commandements voulus : c'est alors seulement que le colonel fait le *commandement d'exécution*, afin d'arriver de la sorte à la précision nécessaire à cette évolution, afin de parvenir à ce que les commandants d'escadron fassent simultanément les commandements d'exécution des changements de direction par la tête des escadrons. On commande ensuite : *Formez la colonne avec distance!* dès que chaque escadron a exécuté la moitié de sa conversion ou est sur le point de l'achever. L'escadron de la tête (c'est-à-dire de l'aile sur laquelle chacune des têtes d'escadron exécute sa conversion) marche dans la direction nouvelle, tandis que les autres escadrons obliquent pour entrer dans la colonne.

b. b. Sonnerie : *Pelotons demi-à-droite* (ou *à gauche!*) pour se former en demi-colonne, puis vient la *sonnerie d'exécution* et la sonnerie : *Formez la colonne avec distance!* après que les capitaines commandants ont fait les commandements nécessaires. Les escadrons se forment alors en colonne dans la direction de la tête et se règlent sur l'alignement indiqué par l'escadron de tête.

2° *Etant en colonne serrée.*

Pour passer de la colonne serrée ou de la masse à la colonne avec distance, le colonel commande : *Régiment ! escadron à droite* (ou *à gauche !*) *Marche !* (*au trot* ou *au galop ! Marche !*) et l'officier qui commande l'escadron de l'aile droite ou gauche commande : *En avant !* et répète quand la rupture se fait, l'escadron étant arrêté, le commandement d'exécution du colonel. Les chefs des autres escadrons commandent s'il le faut : *Halte !* puis aussitôt après : *Demi-à-droite !* (ou *à-gauche !*) *Au trot !* (*au galop, marche !*)

3° *Etant en demi-colonne par pelotons.*

La formation se fait dans la direction de la tête à la sonnerie : *Formez la colonne avec distance.* Chacun des escadrons prend la direction sur la tête de cet escadron. L'escadron placé à l'aile, sur laquelle se prend la direction, continue à marcher dans la direction suivie par son peloton de tête. Les escadrons suivants s'alignent sur lui et se portent en avant, en obliquant le plus possible afin de ne pas perdre de terrain.

d. — Le déploiement.

Si l'on considère qu'il n'y a jamais lieu de chercher à se reformer en ordre naturel, mais qu'il s'agit uniquement de se déployer le plus rapidement possible, dans n'importe quelle direction, sur un front étendu, sans se soucier de ce que ce déploiement amènera une inversion qui doit devenir une deuxième nature pour la troupe, une inversion devant laquelle on n'hésitera jamais; si l'on considère que le déploiement est une évolution indispensable, par cela même que c'est

grâce à cette évolution qu'on peut déployer non-seulement la masse, mais encore la colonne serrée dont
l'emploi est si fréquent aujourd'hui et qui n'est en
somme que la masse formée sur l'un des flancs; si l'on
considère que le déploiement de la colonne serrée en
marchant, pour peu qu'on ait fait prendre la direction voulue aux têtes de colonnes, est une évolution
des plus simples, une évolution à l'aide de laquelle il
est facile de surprendre l'ennemi, une évolution qui,
appliquée intelligemment et judicieusement à la tactique des lignes, peut amener des résultats des plus
considérables; si l'on considère qu'en vertu de la
sanction royale (1), on a admis en principe la formation du côté de l'ennemi (en temps de paix, sur l'officier) à la sonnerie : *Front !* sans se soucier de se trouver ensuite en ordre naturel ou en ordre inverse, et
que les mêmes principes s'appliquent au déploiement
parce qu'on arrive de la sorte à se former plus vite en
bataille, à développer la souplesse, la mobilité et les
qualités manœuvrières des troupes, on arrivera aux
conclusions et aux prescriptions qui suivent :

« Si, étant en colonne serrée ou en masse et en mouvement, on donne l'ordre de *déployer* la colonne, l'escadron, qui est le plus rapproché du chef, se déploie
sur lui sans se préoccuper de ce que l'on se trouvera
en ordre naturel ou en ordre inverse après le déploiement. Les autres escadrons continuent à marcher droit
devant eux jusqu'à ce que chacun d'eux ait gagné le
terrain dont il a besoin pour se déployer, pour arriver
à hauteur de l'escadron qui s'est déployé le premier, ou
pour suivre en échelon l'escadron qui charge en tête. »

(1) § 64, ad. 7, chapitre V, de la nouvelle édition du Règlement d'exercices de la cavalerie du 9 janvier 1873 ; modifié et approuvé par le Roi le 4 juin 1874.

Il va de soi que les escadrons doivent se déployer et se former en bataille dans l'ordre même dans lequel ces escadrons sont formés, dans l'ordre de leur proximité par rapport au chef qui a donné l'ordre de se déployer. L'escadron, qui dans la colonne est le plus éloigné de cet officier, est aussi celui qui se déploie en dernier.

Il en résulte que le déploiement cesse de se faire dans le sens de la profondeur, puisqu'on continue à obliquer en avançant. La queue se déploie pendant que la tête charge. En procédant de la sorte, tout malentendu, toute erreur, tout désordre deviendra impossible. On simplifie le travail et on accélère le déploiement.

Loin de porter atteinte aux autres prescriptions du règlement (1), relatives au déploiement, on leur laisse au contraire toute leur valeur ; on peut même se déployer de la sorte de pied ferme. Cependant, comme on applique rarement cette manière de procéder à la tactique de lignes, il n'y a guère lieu de s'en occuper énormément, parce que ce genre de déploiement n'a de valeur que pour se former en ordre naturel.

Il est bon de se conformer aux directives qui précèdent. C'est là le seul moyen d'arriver à se former correctement en bataille au commandement : *Front !*

Il importe surtout dans le déploiement que les escadrons qui obliquent ne serrent pas sur le front, mais obliquent parallèlement à ce front. Les pelotons de tête des escadrons qui obliquent doivent continuer à marcher dans la direction primordiale jusqu'à ce que l'escadron, qui doit se déployer, soit sur le point d'entrer en ligne. Toutes les fois que les pelotons de tête ne converseront pas correctement et serreront sur le front, il en résultera que les escadrons, qui vont se

---

(1) Voir pages 122 et 124 du Règlement du 9 janvier 1873.

déployer, entreront en ligne mal alignés avec l'une de leurs ailes, l'aile extérieure, l'aile marchante en **avant** et que le déploiement sera forcément manqué.

e. — **Les conversions** (1).

a. a. En général.

Il est bon de ne pas faire exécuter de conversion au régiment formé en ligne de colonnes ou en bataille. En bataille surtout on devra éviter ce mouvement. Au lieu de faire exécuter des conversions par régiment lorsqu'il s'agira de changer rapidement de direction en présence de l'ennemi, il vaut mieux faire faire des changements de direction par la tête de chacun des escadrons, ou faire passer de l'ordre en bataille à la demi-colonne pour se déployer ensuite par escadrons et faire exécuter une charge en échelons, ou bien, si l'on en a le temps, déployer le régiment en bataille par escadrons. Mais il faut toujours commencer *par déployer les escadrons.*

b. b. Principes qui régissent les conversions du régiment en ligne de colonnes.

De même que pour les conversions du régiment en bataille, les escadrons doivent en ligne de colonnes prendre *les chemins les plus courts* pour exécuter leur conversion ; ils ne doivent pas décrire de grands arcs de cercle qui ne servent qu'à faire traîner l'évolution ; il faut alors, entre les deux conversions que la ligne de colonnes doit exécuter pour faire un quart d'à-droite,

---

(1) Le général ne s'occupe pas ici de l'évolution si importante de la conversion à pivot mouvant de la colonne avec distance, parce qu'il a déjà exposé précédemment en détail les **principes qui régissent** cette évolution.

que les escadrons marchent pendant un certain temps assez court droit devant eux, que les deux conversions s'exécutent à peu d'intervalle l'un de l'autre, qu'on diminue par suite le plus possible les dimensions de l'arc de cercle.

Il faut de même, dans les conversions pour marcher en arrière, à la suite desquelles on se reforme, à moins d'un commandement contraire, en ligne de colonnes, que les escadrons marchant après l'escadron qui sert de pivot ne dépassent pas l'alignement, mais s'arrêtent à quelques pas de la ligne avant de se reformer et que ces escadrons s'arrêtent ensuite sans dépasser cette ligne. Toutes les fois que l'escadron, qui sert de pivot, ne devra pas s'arrêter pour indiquer la position de la ligne, le règlement exige que l'on fasse à cet effet un commandement spécial.

c. c. Conversions en colonne.

Si les conversions de la masse, de la colonne serrée, s'exécutent souvent d'une manière incorrecte, cela tient d'une part à ce que le pivot ne se porte jamais suffisamment en avant, décrit un arc de cercle trop étroit, empêche les escadrons et pelotons suivants d'avoir la place nécessaire pour continuer à marcher et les force d'exagérer leur mouvement oblique, de l'autre à ce que l'aile marchante allonge sensiblement l'allure pendant la conversion et viole ainsi le principe fondamental des conversions, principe en vertu duquel l'aile marchante doit constamment marcher à la même allure.

Les conditions essentielles que doivent remplir les conversions en colonne sont les suivantes :

Le sous-officier qui sert de pivot à l'escadron de tête (ou au peloton de tête de l'escadron intérieur) doit, sans jeter un coup d'œil sur l'intérieur du rang, et en regardant droit devant lui, décrire un arc de cercle en marchant franchement au pas pendant la conversion, sans serrer sur son escadron ou son peloton par un demi-à-gauche dans les conversions à droite, par un demi-à-droite dans la conversion à gauche ; c'est de la manière dont il marchera que dépend en grande partie l'exécution correcte de toute l'évolution. Les sous-officiers servant de pivot aux escadrons ou pelotons de queue se rapprocheront de l'escadron ou du peloton précédent par un demi-à-gauche ou à-droite. Les sous-officiers placés à l'aile marchante conservent toujours la même allure pendant tout le temps que dure la conversion. En tenant la main à l'observation de ces principes, la conversion en colonne s'exécutera correctement et en bon ordre. Le régiment affectera alors pendant la conversion la forme d'un éventail, c'est-à-dire que les pivots seront tout près les uns des autres, tandis que les gradés de l'aile marchante conserveront leur distance d'un front de peloton plus six pas, ou leur distance de peloton dans la colonne serrée. Les pivots reprennent leur distance par cela même que les escadrons exécutent leurs conversions successivement.

Quand, étant en colonne serrée, on exécute une conversion par la tête de la colonne, le colonel commandera : *En avant !* quand la tête de la colonne sera arrivée dans la direction qu'il désire. C'est là en effet ce que cet officier peut seul apprécier ; lui seul est à même de juger si la colonne a exécuté la conversion qu'il juge convenable pour faciliter le mouvement ou le déploiement qu'il va commander ensuite.

f. — Changements de direction dans les marches en bataille et en ligne de colonnes.

Il est indispensable que les changements de direction dans les marches directes d'un régiment formé soit en bataille, soit en ligne de colonnes s'exécutent avec une sûreté absolue. On ne devra jamais, quand il s'agira d'un changement de direction peu considérable, avoir recours, qu'on soit formé en bataille ou en ligne de colonnes, aux conversions par régiment si lourdes, si difficiles à exécuter ; on arrivera, au contraire, dans ces deux cas, au résultat désiré, en modifiant l'objectif donné à *l'escadron de direction* (qu'il vaudrait mieux appeler *escadron de contact*), à l'aide d'une indication faite à haute voix par le colonel et de manière à ce que tous les capitaines-commandants puissent connaître *l'objectif* nouveau (tour, maison ou arbre). Les escadrons, placés intérieurement par rapport à l'escadron de direction, doivent se porter immédiatement *dans la nouvelle direction* en ralentissant l'allure (par exemple en passant du trot au pas), tandis que les escadrons placés extérieurement doivent au contraire allonger l'allure (passer du trot au galop). Ces escadrons doivent tous *chercher à reprendre le plus habilement et le plus rapidement possible* (quand on est en ligne de colonnes) *leurs intervalles de déploiement*.

Quand on aura à exécuter des changements de direction plus significatifs, on aura recours à la rupture par pelotons pour passer à la demi-colonne ou à une conversion par la tête des colonnes. On se déploiera ensuite à la *sonnerie du déploiement*. Toutes les fois qu'on en aura le temps, on attendra pour déployer le régiment, que chacun des escadrons ait exécuté son déploiement.

S'il y a du danger à tarder, on pourra, dès que

chaçun des escadrons sera déployé, charger en échelons par escadron. Il faudra par suite habituer les escadrons à se porter, lorsqu'ils chargent par échelons, dans
la direction indiquée par l'escadron de tête, par cela
même qu'il peut arriver que, par suite des évolutions
de l'ennemi, cet escadron soit obligé de changer de
direction pendant le mouvement.

Dans l'espèce qui précède il ne sera *pas nécessaire*
de faire sonner d'abord le *déploiement des escadrons*,
puis le *déploiement du régiment;* cette dernière sonnerie
suffit, car *il est bien entendu qu'elle signifie une fois pour
toutes : Formez d'abord les escadrons, puis déployez de
suite le régiment* (1).

Quand, étant en ligne de colonnes, on veut faire
exécuter une conversion par les têtes de colonne, les
commandants d'escadron ne doivent faire le commandement d'exécution que lorsque le colonel aura fait
faire la sonnerie d'exécution, sonnerie qui doit se faire
entendre, dès que les officiers ont fait le commandement préparatoire. L'expérience a démontré que c'est
le seul moyen d'arriver à la netteté et à la précision
dans l'évolution.

Il importe absolument de faire exécuter à chaque
séance *des changements de direction de toute nature.*

Il faut appliquer fréquemment tous ces moyens de
changer de front afin d'arriver sous ce rapport à une
routine indispensable, par cela même qu'en campagne

---

(1) Ce sont là les principes que feu le général von Schmidt a fait
mettre en pratique pendant son dernier voyage d'inspection en
Prusse et en Poméranie au mois d'août 1875 ; il disait alors qu'il
valait mieux ne faire sonner que le *déploiement*, et qu'il était inutile de faire exécuter les deux sonneries de *Formez les escadrons*,
puis *Formez le régiment*, sonneries dont il avait jadis préconisé
l'emploi dans sa brigade.

on changera de front, soit de sa propre initiative, soit pour déborder les ailes de l'ennemi et tomber sur ses derrières, soit enfin parce que les mouvements exécutés par l'ennemi, nous obligeront à le faire.

Tant que les escadrons resteront en bon ordre et conserveront leur cohésion, les mouvements en échelon ne présenteront aucun inconvénient et seront même avantageux ; les flottements et les poussées qui se produisent dans le régiment diminuent au contraire l'impétuosité, la violence de l'attaque, désagrégent souvent les lignes peu de temps avant le choc, les transforment en une quantité d'unités infinitésimales ; c'est là ce qui arrive toutes les fois que l'escadron cesse d'être une unité tactique, fortement constituée et possédant une cohésion réelle.

g. — **Déploiements qui permettront à une troupe formée en bataille ou en colonne de produire dans le laps de temps le plus court possible son maximum d'effet.**

Les formations tactiques dont nous aurons lieu de nous occuper, quand nous parlerons plus tard de la tactique de lignes pour les unités plus considérables, se réduisent à :

a. a. La colonne serrée, qui par cela même qu'elle est compacte, se prête plus que toute autre aux différentes évolutions, puisqu'il suffit alors de faire exécuter à la tête la conversion voulue.

b. b. La ligne de colonnes, dont on se servira surtout pendant la formation en ordre préparatoire de combat.

c. c. La ligne déployée, dont on se servira pour charger.

d. d. La colonne avec distance, la plus simple et la plus pratique de toutes les formations, à l'aide de laquelle on peut, en présence de l'ennemi, gagner du terrain vers l'un des flancs et exécuter des changements de direction, par cela même qu'il est toujours possible alors de se reformer rapidement en bataille.

e. e. La demi-colonne par pelotons et par escadrons, qui sert à exécuter des mouvements obliques en avançant et à se diriger vers l'un des flancs de l'ennemi.

Il s'agit alors de connaître le moyen de passer le plus rapidement, le plus facilement, le plus habilement de l'une à l'autre de ces formations, le moyen de se déployer en bataille et de changer de direction à droite, à gauche, demi-à droite ou à gauche, en formant un flanc offensif ou défensif. C'est là ce qu'on obtient à l'aide des évolutions suivantes :

Ad. a. a. Pour passer de la colonne serrée (de la masse)
à l'ordre en bataille.

1º Engager la colonne dans la direction voulue en faisant converser la tête et en la déployant par des moyens simples et rapides vers l'un de ses flancs.

2º Porter la tête de colonne droit sur l'objectif, puis se déployer par le centre ou par l'une des ailes et exécuter ensuite une marche en bataille. (Cette évolution prend plus de temps que la précédente).

3º Rompre par escadrons pour former la colonne avec distance en dirigeant et en faisant converser la tête et se déployer ensuite en bataille (mouvement simple et rationnel).

4º *On est absolument obligé* d'opposer *immédiatement* à l'ennemi un front aussi étendu que possible, soit dans la direction même de la tête, soit dans la nouvelle direction dans laquelle elle se trouve après avoir conversé.

Exécution : Les deux escadrons d'ailes se déploient, celui de gauche vers la gauche, celui de droite vers la droite, — ces deux escadrons forment aussitôt un flanc offensif. — Les deux escadrons placés à côté d'eux se déploient à leur tour vers la gauche et vers la droite. Tous les escadrons, sauf celui du centre, sont alors déployés.

Voir d'ailleurs la figure suivante :

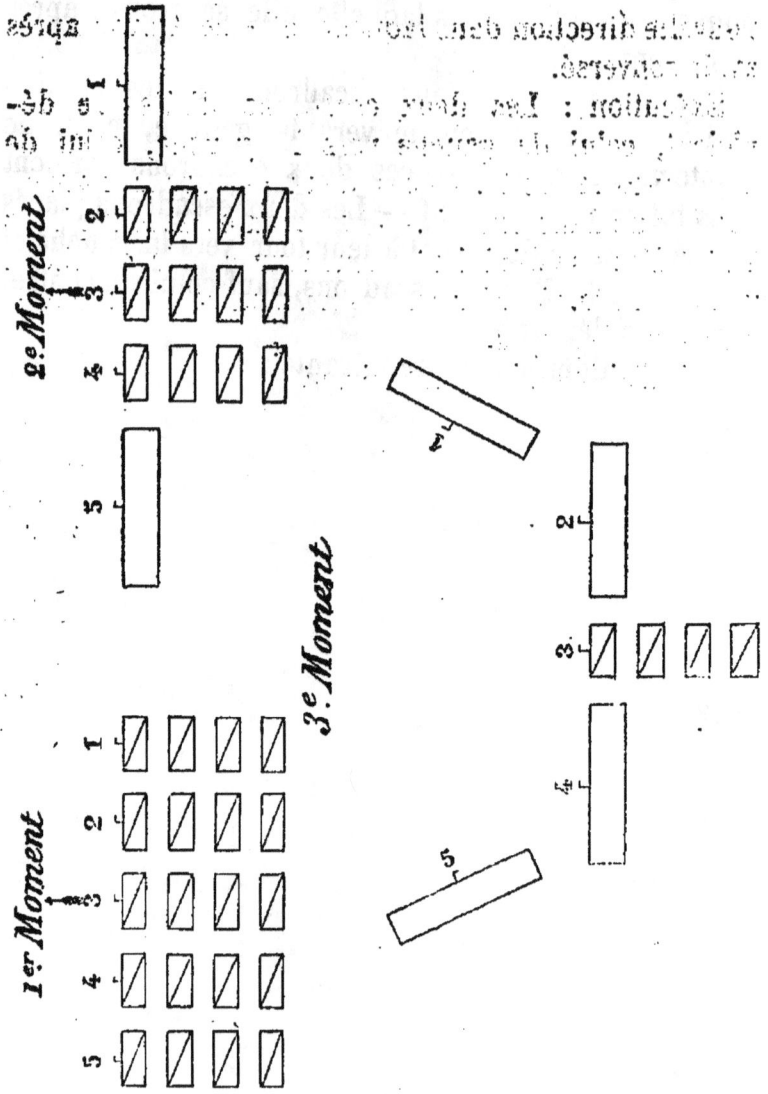

Ad. b. b. Etant en ligne de colonnes,

Exécuter un changement de direction.

1° Les changements de direction, s'ils sont insignifiants, se feront en avançant et en se réglant sur l'escadron de direction. On pourra éventuellement déployer
la colonne.

2° Faire un huitième de conversion par la tête de chacune des colonnes et faire sonner : *Formez la ligne de colonnes !* Toutes les colonnes s'alignent dans la nouvelle direction et reprennent leurs intervalles : le déploiement ne se fera qu'éventuellement.

3° Faire un huitième de conversion par pelotons pour former la demi-colonne et faire sonner : *Formez la ligne de colonnes !* Les escadrons se forment tout d'abord en se réglant sur la tête, prennent ensuite leurs intervalles et l'alignement dans la nouvelle direction : le déploiement se fera éventuellement.

Se former en bataille sur une ligne oblique.

1° Faire exécuter un huitième de conversion aux têtes de colonne et faire sonner : *Déploiement !* Former d'abord les escadrons, puis le régiment.

2° Rompre par pelotons pour former la demi-colonne, faire sonner : *Déploiement !* Former d'abord les escadrons, puis le régiment.

Se former en colonne avec distance.

1° Faire exécuter un quart de conversion aux têtes des escadrons, donner une direction au peloton de tête, faire exécuter une conversion à pivot mouvant et se déployer.

2° Faire exécuter un huitième de conversion aux têtes des escadrons, et faire sonner : *Formez la colonne avec distance !* pour se former sur une ligne oblique et se déployer.

3° Rompre par pelotons pour former la demi-colonne, faire sonner : *Formez la colonne avec distance !* Le reste comme au 2°.

Se former en bataille sur une ligne perpendiculaire.

On est absolument obligé de déployer directement

la colonne avec distance à droite ou à gauche sur une ligne perpendiculaire au front : Exécution.

L'escadron le plus rapproché du flanc menacé exécute immédiatement une conversion par pelotons de ce côté et se forme en bataille. Les deux escadrons placés le plus près de cet escadron dans la colonne exécutent au galop une conversion par la tête de la colonne et viennent au grand galop se former en bataille à hauteur de l'escadron menacé. Les deux derniers escadrons exécuteront comme l'escadron de l'aile menacée une conversion par pelotons et viennent au grand galop se former en bataille de l'autre côté de l'escadron qui s'est déployé le premier.

Voir les figures suivantes :

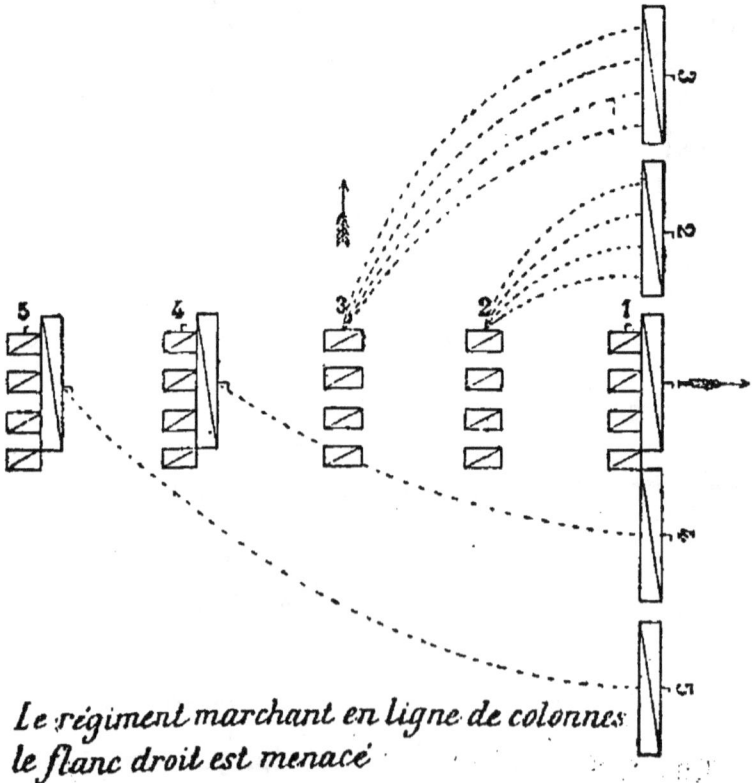

Le régiment marchant en ligne de colonnes le flanc droit est menacé

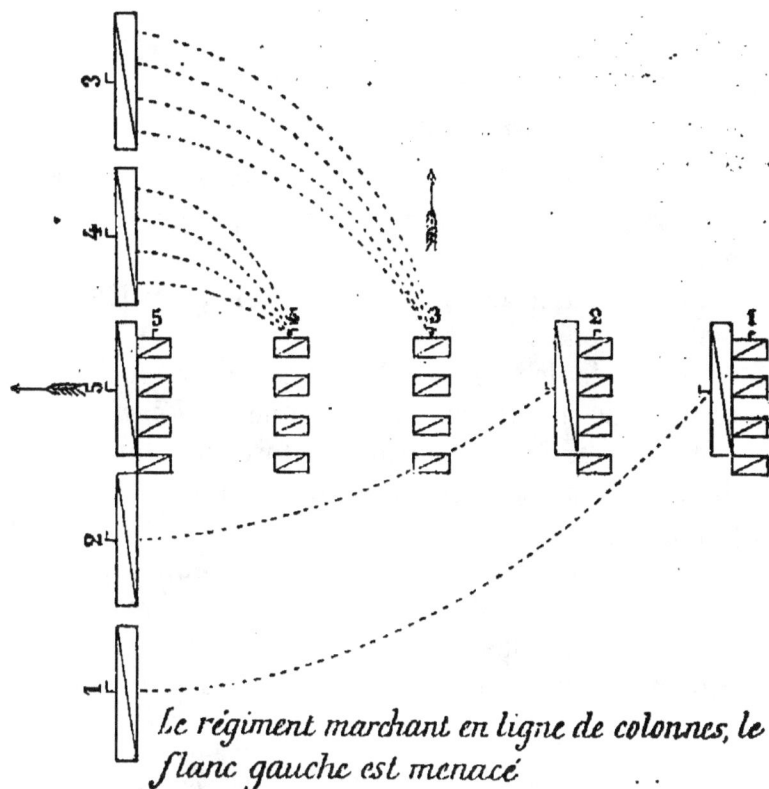

Le régiment marchant en ligne de colonnes, le flanc gauche est menacé

Ad. c. c. Etant en bataille.

1º Exécuter de légers changements de direction sur l'escadron de direction.

2º Rompre par pelotons, en exécutant un huitième de conversion pour se former en demi-colonne, faire sonner : *Déploiement !* Former d'abord les escadrons, puis le régiment. Voilà le moyen le plus simple, le plus pratique pour prendre une position oblique offensive.

3º Rompre par pelotons, exécuter un huitième de conversion pour se former en demi-colonne; faire sonner : *Formez la colonne avec distances !* indiquer un point de direction à la tête. Voilà le moyen le plus simple pour prendre une position oblique défensive.

Ad. d. d. Etant en colonne avec distance,

Former la ligne de colonnes.

1º À la sonnerie : *Formez la ligne de colonnes!* on se forme alors dans la direction indiquée par la tête de colonne.

2º Faire exécuter un quart de conversion à la tête de chaque escadron.

3º Faire exécuter un huitième de conversion à la tête de chaque escadron, faire sonner : *Formez la ligne de colonnes!* Les escadrons se forment alors sur une ligne oblique et prennent leurs intervalles réglementaires.

4º Faire exécuter un huitième de conversion par peloton et faire sonner : *Formez la ligne de colonnes sur une ligne oblique!* Tous les escadrons se règlent alors sur la direction de la tête, prennent leurs intervalles et s'alignent.

Se former en bataille sur une ligne oblique.

Faire exécuter un huitième de conversion par peloton pour former la demi-colonne, faire sonner : *Déploiement!* former d'abord les escadrons, puis le régiment.

Former la colonne serrée.

À la sonnerie : *Pour serrer!* la formation se fait sur la tête de la colonne.

Former la colonne avec distance sur une ligne oblique.

Faire exécuter par peloton un huitième de conversion pour former la demi-colonne, faire sonner : *Formez la colonne avec distance!* Les escadrons prennent alors chacun la direction de la tête et obliquent en avançant pour entrer dans la colonne.

*Se former en bataille pour exécuter une conversion à **pivot** mouvant.*

On veut exécuter un quart ou un huitième de conversion et déployer en même temps les escadrons qui n'ont pas encore conversé :

Exécution.

La partie du régiment qui a déjà exécuté sa conversion à pivot mouvant se déploie par peloton à la sonnerie : *Front!* La partie du régiment qui n'a pas encore conversé se déploie tranquillement aux commandements de ses chefs et après s'être déployée charge en formant un deuxième échelon sous la conduite de l'un des officiers supérieurs. Ce déploiement s'effectue aisément quand le peloton de tête a conversé en gagnant graduellement du terrain vers l'extérieur; il est au contraire plus difficile quand on a obliqué vers l'intérieur en passant au trot ou au galop pour exécuter la formation, parce que le déploiement se fait alors dans le sens opposé à l'ennemi et qu'il faut, après s'être déployé, converser pour faire face à cet ennemi.

Ad. e. e. Etant en demi-colonne par pelotons,
Se former en bataille sur une ligne oblique.

A la sonnerie : *Déploiement !* former d'abord les escadrons, puis le régiment.

Se former en ligne de colonnes.

Dès que la sonnerie s'est fait entendre, les escadrons prennent la direction sur la tête, s'alignent sur elle et se forment à leurs intervalles réglementaires.

Se former en colonne avec distance.

Ce mouvement s'exécute à la sonnerie et dans la direction de la tête.

Se former en bataille sur le flanc opposé.

Faire exécuter par peloton un quart de conversion

pour se former en demi-colonne du côté opposé, former les escadrons puis le régiment à la sonnerie de déploiement.

C'est de la sorte qu'on pourra exécuter rapidement, simplement, sans crainte d'erreurs ni de malentendus, tous les changements de direction possibles, quelle que soit la formation dans laquelle on se trouve, tous les déploiements en bataille. Dans tous ces mouvements, dans toutes ces formations, *on ne devra jamais hésiter devant l'ennemi, on ne devra jamais préférer l'ordre naturel à l'ordre inverse.* Dès le moment qu'il importe de prendre pour se déployer les chemins les plus courts, c'est-à-dire les directions obliques, on ne devra jamais perdre son temps à exécuter des évolutions qui n'ont pour seul avantage que d'aboutir à une formation en ordre naturel. Peu importe, en effet, que certains escadrons se soient déployés en ordre inverse, tandis que certains autres sont formés en ordre naturel.

Le règlement se contente de poser des règles, d'établir une sorte de cadre ; mais cela ne suffit pas pour manœuvrer en présence de l'ennemi ; il faut de plus que les troupes soient habituées à passer d'une formation à une autre, d'une formation quelconque à celle qui sera imposée par les circonstances. J'ai cherché à représenter ici le tableau changeant, variable des éventualités de guerre ; j'ai essayé de m'imaginer que je livrais un combat ; j'ai tenté par suite de recommander l'emploi des évolutions qui permettent de se déployer vivement sur un point menacé. Qu'importe alors que le déploiement se fasse en ordre naturel ou en ordre inverse, qu'importe alors aussi que ce déploiement soit obtenu ou non à l'aide d'une évolution prévue par le règlement!

Ce qu'il faut par-dessus tout et avant tout, c'est :

1° *Pouvoir se porter le plus vivement possible dans la direction voulue.*

2° *Arriver en bon ordre sur le point voulu, sur le point où nous sommes sûrs d'avoir l'avantage.*

Il faut donc avant tout qu'on sache reconnaître et ce point et ce moment ; il faut ensuite qu'on sache prendre vivement son parti, que l'exécution soit rapide, immédiate, qu'on ait une connaissance complète de cet art du commandement, qui seul nous permet, à l'aide des sonneries et des commandements verbaux, de faire arriver sur l'ennemi, en bon ordre, vivement, avec calme, dans la direction voulue et dans toute la plénitude de leur force, les troupes qui nous sont confiées.

En observant ces principes, nous pourrons prendre l'ordre définitif de combat, plus vivement, plus rapidement que l'ennemi, arriver avant lui sur le point voulu, et c'est là la chose essentielle, la chose capitale. La routine sous ce rapport ne peut naître que de la fréquence des exercices.

4. — Évolutions constituant une préparation rationnelle à la tactique de lignes.

Tiré des circulaires des 17 août 1872, 14 juillet 1873, 25 juin 1874, 3 août 1874, 20 août 1874.

Il faut pendant la période consacrée à l'école de régiment et dès que l'on aura familiarisé complétement les troupes avec les formations prescrites par le règlement, faire exécuter les mouvements et évolutions suivantes, dont une partie ne se trouve pas prévue par le règlement. Je considère pour ma part ces évolutions comme fort utiles et fort avantageuses par cela même qu'elles constituent un excellent exercice pour les officiers, qu'elles rendent les escadrons plus souples.

'I · 20

plus mobiles, qu'elles développent leurs qualités manœuvrières, enfin parce qu'elles sont d'un emploi fréquent dans la tactique de lignes et qu'elles servent, par suite, lors des manœuvres de division.

Si, comme je l'ai demandé précédemment, on a réussi, avant de commencer les manœuvres de régiment proprement dites, à familiariser complétement les escadrons avec les formations et les mouvements réglementaires de l'école de régiment, on arrivera sans peine à avoir le temps nécessaire pour faire exécuter aux troupes les évolutions dont je vais m'occuper maintenant et qui sont pour elles d'une utilité immédiate et significative.

Ce sont :

a. Les évolutions que les régiments ont besoin de connaître pour se préparer à la tactique des lignes, les évolutions qui leur permettent, quel que soit l'ordre dans lequel ils sont formés, de se déployer rapidement dans n'importe quelle direction et de donner leur maximum d'action. Il faut ranger parmi ces évolutions.

a. a. Les changements de direction peu considérables en ligne de colonnes et en bataille en se réglant sur l'escadron de direction.

b. b. Les changements de direction plus considérables en ligne de colonnes et en bataille qui s'effectuent à l'aide d'une conversion par les têtes de colonne des escadrons et d'un alignement ainsi que par la rupture pour passer à la demi-colonne, et par le déploiement en bataille des escadrons, puis du régiment.

c. c. Les déploiements de la colonne serrée, soit à l'aide d'une rupture par escadrons, soit à l'aide d'une conversion vers l'un des flancs suivis d'un déploiement en marchant, soit à l'aide du déploiement nécessaire pour former la ligne de colonnes.

d. d. Le passage de la ligne de colonnes à la colonne avec distance lorsque les têtes de colonne ont exécuté un huitième de conversion ; les mouvements en colonne avec distance, les déploiements de cette colonne soit à l'aide de la formation d'abord des escadrons, puis du régiment, soit à l'aide d'une conversion à pivot mouvant, suivie d'un déploiement, déploiement qui s'exécutera, ou bien lorsque tous les pelotons auront dépassé le point initial de la conversion, ou bien lorsqu'une partie d'entre eux seulement l'auront dépassé ; ces derniers pelotons devront alors se déployer directement.

e. e. Le passage de la colonne avec distance à la formation en ligne de colonnes et en colonne serrée, en un mot toutes les formations et déploiements que nous avons étudiés précédemment à l'article 3 *g.* du chapitre qui traite du régiment.

b. La formation des régiments en colonne de route par trois par la droite et par la gauche pour passer un défilé. Le déploiement s'effectuera dès qu'on aura débouché du défilé : en arrivant sur le terrain l'on commencera aussitôt les exercices.

c. Les évolutions exécutées uniquement aux commandements et aux signaux faits par le colonel, commandements et signaux qui ne seront répétés ni par les capitaines commandants ni par leurs trompettes. Les capitaines commandants et chefs de pelotons indiquent à l'aide du sabre la direction et font prendre à leurs chevaux l'allure voulue.

d. Les exercices sur un rang qu'on fait exécuter sans préparation au régiment formant dès lors deux régiments. A ce commandement le 1er rang fait *pelotons à droite* ou *à gauche,* et se porte dans cette direction au trot jusqu'à ce qu'il ait démasqué le 2e rang. On fait alors faire *front* au 1er rang, puis *halte,* et on commande au

2e rang : *Alignez-vous!* On désigne alors immédiatement les officiers qui commanderont les régiments, escadrons et pelotons, et on a soin à ce moment de répartir également les officiers entre les deux régiments. C'est là un exercice excellent, tout à fait propre à augmenter le savoir des officiers, à donner une initiative réelle au 2e rang.

e. Exercices consistant à porter en avant successivement chacun des escadrons en faisant sonner le refrain de l'escadron, et à le faire évolutionner à la sonnerie.

f. Déploiement du régiment en intervertissant complétement l'ordre des escadrons entre eux. On fera manœuvrer le régiment dans cet ordre. Le régiment sera, par exemple, formé dans l'ordre suivant : 4e, 3e, 1er, 5e et 2e escadrons.

g. Exécution de la charge en échelons tant par la droite que par la gauche. En changeant de front, en changeant la direction du peloton de tête, que les autres pelotons doivent suivre dans sa nouvelle direction, on pourra changer de direction tant vers l'intérieur que vers l'extérieur. Un changement de direction vers l'intérieur présente une certaine difficulté pour les échelons suivants; mais ce mouvement contribue énormément à développer l'attention et l'habileté des capitaines commandants.

h. Le rassemblement et le ralliement du régiment après avoir supposé la mêlée. Le régiment qu'on aura intentionnellement disséminé, qui sera dans le plus grand désordre, devra, à la sonnerie : *Refrain du régiment,* se rallier rapidement derrière le colonel. Le chef du 3e escadron vient se placer derrière le colonel, fait sonner le refrain de son escadron et son escadron se reforme derrière lui; le 2e escadron se rallie à sa droite et le 1er à la droite de cet escadron. Les 4e et 5e escadrons se rallient à gauche du 3e; tous ces escadrons se rallient au refrain de leur escadron derrière leur chef. Quand on aura chargé en ordre inverse, on se ralliera de même.

Le ralliement se fera en ligne dans une direction différente de celle du front originaire et en avançant; les escadrons devront alors s'aligner. Il se fera également en ligne de colonnes; le refrain du régiment sera suivi, dans ce cas, de la sonnerie : *Formez la ligne de colonnes!*

i. La retraite simulée après une charge en fourrageurs de peu de durée, afin de jeter le désordre dans les rangs de l'ennemi, afin d'attirer l'ennemi à sa suite, on fait alors sonner : *En retraite!* Cette sonnerie indique aux hommes qu'on ne tardera pas à faire sonner : *Front!* car sans cela on aurait fait sonner : *Appel!* Dans ce cas, il ne s'agit pas de se rallier en arrière, mais il faut que chaque homme *fasse front aussi vite que possible* à la sonnerie : *Front!* que l'on *se rallie vivement en avant* afin de tomber rapidement et en ordre compacte sur l'ennemi dont les rangs sont rompus, sur une troupe qui a perdu sa cohésion. Cette évolution est des plus importantes.

k. La retraite du régiment. Faire rompre par pelotons pour former la demi-colonne en retraite, commander : *Front!* lorsque ce mouvement est exécuté, et charger alors dans la direction oblique qu'on a prise en manœuvrant de la sorte. Si l'on s'est formé en demi-colonne par la droite, on exécutera trois quarts de conversion à droite pour se remettre en bataille; si au contraire on a formé la demi-colonne par la gauche, on exécute au commandement de *Front!* trois quarts de conversion à gauche pour se reformer en bataille sur une ligne oblique.

Cette évolution, qui sert surtout à développer l'habileté des chefs et les qualités manœuvrières des trou-

20.

pes, ne saurait guère être employée en présence de l'ennemi.

l. Etant en bataille : faire rompre par pelotons à droite ou à gauche, faire exécuter un demi-tour à droite ou à gauche aux pelotons d'aile des escadrons. En procédant de la sorte on arrivera en battant en retraite à garder la troupe dans la main bien mieux qu'en faisant exécuter à la ligne entière un demi-tour à droite suivi d'une formation en lignes de colonnes.

m. Marche offensive en colonne serrée. Le régiment est exposé de front à un feu violent de mousqueterie. Son chef remarque que le flanc droit ou gauche de l'ennemi est en l'air et n'est pas appuyé ; il se décide aussitôt à charger ce flanc. Exécution : *Pelotons demi-tour à droite !* La troupe marche au pas pendant quelque temps, puis elle prend une allure plus vive, et l'on fait alors la sonnerie : *Formez la colonne avec distance !* Si la colonne se trouve hors de portée des feux de l'ennemi, on fera exécuter une conversion par la tête de la colonne et on se portera ensuite droit devant soi ; peu après on commandera de nouveau : *Tête de colonne, à droite* ou *à gauche !* et *en avant !* et ainsi de suite en marchant au trot ou au galop jusqu'à ce qu'on ait gagné le flanc de l'ennemi. A ce moment on déploiera les deux premiers escadrons qui formeront le premier échelon et qui chargeront l'ennemi de flanc. Les deux escadrons suivants *ne se déploient pas*, mais restent en colonne avec distance, continuent à marcher dans la même direction derrière les escadrons qui chargent, se déploient en bataille quand ils sont bien exactement derrière ces escadrons et forment alors un deuxième échelon. Le dernier escadron procède de même, ne se déploie que plus tard, charge dès qu'il est déployé et forme ainsi le troisième échelon.

On obtient de la sorte *trois lignes successives* sur le

flanc assez peu profond de l'ennemi, trois lignes qui chargent dans la même direction, ou bien qui, dans le cas où l'ennemi présenterait plusieurs objectifs, tels que des *knäule* (pelotes, groupes), ou des lignes de tirailleurs non soudées entre elles, chargent contre ces différents objectifs, ou bien encore se portent à la rencontre de la cavalerie ennemie accourant pour dégager l'infanterie.

Il faut qu'au simple avertissement donné par le colonel et relatif à cette charge en échelons, avertissement qui peut être, par exemple, formulé de la sorte : *Charge à droite* (ou *à gauche*) *en échelons de deux escadrons*, les chefs en sous-ordres sachent parfaitement ce qu'ils ont à faire sans qu'il soit nécessaire de leur donner de longues instructions qu'il est à ce moment impossible de leur communiquer. L'officier supérieur du régiment prend de suite le commandement du premier échelon et lui commande de se déployer ; le plus ancien capitaine commandant des deux escadrons suivants prend le commandement du deuxième échelon. Il importe alors, avant tout, de prévenir les escadrons destinés à former le deuxième et le troisième échelon, qu'ils n'ont pas à se déployer en même temps que les deux premiers escadrons, et de maintenir bien exactement dans la direction les pelotons de tête de ces deux échelons.

La charge contre l'infanterie doit s'exécuter sur plusieurs échelons et consister en des chocs énergiques se suivant de près. Une seule ligne peut à la vérité réussir à passer sur le ventre de l'ennemi. Mais elle ne peut empêcher les tirailleurs ennemis qui se sont jetés à terre, de se relever pour tirer sur ses derrières. Les échelons suivants servent à obvier à ce danger et à rendre la défaite complète.

n. On procède de même quand on est formé, comme

c'est généralement le cas, *en ligne de colonnes*. Ou bien on a bien reconnu l'ennemi à l'avance et l'on a remarqué qu'une de ses ailes se trouve en l'air ; on fera alors une conversion à droite ou à gauche par la tête de la colonne et l'on se porte sur l'ennemi au trot ou au galop, ou bien l'ennemi n'a pas été suffisamment reconnu, et l'on est accueilli de front par un feu violent, et c'est alors seulement qu'on a remarqué que l'aile de l'ennemi n'a point de point d'appui. Dans ce cas on se retirera *d'abord au pas. Tête de colonne à droite* ou *à gauche! En avant!* Conversion à pivot mouvant à droite ou à gauche. Se porter en colonne avec distance au trot ou au galop à hauteur du flanc de l'ennemi, se déployer et faire charger le premier échelon. Pour le reste procéder comme ci-dessus.

o. Charge contre l'artillerie. Plusieurs pelotons ou même un escadron devront, soit pour exécuter une démonstration, soit pour obliger l'ennemi à éparpiller ses feux, exécuter une charge en fourrageurs, tandis que les autres escadrons chargent l'artillerie de flanc en ordre compact. Il importe absolument que les deux attaques soient simultanées, que la charge dirigée contre le flanc de la batterie parte d'un point à couvert, que le mouvement de flanc se fasse sans que l'ennemi s'en aperçoive : il faut donc pour cela bien utiliser le terrain.

p. Quand on veut porter et aligner le régiment au trot ou au galop dans une nouvelle direction (c'est là un cas qui se présente souvent, un mouvement dans lequel le trot et le galop constituent l'évolution la plus simple), il faudra dans la plupart des cas *chercher à dérober ce déploiement aux vues de l'ennemi.* Pour cela premier escadron, dès qu'il aura changé de direction à angle droit, se portera sur le nouveau front et exécutera les évolutions suivantes, par exemple : le

régiment doit se déployer en avant vers la droite : Pelotons à droite, premier peloton de l'escadron en
avant droit devant lui et au trot; dès que l'escadron
d'aile a exécuté un changement de direction à angle
droit, on lui commande : *En avant pour couvrir le
flanc !* (*1er escadron flanc offensif*). Le capitaine commandant commande alors : *Pelotons, demi-à-gauche* (ou
à-droite)! *Marche ! En avant !* Quand on aura parcouru
une certaine distance dans cette direction oblique, on
commandera : *Pelotons, demi-à-gauche* (ou *à droite*) !
Marche ! En avant ! Ou bien encore, le régiment
occupant sa position primordiale, on veut faire couvrir le nouveau front par le premier escadron ou
l'escadron de l'aile : on commande alors à cet escadron : *Au trot! Escadron, demi-à-gauche* (ou *à-droite*)!
Marche! et l'on s'avance immédiatement en bataille
en ordre compact dans la nouvelle direction. On procède de même par le flanc gauche pour l'escadron
chargé de former le flanc offensif. Mais le mode de procéder que j'ai indiqué en premier est préférable.

On peut en effet se porter au trot sur l'alignement
en avant ou en arrière, selon que les mouvements
exécutés par l'ennemi imposent la nécessité de l'une
ou de l'autre de ces évolutions. Les évolutions des escadrons chargés de couvrir les changements de front
restent les mêmes; c'est-à-dire qu'il faut toujours
prendre les chemins les plus courts, marcher sur la
diagonale en demi-colonne.

q. Marche offensive du régiment pour charger en ligne.
Au galop ! Halte! Le 5ᵉ escadron se porte en avant
pour couvrir l'aile et servir de flanqueurs à la sonnerie
du refrain de l'escadron suivie de la sonnerie : *Flanqueurs, en avant!* Le régiment se replie au trot, on fait
sonner : *Appel!* pour le 5ᵉ escadron, afin d'attirer l'ennemi à sa suite. Pendant le mouvement de retraite, les

1er et 2e escadrons font : *Pelotons à gauche! Tête de colonne, demi-à-gauche! Au galop! Marche! Front!* Les trois
autres escadrons, qui continuent à se replier, exécutent
les mêmes mouvements peu après. Charge concentrique
sur l'ennemi en désordre qui poursuit le régiment.

Le 5e escadron qu'on avait poussé en avant en flanqueurs et qu'on avait appelé par la sonnerie : *Appel!*
doit dans ce cas dégager le plus rapidement possible
le front du régiment et se retirer latéralement en faisant : Pelotons à droite ou à gauche. Cet escadron fera
ensuite tête de colonne à droite ou à gauche et se portera sur le flanc de l'ennemi, en cherchant à le déborder
et à exécuter sa charge de flanc en même temps que
le régiment attaque cet ennemi de front. Le capitaine
commandant obliquera à gauche ou à droite, non pas
en raison du numéro d'ordre de son escadron, mais
en raison de la physionomie du combat, de la configuration du terrain, de la position, de la formation de
l'ennemi. *Il devra se porter du côté où son attaque de
flanc a le plus de chances de réussir, du côté où lui-même
ne peut être chargé de flanc.*

*r. Exercices spéciaux de chacun des escadrons faisant
fonction d'escadrons d'aile, d'escadrons de soutien.* L'escadron d'aile ne doit pas, dans *l'attaque de flanc*, rester collé
en demi-colonne contre l'aile du régiment, il doit se détacher, avancer en obliquant pour avoir du champ devant lui. *Chargé de couvrir les flancs,* cet escadron
pourra rester à hauteur de l'aile du régiment jusqu'au
commandement de *Marche! Marche!* A ce moment,
l'escadron se déploiera, gagnera du terrain en avant
en obliquant au galop. Quand on fera le commandement de : *Halte!* cet escadron devra se trouver sur le
prolongement ou même en avant du front du régiment, mais jamais il ne devra être en arrière. Les attaques de flanc doivent s'exécuter plus vivement et plus

habilement qu'on ne le fait d'ordinaire; voilà, du reste, le mode le plus simple d'exécuter ces deux évolutions :

L'escadron de l'aile droite doit faire une attaque de flanc.

Etant en bataille, rompre au galop par pelotons à droite pour former la demi-colonne en avant, se déployer et charger. Ou bien : Pelotons demi-à-droite; en avant au galop, continuer la marche au galop; maintenir la tête de colonne dans la direction, se déployer et charger.

Etant en ligne de colonnes, faire exécuter au peloton de tête un changement de direction, par un demi-à-droite, s'aligner au galop et maintenir la tête de colonne dans la direction, se déployer et charger. — Ou bien, rompre par pelotons demi-à-droite pour former la demi-colonne, se porter au galop dans la direction indiquée par la tête, se déployer et charger.

L'escadron de l'aile droite est chargé de couvrir le flanc.

Etant en bataille, rompre au galop par pelotons à gauche pour former la demi-colonne, se déployer en avant du front; prendre le galop et charger.

Etant en ligne de colonnes, rompre par pelotons demi-à-droite pour former la demi-colonne. Marche oblique au galop. Déploiement vers la droite et charge. Ou bien :

Tête de colonne demi-à-droite. Prendre le galop pour s'aligner sur le peloton de tête qu'on dirigera avec soin. Déploiement au grand galop par pelotons, vers la droite ou vers la gauche, en raison de la position de l'ennemi, charger ensuite.

On procéderait d'une manière analogue pour l'escadron de l'aile gauche.

s. Exercices de chacun des escadrons agissant comme escadron de soutien et comme escadron d'aile.

t. La poursuite de l'ennemi, poursuite exécutée par

les escadrons d'aile au moment où l'on fait la sonnerie voulue, doit être l'objet d'une étude consciencieuse.

u. La première ligne charge, l'ennemi étend sa ligne; un régiment doit charger en 2° échelon.

a. a. Etant en ligne de colonnes, charger dans une direction perpendiculaire à l'ennemi.

Faire exécuter une conversion à la tête de chacun des escadrons pour former la colonne avec distance, se déployer et charger droit devant soi.

Dans une direction oblique, ce qui est toujours préférable, *afin de déborder une aile.*

Faire exécuter aux têtes des escadrons un huitième de conversion, former la colonne avec distance à la sonnerie, se déployer et charger.

b. b. Etant en colonne serrée, charger dans une direction parallèle.

Faire exécuter à la tête de colonne une conversion à angle droit; se déployer ou rompre par pelotons, pour former la colonne avec distance; se former en bataille et charger.

Dans une direction oblique, pour attaquer l'ennemi de flanc, ce qui est toujours préférable.

Faire exécuter à la tête de colonne un huitième de conversion, rompre par escadron; diriger judicieusement le peloton de tête, se déployer et charger dans une direction oblique.

v. Evolutions d'un régiment formant la première ligne pour passer, à la suite d'un changement de front général vers l'un des flancs déjà exécuté par les 3e et 4e lignes, en 2e ou 3° ligne.

Le mouvement le plus simple et le plus rapide consiste à faire exécuter, étant en bataille, un demi-tour par pelotons, à rompre en arrière pour se former en lignes de colonnes, à serrer les intervalles, à faire con-

verser la colonne serrée pour l'établir en ordre inverse
sur le nouveau front.

*w. Un régiment de la 2° ou de la 3° ligne se porte en
avant pour exécuter une attaque de flanc, l'apparition des
réserves ennemies le force à se contenter de couvrir les
flancs;* ce régiment marchait à ce moment en colonne
avec distance.

Il faut alors ou bien former d'abord les escadrons,
puis le régiment, lorsque les têtes des escadrons auront
fait la conversion voulue, se trouveront par exemple
en demi-colonne, ou bien faire converser le peloton de
tête, le diriger de façon à menacer le flanc de l'ennemi,
s'aligner au trot ou au galop, en déployant s'il le faut
les derniers escadrons qui n'ont pas encore conversé.
Se déployer, faire charger éventuellement les derniers
escadrons en échelons, ou bien se former à la sonnerie
en ligne de colonnes dans la direction de la tête, ou
dans une direction oblique, quand on aura fait au
préalable exécuter une conversion suffisante aux têtes
d'escadrons, se déployer et charger.

*x. La première ligne a été repoussée, un régiment de
deuxième ligne doit la recueillir et la dégager,* ce régiment est en ligne de colonnes : *Exécution,* faire converser à gauche (ou à droite) les têtes de colonnes ;
faire faire tête de colonne demi-à droite (ou à gauche)
à la tête de l'escadron d'aile, se porter sur l'alignement
au galop, dès que le dernier peloton a achevé de converser, se déployer par le mouvement de pelotons à
droite (ou à gauche), pour dégager la première ligne.
Ce mouvement doit se faire très-rapidement, afin que
la charge n'arrive pas trop tard et s'exécute immédiatement contre les troupes qui poursuivent la première
ligne ; il importe alors de charger de flanc par escadrons en échelons l'ennemi occupé à la poursuite de
la première ligne. Il arrivera fréquemment qu'on ne

pourra pas attendre que toute la ligne se soit déployée;
cela ne tire d'ailleurs pas à conséquence, il ne s'agit
pas ici de former de longues lignes déployées ; ce qu'il
faut, c'est qu'une *troupe en ordre compacte puisse tomber
le plus vite possible sur un ennemi qui s'est éparpillé pendant la poursuite.* C'est là un résultat qu'on obtiendra
en déployant et en faisant charger immédiatement les
escadrons qui auront achevé leur conversion, pendant
que ceux qui n'ont pas encore conversé, déboîtent extérieurement, se forment en bataille et suivent le
mouvement des premiers en constituant un des échelons.

γ. *Habituer par des exercices fréquents plusieurs escadrons à se former le plus vite possible pour combattre à
pied,* afin d'arriver ainsi à l'adresse, à la routine indispensables.

En dehors des évolutions dont je viens de parler, il
en est assurément d'autres avec lesquelles il est bon
de se familiariser en vue de la guerre, afin de donner
aux officiers et aux troupes le plus de mobilité, d'habileté et d'indépendance possible, et surtout afin d'habituer les officiers à savoir prendre vivement leur parti
dans n'importe quelle situation; mais il est *un principe
essentiel, absolu* qu'il est indispensable d'observer,
quand on fait exécuter ces mouvements qui ne sont pas
prévus par le règlement. *Il faut avant toute chose se
former en bataille le plus rapidement possible,* c'est dire
qu'on met de côté l'obligation de s'en tenir aux formations réglementaires. Si, comme nous l'avons déjà dit
précédemment, on s'est, pendant la première période
de l'école de régiment, attaché à faire connaître, appro-
fondir et respecter le règlement, ce que l'on cherchera
à provoquer pendant ces exercices, c'est l'éclosion, l'épa-
nouissement des qualités, des aptitudes du cavalier, ce
que l'on cherchera à développer pendant cette deuxième

période, c'est le sentiment réel de l'arme. Pour cela il faut, avant tout, et je ne saurais trop insister sur ce point, arriver à *la sûreté la plus absolue dans l'exécution des marches en bataille*, base fondamentale sur laquelle repose l'évolution, qui est le véritable élément vital de l'arme, la charge. On n'exécutera jamais un trop grand nombre de marches en bataille ; il faut dans cette formation incommode, aux allures vives et surtout au galop, arriver à une sûreté complète, fort réalisable d'ailleurs, pour peu qu'on ait appliqué une méthode rationnelle au travail au galop, qu'on ait observé les principes qui régissent les marches en bataille, qu'on ait interdit tout alignement pour les yeux, qu'on ait fait dépendre les marches directes de la régularité du rhythme.

Ce sont les charges qui démontrent la nécessité d'une exécution correcte, de l'appui que la forme donne à l'esprit, de l'emploi judicieux qu'on a fait de nombreux mouvements au galop en bataille pendant le temps relativement assez court dont on dispose. *C'est à la charge, aux marches en bataille, aux exercices individuels si importants et si nombreux,* qu'il faut consacrer le temps et les efforts que nous dépensons pour des mouvements superflus, inutiles. Si nous agissons différemment, nous arriverons, comme par le passé, à une certaine perfection dans l'exécution des mouvements qu'une cavalerie, même imparfaitement instruite, réussit à exécuter à peu près, mais nous n'arriverons jamais à la *sûreté absolue et complète dans l'exécution du mouvement essentiel par excellence, de la charge; nous n'arriverons jamais au point culminant vers lequel tend toute l'instruction.* La charge compacte, rapide, sur deux rangs au galop, doit devenir pour nous une habitude. La cohésion est en effet une condition indispensable, nécessaire jusqu'au moment du choc.

Il faut de même qu'on s'habitue par des exercices fréquents à charger en ordre inverse ; c'est là le *cete-rum censeo*. Un exercice que je recommanderai encore, est celui qui consiste en ce qu'au commandement : *Ca-pitaines commandants, en avant!* fait par le colonel, ces officiers se porteront de suite en avant du front me-nacé sur un point où le colonel se porte en même temps de sa personne.

Quand on aura procédé de la sorte en tout et pour tout, les régiments réussiront à satisfaire complète-ment à toutes les exigences, on sera arrivé à dévelop-per l'instruction générale de l'arme, à accroître et à faire ressortir les qualités indispensables aujourd'hui à un officier de cavalerie, et ces régiments se présente-ront aux manœuvres, bien et complétement préparés au rôle multiple et délicat qu'ils auront à remplir.

FIN DU PREMIER VOLUME.

TABLE DES MATIÈRES

Paris. — Imprimerie de J. DUMAINE, rue Christine, 2.

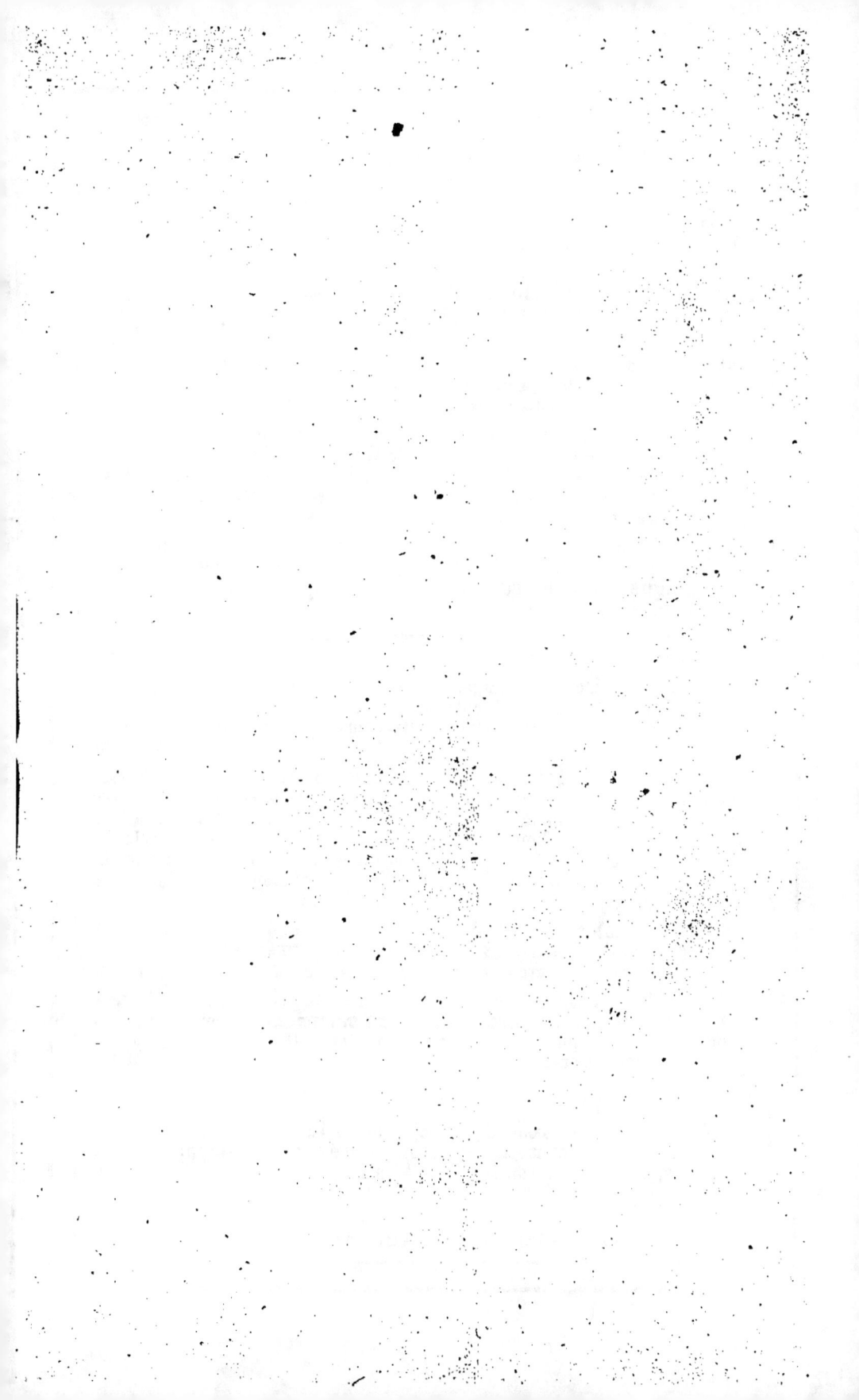

www.ingramcontent.com/pod-product-compliance
Lightning Source LLC
Chambersburg PA
CBHW071622270326
41928CB00010B/1733